中世の都市と非人

武家の都鎌倉・寺社の都奈良

松尾剛次

法蔵館文庫

本書は一九九八年一二月二〇日法藏館より刊行された。

目次

中世の都市と非人——武家の都鎌倉・寺社の都奈良

＊本書に引用されている史料に続く〔　〕は著者による現代語訳または意訳である。

序文

――あなたはレプラです
といわれたその一瞬
硝酸をあびせられたように思った
私の二十五年の歴史の
全リズムが
果てしもない奈落に

（中略）

ああ　いやだ！
私一人がレプラなんて　とても耐えられない

みんなレプラになれ　みんな

私はどうすればいいのだ
もう私の皮膚の下では
底設導坑を穿っているのだ
明日にでも
あの戦慄的なバラのような結節が
火山のように爆発するのだ

ああ　それでも私は
この肉体のなかに
自分をゆだねて
深淵のなかで呼吸しなければならないのか

これは、二十五歳でレプラ＝ハンセン氏病（本書では癩病《らいびょう》と表現する）の宣告を受けた重村一二氏の「宣告の手記[1]」である。重村氏の「硝酸をあびせられたよう」な辛さを思い、

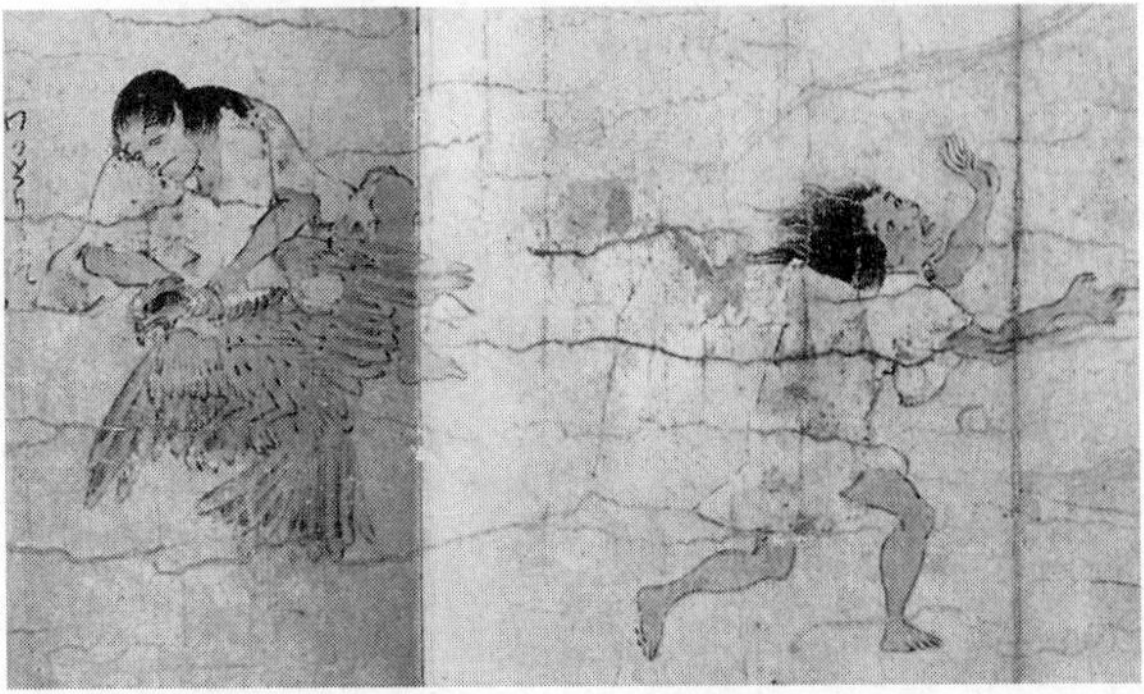

四条河原の穢多童（『天狗草紙』伝三井寺巻、個人蔵〈『続日本絵巻大成19　土蜘蛛草紙　天狗草紙　大江山絵詞』中央公論社、1984〉より）

「みんなレプラになれ　みんな」という自暴自棄の叫びを聞くと、なんと言ったらよいのか、言葉を失う。エイズをはじめ「不治」の病の宣告を受けた人々の中には、重村氏と同様の思いをした人は多かったはずだ。とくに、ハンセン氏病患者は、不条理な差別を受け、町や村などの共同体からはいうまでもなく、親、兄弟からも捨てられ、棄民として生きねばならなかったから、その悩みはどれほど深いものであっただろうか。それを思うとき、私はハンセン氏病患者への不当な差別が撤廃されることを願わずにはおられない。

　ところで、本書のテーマの一つは、中世（ひとまず、十二世紀末から十六世紀末を対象としている）の非人《ひにん》と呼ばれた人々（以下、非人と表記する）である。ここでの非人は、江戸時代の穢《え》多《た》・非人の非人とは、系譜関係がまったくないとはいえないにしても異なっている。どう異なるかといえば、前者は社会的身分として法的に確定していたのに対して、中世のそれは身分として法的に確定してはいなかったこと、中世の非人とは、癩者を中核として、広く癩者のイメージで捉えられた乞食《こじき》・墓掘り・刑吏《けいり》などといった役（職能）に従事した人々のことであったこと、などが挙げられる(2)。

彼らの核を構成していた癩者たちは、癩病にかかることによって、非人とされた人々であった。非人を一つのテーマとする本書を重村氏の「宣告の手記」から始めたのも、非人の核が癩者だったからである。

もっとも、医学の未発達であった当時、タムシなど、現在ではハンセン氏病とは異なる病気と知られている、ひどい皮膚疾患の患者も癩者の範疇に入れられていた。それゆえ、中世の癩者をハンセン氏病の患者と言い換えることは不正確であるばかりか、後述する（本書、第二部）叡尊《えいぞん》、忍性《にんしょう》ら律僧たちによる非人救済活動と、それにともなう「奇跡」（不治であるはずの癩者が治癒するという奇跡）を理解することができなくなる。食料を与え、風呂にいれるなどの救済活動によって治癒するような皮膚疾患の患者すらも、癩者とされていたのだ。それゆえ、本書では、ハンセン氏病（患者）といった表現ではなく、あえて癩病（癩者）といった表記をする。もっとも、その表記自体に、差別が刻印されていることも承知しているが、私自身は決して差別に与《くみ》するつもりはないことを断っておきたい。

非人に関する研究は、一九七〇年代から八〇年代の日本中世史の学界において、非常に活況を呈したテーマの一つであり、横井清氏、黒田俊雄氏、大山喬平氏、網野善彦氏、脇田晴子氏、黒田日出男氏ほかによって、ぞくぞくと研究が発表された。そうした研究によって、彼らの実態は大いに明らかとなった。(3)

しかし、九〇年代に入ると、ブームは去り、現在、その研究は一種の落ち着きというよりも、閉塞状況にある、と言える。本書には、八〇年代に書いた論文を採録しているが、そうした過去の論文を現時点で整理しなおすことによって、私なりに、非人研究の今後の展望を示し、ひとまずのまとめをしたいと願って本書を発表することにした。(4)


本書のもう一つのテーマは都市である。具体的には都市鎌倉と奈良とを主に取り上げる。私は、東北の地方都市、山形市に住んで十七年以上になるが、上京するたびごとに、東京に溢れる人、物資、情報の多さには目をみはらされる。JRの新宿駅などでは、あまりの人の多さに、人いきれでむっとし、頭がくらくらすることさえあるし、デパートでは、婦人服から海の幸、山の幸にいたる豊富な品々を目にし、都会に来たなと感じる。東京には、大学、コンサート・ホール、美術館も多く、必要な情報や娯楽も手にいれやすい。

しかし同時に、これほどまでに人が多いにもかかわらず、東京のホテルにいると、ひどい時には、ほとんどだれとも話をすることなく一日が終わってしまうこともある。山形では、市内を歩けば必ず知人に会うし、酒を飲みに行っても人目を気にしなければならない。東京では、そういうことはないので、気楽な面もないわけではないが、孤独を意識させられ、最近では、すぐに家族に電話したくなる。本書は、そうした「おのぼりさん」の原体験がもとになって、中世都市の本質に迫ろうとしたものでもある。

ところで、都市と非人とは、一見無関係に見えるが、じつは大いに関係している。なぜなら、非人は、都市民の典型であったからである。癩者は、古代にも存在していたが、とくに中世になって歴史の表面にあらわれてくる。中世の絵巻の代表ともいえる『一遍聖絵《いっぺんひじりえ》』にも、都市的な場の随所に非人が描かれている(5)。一遍は、都市民の救済に自己の存在をかけていた(6)。また、『一遍聖絵』を制作した一遍の弟子の聖戒(7)の目を通しても、中世の都市的な場に癩者が多く集まっていたことはまちがいない。なぜなら、非人たちの生活は、乞食《こつじき》によって営まれており、乞食が成り立つには、金、食料などを与えてくれる多くの人々と彼らが集うための都市的な場が必要だったからである。それゆえに非人の集団の成立は、都市的な場の成立をぬきにしては考えられないのである。

以上のような理由から、都市と非人に注目して中世都市の歴史の一面に光をあててみよう。

註

(1) 重村一二「宣告の手記」(大江満雄『いのちの芽』(三一書房、一九五三))。

(2) 黒田日出男『境界の中世・象徴の中世』(東京大学出版会、一九八六)。

(3) 横井清『中世民衆の生活文化』(東京大学出版会、一九七五)、黒田俊雄『黒田俊雄著作集第六巻 中世共同体論・身分制論』(法藏館、一九九五)、大山喬平『日本中世農村史の研究』(岩波書店、一九七八)、網野善彦『中世東寺と東寺領荘園』(東京大学出版会、一九七八)、同『中世の非人と遊女』(明石書店、一九九四)、脇田晴子「散所」(『部落史の研究前近代篇』(部落問題研究所、一九七八))、黒田日出男前掲書(前註2)、丹生谷哲一『検非違使』(平凡社、一九八六)など。

(4) 藤野豊編『歴史のなかの「癩者」』(ゆるみ出版、一九九六)は、現時点でのもっとも新しいハンセン氏病患者の歴史の通史といえる。また、非人研究史の整理として、細川涼一『中世の身分制と非人』(日本エディタースクール出版部、一九九四)もある。

(5) 『一遍聖絵』には、京都や鎌倉、諸国の寺社の門前の非人たちが描かれている。井原今朝男「中世東国における非人と民間儀礼」(『部落問題研究』九二、一九八七)、窪田涼子「『一遍聖絵』に見る乞食の諸相」(『物質文化』四三、一九六四)など参照。
(6)『一遍聖絵』巻五には、「鎌倉入りの作法にて化益の有無をさだむべし、利益たゆべきならば、是を最後と思ふべし」とある。一遍は、鎌倉で布教が成功するか否かによって、すなわち、うまく行かないならば布教を続けるのをやめようとまで覚悟していた。
(7)『一遍聖絵』十二巻は、一遍の弟子聖戒が正安元年(一二九九)八月二十三日付で制作した。『日本絵巻大成　一遍上人絵伝』(中央公論社、一九七八)の解説、五味文彦『『一遍聖絵』の世界』(吉川弘文館、二〇二一)など参照。

第一部　武家の都・鎌倉

はじめに

さて、「都市とはなにか」という都市の定義は、人によってまちまちである。しかし、さきに述べた現在の東京という都市の状況からもわかるように、都市の大きな特色、都市性というべきものとして人・物・情報の結節点であるということが挙げられる。この点は、じつは古代都市にも、現代の都市にもいえることだ。いや、世界中のどの都市にもあてはまる普遍的な都市の特質であるといってもいい。都市はそうした性格をもった場であり、そういう場に都市は成立したのである。

もっとも、ヨーロッパでは、都市は城壁（または堀）に囲まれ、非農耕生活者の集住する場と理解されている。とくに、都市を特徴づけるものとして、城壁とか堀といったものが重視されてきた。ドイツ語のブルク（burg）という言葉は城（とくに山城）を指し、多くの都市に、〜ブルク（たとえばザルツブルク）という名前が付けられている。ヨーロッパの都市には実際に城壁で囲まれた城がその前身となっているものが多い[1]。

かつての日本の都市論は、ヨーロッパ都市論の受け売りの面がつよく、それゆえ、城壁とか、堀などの存在がヨーロッパの都市を考える場合と同様に注目されてきた。

しかし、城壁や堀などは境界を限って、その境界内を防衛するための施設だから、未熟なものであれば農村にもあったはずで、その有る無しがそのまま、都市の定義の必要十分な条件にはならない。また、狩猟民、漁民など非農耕民で構成された村の存在を考えれば、都市を非農耕生活者の集住する場と定義するわけにもゆかない。このように、城壁（堀）、非農耕生活者の集住といった要素は偶然的なものであり、そうした要素を書き連ねても都市を定義したことにはならない。

そこで、私は、先に述べた都市の普遍的で、かつ重要な機能、つまり人・物・情報の結節点という機能を重視する。これのみをもって、都市を定義できるものではないが、都市と呼べるものは、その成立の契機が政治的なもの（政治都市）であれ、宗教的なもの（宗教都市）であれ、この人・物・情報の結節点という機能をもっていることは確かである。そのうえ、本書で問題とする「都市と非人との関係」を理解する上でも決定的に重要なものである。なぜなら、前にも述べたように、そうした都市性こそ、非人をはじめとするさまざまな人々が集住することを可能にしたからである。まず、ここでは人・物・情報の結節点である点に都市の特徴をみておこう。

こうした都市の普遍的な性格はひとまずおいておくとして、日本中世都市に固有なものがなかったわけではない。それを論ずるのが、本書のねらいの一つでもある。結論をまず大づかみに述べておくならば、私はその特徴的な性格を以下の三つの点に見出している。一つは、武士の都の成立ということであり、いま一つは、非人を典型の一つとした都市民の救済を第一義とする鎌倉新仏教寺院が中世の都市的場に出現したということであり、もう一つは、商工業に従事し、都市に定住した町衆《まちしゅう》が成立したということである[2]。

第一の点は、都市鎌倉や平安京の六波羅地《ろくはらち》、各国の守護所《しゅごしょ》などの成立に見出せるし、第二の点は、鎌倉新仏教の祖師たちが都市鎌倉や平安京で活躍し、弟子たちが各地の都市的な場に寺院を形成していったことから理解される。第三の点は、本書ではさほど触れることができないが、鎌倉期には、強力な自治権を有するか否かは別として、平安京や鎌倉などの都市に定住する商工業者が、幕府、朝廷によって「町衆」として把握され、農民とはことなる支配のされかたをしていたことは間違いない。

本書では以上の三つのうち、特に第一と第二の点を武士の都鎌倉や、畿内の非人と仏教者との関係などに注目して論ずるつもりである。

ところで、従来は、荘園史研究に押されて、日陰者とされてきた感があった中世都市研究は、最近、ブームといえるほど活況を呈しつつあり、大いに注目を集めて、日進月歩の進展をとげている。その一例として、網野善彦氏、石井進氏、大三輪龍彦氏を中心として中世都市研究会が一九九三年に発足し、『中世都市研究』が発刊されるにいたったことなどが挙げられる。(3) その背景には、日本各地で行なわれている考古学的な発掘の成果がある。予想もしなかった地方から、多くの都市的な場が発掘され、文献のみからでは到底想像もできないような実態が明らかになっている。

しかしながら、考古学的な発掘は、偶然に行なわれることが多く、しかも、限られた範囲で行なわれるために、点の分析にとどまっている。それをつないで面の分析とするためには、文献研究の成果との突き合わせが必要である。そこで、本書では、文献の側から、つまり『吾妻鏡』(4) その他の文献資料の読み換えを通じて、新たな都市像の提示を試みてみる。

考古学的成果が乏しかった時期の都市研究には二つの大きな傾向があった。一つは、ヨーロッパの中世都市研究の成果を踏まえて、自治組織が発達した時期をもって中世都市の成立とみようとしたもので、堺などをその典型例として、中世都市の成立は中世後期になされたと想定した。いま一つは、中国などとも共通性のある政治都市(たとえば平安京など)の発展に注目し、いわば自給自足的な農村社会の中に浮かんだ島という、きわめてまれな存在としての中世都市を論じるものである。

ところが、先述したように、最近では考古学的な成果によって中世初期から日本各地に都市的な場が成立していたことが明らかとなり、都市は巨大な農村の海に浮かぶ島ではなく、列島上に網の目状に展開していたことが明らかにされてきている。とくに、史料上、宿《しゅく》・津《つ》・泊《とまり》と表記された都市的な場については、地方での考古学的な発掘の結果、大きく光があてられつつある(5)。

そうした成果を踏まえつつ、ここでは、日本中世の代表的な都市の一つである都市鎌倉を主にとりあげて、日本中世都市とはなにかを考えてみたい。私が中世都市鎌倉を論じようと思った最大の理由も、やはり、都市鎌倉の発掘の成果に示唆されたためである。御成小学校の発掘、若宮大路側溝の発掘など、文献だけからでは到底得られない成果を目のあたりにして、中世都市鎌倉への思いは大いにつのった。しかし、同時に、文献史学者の一人として、自己の本領である、『吾妻鏡』ほかの文献の正確な解読と、考古学的成果を踏まえた歴史分析を行なう責務を感じた。

第一部では、とくに、鎌倉将軍の屋敷(御所《ごしょ》)、鶴岡八幡宮、都市鎌倉と宗教との関係などをとりあげて、都市鎌倉の展開と特色とを論じる。それぞれの私見については、後で詳しく論ずるが、ここでは将軍御所についてのみとりあげて、ねらいを少し紹介しておこう。

都市鎌倉については、長い間、『鎌倉市史』(6)が一つの達成であり、それ以後に考古学的な成果を踏まえて出された石井進氏のすぐれた研究にしても、『鎌倉市史』を基本的に踏襲している点が多い。

　鎌倉将軍の御所はいく度か移転されたのだが、『鎌倉市史』やそれをベースとする研究では、その位置に関しても、大倉御所《おおくらごしょ》から若宮大路御所《わかみやおおじごしょ》へ二転したと考えられており、大倉御所から宇都宮辻子《うつのみやずし》御所への移転の意義などについてはほとんど注目されていない。当時は、将軍が鎌倉武士団の核であり、ゆえに将軍の御所が政治の中心的な場であったことは常識に属しているが、いわば、その移転の場所すらも明確ではないのである。はたして、鎌倉将軍の御所は、大倉御所から若宮大路御所へ二転したのか、それとも、大倉御所、宇都宮辻子御所、若宮大路御所と三転したのか、その移転の意義はなにか。それらを、しだいに明らかにするつもりである。

註

(1) ヨーロッパの都市については、比較都市研究会編『比較都市史の旅』(原書房、一九九三)、魚住昌良『ドイツの古都と古城』(山川出版社、一九九一)など参照。

(2) 日本の中世都市の定義に関しては、石井進「文献からみた中世都市鎌倉」(『中世都市鎌倉を掘る』〈日本エディタースクール出版部、一九九四〉)、笹本正治「市・宿・町」(『日本通史　中世3』〈岩波書店、一九九四〉)参照。しかし、いずれも、宗教的な側面が注目されていない。

(3)『中世都市研究　1』(新人物往来社、一九九四)所収の網野善彦「中世都市研究会発足にあたって」参照。

(4)『吾妻鏡』は『新訂増補国史大系　吾妻鏡　一―四』(吉川弘文館、一九七四)を使った。以後、引用にさいしては、『鏡』某年某月某日条と略す。

(5)『中世都市研究　3』(新人物往来社、一九九六)など参照。

(6)『鎌倉市史　総説編』(吉川弘文館、一九五九)。

第一章　都市鎌倉の構造

1　軍事都市鎌倉の誕生

都市鎌倉と平安京とを比較したとき、鎌倉の独自性の一つとして、それが軍事都市であるという点が挙げられる。それは、平安京が天皇を中心とする公家の都市であったのに対して、鎌倉は将軍を中心とする武士たちの都市として成立したということだけを意味するのではない。鎌倉は、その都市を構成する中心的住人のみならず、その自然環境からしても要害の地であった。鎌倉が要害の地であったことは、九条兼実の日記に「頼朝、相模鎌倉城より起こる」(1)とか、「頼朝去月五日、鎌倉城を出づ」(2)といった具合に、「鎌倉城」と表現されていることからもわかる。

鎌倉は東・西・北の三方を山で囲まれ、残る南側は海である。陸路には七口《ななくち》（極楽寺口、大仏口、化粧坂口《けわいざか》、巨福呂坂口《こぶくろざか》・亀ケ谷口《かめやつ》・朝比奈口《あさひな》・名越坂口《なごえざか》）と呼ばれる七カ所しか出入りするところがなかった。そのうえ、その七口は、故意に切通しという馬一頭しか通れないほどのごく狭い道にしてあった。

さらに、平安京が城壁で囲まれていなかったのに対し、鎌倉には、人工的な防衛施設の一つである切岸《きりぎし》（山肌を切り落として人工的に切り立った崖を造成し、敵の登攀攻撃を妨げる施設）が三方を囲む山々のいたるところに施され、尾根の突端には堀切《ほりきり》（尾根を横に深く断ち切って敵の尾根上の動きを阻む施設）が施されていた。

治承四年（一一八〇）八月に挙兵以来、南関東の支配を推し進めていた源頼朝は、下総国の豪族千葉常胤《ちばつねたね》の進言に従って、先祖ゆかりの地であり、要害の地でもあった鎌倉に本拠を構えた。治承四年十月のことである。(3)

頼朝は、はじめは父義朝《よしとも》の居宅の跡に御所を建てようとしたが、そこは手狭であるうえ義朝の菩提を弔う寺院も建てられていたために、大倉郷に建てることになった。治承四年十二月十二日に、新亭への引っ越しの儀式が行なわれた。それは、同時に軍事都市鎌倉の成立を象徴する儀式でもあった。『吾妻鏡』には、これを画期として寒村であった大倉の地に将軍の邸宅である御所が築かれ、道の整備と村里に新しい号を授けるといった行政組織の整備とが始まったと記されている。(4)

しかし、最近の発掘などの成果によって、鎌倉幕府成立以前においても、鎌倉には郡衙《ぐんが》が置かれるなど、ある程度は都市的に発達していたと考えられるようになった。(5) それゆえ、先に引いた『吾妻鏡』の記述は割り引いて考える必要があるにしても、鎌倉幕府の成立によって、武家の「首都」として都市鎌倉の整備がそれ以前とは格段に進んだことは間違いない。

都市として成立した鎌倉には、御家人たちの宿館（鎌倉での宿）や、武士の生活を支える商工業者の家も建てられ始めた。大倉に頼朝の御所が建てられたことは、鎌倉の政治の中心が大倉にできたことを意味したのである。なお、その当時は、「村里に新しい号を授ける」と表現されるように、鎌倉内の地域単位は村里《むらさと》と呼ばれていたことに注目しておきたい。

大倉御所は、図1(6)のような位置にあったと推定されている。すなわち、北は頼朝の墓である法華堂のふもとを東西に走る線、南は六浦道（路）、東はもとの二階堂大路の分岐点、関取橋《せきとりばし》のすぐ東から北へ東御門の方へ入る道（今は無い）、西は筋違橋から少し東で、今の西御門に入る道路が丘の下の道路に合する線、これらの道と線によって区切られた約二町半ほどの土地にあった。その廓内には、寝殿《しんでん》、対屋《たいのや》などがあり、東西南北にはそれぞれ門があった。

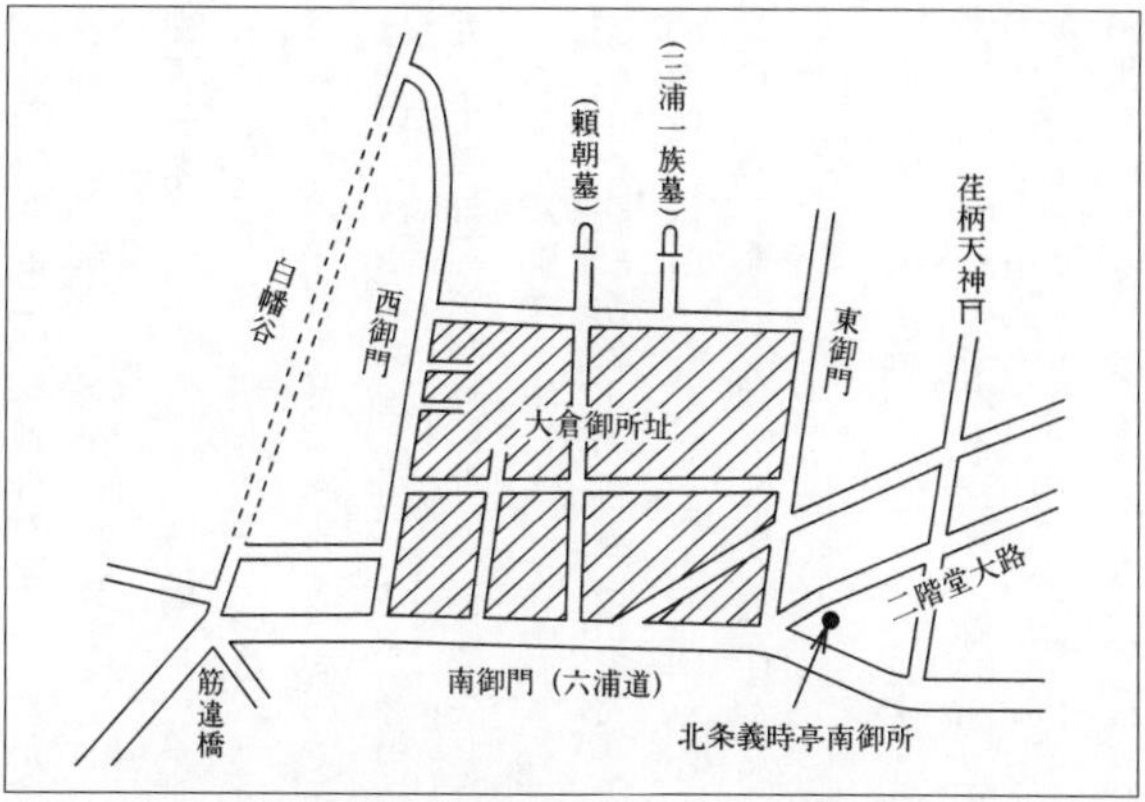

図１　大倉御所址想定図（『鎌倉市史　総説篇』に基づき加工）

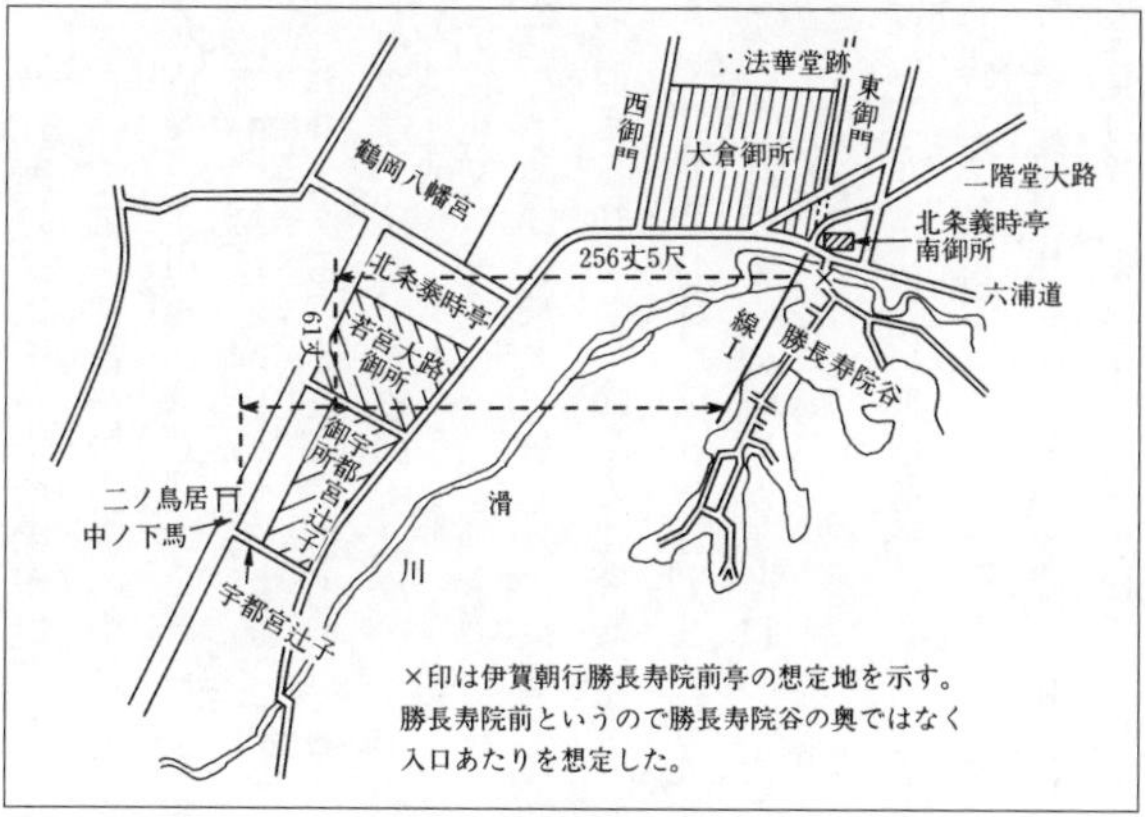

図２　鎌倉幕府将軍御所関係図

（『中世を考える　都市の中世』〈吉川弘文館、1992〉より）

御所の近辺には「御所の近辺、前大膳大夫入道覚阿の亭以下四十余宇が焼亡す」(7)といった具合に、御家人の宿館が建ち並んでいた。さらに、御所移転後の史料の中にではあるが、建長三年(一二五一)十二月三日に幕府が鎌倉内で「小町屋《こまちや》・売買設《ばいばいもうけ》」を許可した場所の一つとして大倉辻があがっている。(8)小町屋とは都市における庶民の住宅である町屋の小さいものを、売買設とは商店をさすのであろう。(9)そうであるとすれば、御所の近くの大倉辻は庶民の住宅や商店の建ち並ぶ繁華街でもあった。なお、大倉御所は承久元年(一二一九)十二月二十四日に焼失し再建されなかったらしい。(10)

さて、実朝が公暁《こうぎょう》によって暗殺され源氏が三代で滅び、承久元年七月に京都から九条道《みち》家《いえ》の子息頼経《よりつね》が将軍の跡継(摂家将軍《せっけしょうぐん》)として迎えられると、図2の北条義時亭の敷地内の南側に御所(頼経は当時、将軍ではないので、将軍御所に準ずるもの)が建てられた。この義時亭の敷地内の御所に頼経が住んだことこそ、当時の幕府の実権が義時にあったことを象徴している。

そして、引き続いて起こった承久の乱(一二二一年)に幕府側が勝利すると、義時亭の敷地内の御所は手狭となり、御所の拡張が問題となる。貞応二年(一二二三)正月二十日に北条義時が、御所の西の大路(二階堂大路)を庭にとりこみ、築地《ついじ》(泥でぬり固め、瓦で屋根をふいた塀)を構えてもよいか否かを幕府有力者に尋ねている。そして、同年九月には、翌年に御所を新築する計画が立てられた。しかし、陰陽師の占いの結果が良くなかったために、御所の造作の日程について検討している最中の貞応三年（一二二四）六月に義時が死去し、その計画は頓挫する。

2　武家の首都へ——宇都宮辻子御所への移転

元仁元年（一二二四）六月に北条義時の跡を継いで泰時が執権となると、御所を源氏三代の怨霊の地である大倉から宇都宮辻子《うつのみやずし》に移すことになる。この宇都宮辻子にあった御所は宇都宮辻子御所と呼ばれているが、従来、さほど注目されてこなかった。というのも、のちに移転場所となった若宮大路御所の近隣にあったために、若宮大路御所と同一敷地の御所で、広義の若宮大路御所と考えられてきたからである。しかし、後述するように、実際には両者は別の敷地に存在した御所であり、とくに、大倉から宇都宮辻子への御所の移転はきわめて大きな意義をもったものなのである。そこで、ここではとくに宇都宮辻子御所についてその全貌を明らかにしたい。

宇都宮辻子への移転の問題は、嘉禄元年（一二二五）十月三日に議論され、北条政子の百カ日の法要がすんだ後の吉日十二月五日に立柱・上棟を行なうことになった。そして、十二月二十日に頼経は宇都宮辻子の新御所に引っ越している。

さて、この宇都宮辻子への御所の移転は、たんに御所の位置が変わったというだけでなく、もっと画期的なことであった。というのも、この御所の移転は、「鎌倉城」という軍事都市の性格が強かった鎌倉が、政治都市・商業都市でもあった平安京に匹敵する武家の「首都」へと変化した、いわば、「造都」の画期であったからである（もちろん平安京と比較して軍事都市としての特徴がなくなるわけではない）。

宇都宮辻子への御所の移転は、まず第一に幕政の刷新を象徴している。すなわち、その移転は源氏三代・北条政子の時代の終焉と、摂家将軍を擁する執権北条泰時の時代の開始を体現していた。このことは、この移転をめぐっての次のような議論を通じても明らかとなる。

（一）於武州御亭、相州已下有御所御地定、小路宇都宮辻子東西間何方可被用哉之事、人々意見区々、爰地相人金浄法師申云、右大将家法華堂下御所地、四神相応最上地也、何可被引移他所哉、然者彼御所西方地被広、可有御造作也者、両国司直令問答給、依之弥御不審出来之間、未治定、御占可被行云々(11)

〔北条泰時の屋敷において、北条時房以下と御所の場所をどこにするか議論がなされた。とくに宇都宮辻子の東西のいずれを用いるかで参加者の意見が分かれた。さて、地相人の金浄法師《きんじようほうし》は、右大将家法華堂（源頼朝の墓所）下の御所の地は四神相応《ししんそうおう》の最上の地であり、どうして他所に移るべきであろうか。それゆえ、北条義時亭の西側を広げて御所を造ればよいという意見を述べた。そこで、北条泰時と時房とが直接問答をなさり、そのために、いよいよ不審が出てきたので、決定できず、占いをすることになったという」

（二）珍誉法眼申云、法華堂前御地、不可然之処也、西方有岳、其上安右幕下御廟、其親墓高而居其下、子孫無之由、見本文、幕下御子孫不御座、忽令符合歟、若宮大路者、可謂四神相応勝地也、西者大道南行、東有河、北有鶴岳、南湛海水、可准池沼云々、依之此地可被用之旨、治定畢(12)（後略）

〔珍誉法眼は次のように申した。「法華堂前の場所は良くない。西の方に丘があり、その上に頼朝殿の墓所がある。親の墓が高い位置にあって、子孫がその下にいるのは、子孫が続かないと宿曜道《すくようどう》の本にあるが、頼朝殿の御子孫が滅んだのは、たちまち、それに合致している。若宮大路（側）の地は四神相応の優れた場所である。というのも、西には大道が南に走り、東には川が流れ、北には鶴岡がある。南には海があって池・

沼に準じる（見なす）ことができる」。これにより、若宮大路の土地を使うべきであると決定した」

右の史料（一）と同（二）とは各々『吾妻鏡』嘉禄元年（一二二五）十月十九日条と同二十日条である。

史料（一）によれば、北条泰時亭で、時房以下が集まって御所を宇都宮辻子の東西いずれにするかが議論された。そのさいに、地相を見る金浄法師が、「頼朝の墓所である法華堂の下の御所の地（＝大倉御所の地）は四神相応の最上地であって、移転すべきではなく、西の方を広げれば良い」と主張し、議論がまとまらなかったことがわかる。

そこで翌日また議論がなされた。史料（二）は、その時の議論を伝えている。それによると、宿曜道の専門家である珍誉法眼[13]は、「大倉御所の地は頼朝の墓の下に当たる。父親の墓の下に住むと子孫が滅びると宿曜道の本に見えるが、事実、源氏将軍が三代で滅んだ。他方、若宮大路側（宇都宮辻子）は四神相応の地である」と主張し、結局、珍誉の主張が採用された。

こうした議論を通じて、北条泰時たちが源氏三代のいわば怨霊の地ともいえる大倉の地から離れようとしていたことは明らかである。しかも、北条政子が死去するや[14]、政子の百カ日の法要が済む以前に移転が議論されていることからも、源氏三代と一体であった政子の死去も移転と大いに関係していたと考えられる。

また、先例では移徙（引っ越し）は夜に行なわれることになっていたのに、北条泰時は思慮のうえで白昼（予定では午刻であったが実際は申刻となった）に行なわせている。(15)そこにも、先例にとらわれぬ、なみなみならぬ意図が表われている。

こうした源氏三代・北条政子の呪縛から自由になってはじめて摂家将軍九条頼経をいただく北条泰時の独自の執権政治が可能になったともいえる。

その一例として、武家独自の新制の発布が挙げられる。大倉北条義時亭南御所が壊され始めた嘉禄元年（一二二五）十月二十九日に、「民庶煩費」（諸民の煩いや消耗）を止め、「諸人過差」（ぜいたく）を止めるための「新制」が出され執行されているのが、それである。この「新制」は、それ以前のように朝廷が出したものを幕府が施行したものではなく、北条泰時があらかじめ朝廷と連絡をとって朝廷と同時に出した、幕府独自なものとして研究史上でも大きく取り上げられている。(16)

また、宇都宮辻子御所への移転の第一の意義として、幕府政治史上重要な制度が成立したことが挙げられる。その制度とは、すなわち、鎌倉大番役《かまくらおおばんやく》である。それは御家人役の重要な役の一つで、五味克夫氏の研究によれば、将軍頼経の時代に成立したことが、つぎのように指摘されている。「将軍御所の宿侍として承久元年東小侍を定め、しかるべき御家人のすべてをここに着到することになっていたのを嘉禄元年にいたって旧来の西侍を復活し、新たにここに着到すべきものとして遠江已下一五か国御家人等を結番せしむることにした(17)」。

ここで述べられている嘉禄元年とは嘉禄元年十二月二十一日のことで、ようするに頼経が宇都宮辻子御所に引っ越した翌日である。すなわち、宇都宮辻子御所には広い西侍《にしさぶらい》が建設されることになったので、東小侍《ひがしこさぶらい》は「然るべき人々」(格の高い人々)の侍るところとした。他方、西侍には頼朝時代の当番と称して「亘両月或限一月、長日毎夜令伺候」(二カ月間、あるいは一カ月間、一日中昼夜を分かたず伺候する)の例に基づき、十五カ国の御家人に対して、その分限に従って十二カ月を割り振って伺候させることにした。鎌倉大番役の制度自体は、すでに貞応二年(一二二三)五月には成立していたが(18)、その内容はやや異なっており、十五カ国の御家人が分限に従って十二カ月を割り振られて西侍に伺候するという内容の鎌倉大番役の制度は、この宇都宮辻子御所への移転によってはじめて確立したのである。

御所移転の第二の意義としては、この移転を機に都市的整備、具体的にいえば平安京の土地制度(丈尺制《じょうしゃくせい》と戸主制《へぬしせい》)、行政制度(保《ほ》)が導入されたことがある。

丈尺制というのは、地積を表わす単位で、農村部での町反歩制と異なって、当時は京都と奈良という都市だけで行なわれていた家地《やち》用の単位である。それゆえ、御所の移転予定地である宇都宮辻子と若宮大路とに初めて丈尺制が導入されたことは、都市鎌倉が土地制度の面でも平安京にならった都市造りをめざしていたことを端的に示すものであった。もっとも、『吾妻鏡』建暦二年（一二一二）三月十六日条によると、前浜（由比ヶ浜）辺の土地が屋地として土屋義清・和田常盛らの御家人に分賜されており、これは、すでに丈尺制で測られたものかも知れない。

しかし、つぎに挙げる史料には初めて丈尺が使われたと記されており(19)、ひとまず嘉禄元年以前の屋地は町反歩制で表記されたと考える。たとえ建暦二年に分与された屋地が丈尺で測られたとしても、鎌倉に丈尺制が大規模に導入される画期をなしたのは、この御所の移転とそれにともなう武士の宿館建設であったと考える。

つぎの史料をみよう。

四日（中略）、相州武州相具人々而、宇都宮辻子幷若宮大路等、令巡検、而始被打丈尺、隠岐入道行西為奉行（後略）

〔四日、北条時房と北条泰時とが人々とともに、宇都宮辻子と若宮大路を巡検なされ、初めて丈尺が打たれた。隠岐入道行西が奉行した」

これは、『吾妻鏡』嘉禄元年十月四日条である。これによると、御所移転の候補地となった「宇都宮辻子并若宮大路」を北条泰時、時房らが幕閣を率いて視察したことがわかるが、注目されるのは、そのさい予定地に初めて丈尺制が導入されたという点である[20]。

さらに、平安京の行政制度の導入も、丈尺制の導入と連動して行なわれた。それが、保の制度である。

保というのは、京都の保と保官人制とをモデルとした都市的行政制度で、鎌倉内を複数の保（地域単位）に分けて、それに奉行人（保奉行人）をおいて治安維持と橋・道路の管理といった都市行政を担当させたものである[21]。この保の制度がいつ鎌倉に導入されたかについては、仁治元年（一二四〇）とする説[22]が通説である。他方、「嘉禎四年（一二三八）、四代将軍九条頼経に同道して上洛した泰時は、頼経が検非違使別当に任ぜられたことから、その代官として京都の都市行政に深く関与するようになった。これを契機に、京では、検非違使庁の保官人と六波羅の在京人とが共同して警備を行なう体制が明確化するが、同時に鎌倉でも保を地域単位とする京都の行政制度が導入されるところとなった」とする説[23]もある。

しかし、かつて網野善彦氏が指摘されたように、(24)すでに文暦二年(一二三五)七月十四日付の追加法には、魚や鳥を食らい、女犯をおかしたり、あるいは徒党を結んで酒宴をなすような、道心が堅固ではない念仏者の取り締まりが保奉行人に命ぜられている。それゆえ、保制度の導入が文暦二年七月十四日以前であることは間違いない。さらに網野説では、その導入時期を嘉禄元年(一二二五)にまで遡れると想定している。ともかく一二二五年から一二三五年までの間に保制度が導入されたことは確実である。

私は、その導入時期は、丈尺制・戸主制の導入もなされた御所移転時期であると考える。というのも、その時期には、前述の通り、源氏三代・北条政子亡き後、御所の移転をはじめとした、泰時による大胆かつ革新的な施政がさかんに行なわれていたからである。つまり、嘉禄元年の宇都宮辻子御所への移転の時期に保制度が導入された可能性が高いと考える。宇都宮辻子への御所の移転は、丈尺制、戸主制、保制度という京都をモデルとした土地制度・行政制度の導入の契機となったのである。

第三の意義としては、都市鎌倉の基本軸が、鶴岡八幡宮、大倉御所、永福寺の三地点を結ぶライン、道でいえば六浦《むつら》道《みち》から、鶴岡八幡宮とそこから南に延びる若宮大路へと移る契機となったことが挙げられる。御所が移転したために、政治の中心も若宮大路の方へ移ることになったからである。また、この移転にともない、御家人たちの宿館《しゆくかん》も若宮大路に

移ってきた。(25)

3　宇都宮辻子御所の大きさ

では、この宇都宮辻子御所は、どのくらいの規模のものだったのであろうか。このことについては、『鎌倉市史』が通説的な立場をしめ、図3のように南北六十一丈（約一八四メートル）、東西五十六丈五尺（約一五〇メートル）であったと考えられている。(26)しかし、私は、その説には残念ながら従えない。それはなぜか。まず、『鎌倉市史』が論拠としている文献から再検討してみよう。

それは、つぎの『吾妻鏡』嘉禄元年（一二二五）十一月二十日条の記事である。

於武州御亭、御所造営事、連日犯土、天一太白方有憚否、被経沙汰、於連日者、先例無憚之由、弾正忠季氏申之、可被忌避之旨、民部大夫康俊申之、是其説有之云々、難被決之間、重而召陰陽師等、後藤左衛門尉為奉行、為連日犯土之間、日来天一太白無御方違過畢、然自今日西天一遊行方也、可為何様乎、可計申之旨、被仰下、来廿三日居礎堀井立門有憚之由、国道朝臣以下六人申之、大膳亮泰貞申云、連日御犯土于今無退転寝殿之外、不可過当時之犯土、然者不可有憚云々、就之各行向、可糺正方之由、被仰下、仍基綱、陰陽師等相共、行向而正丈尺之処、自当時御所御寝所至于彼御地乾維、東西二百五十六丈五尺、南北六十一丈也、正方西并乾方不相当、雖不算勘、庚方分歟、不当両方之由、各令帰参申之、仍相論無其詮　（傍点筆者、以下同）

（北条泰時亭において、御所造営にともなう連日の土木工事が、天一神《てんいちじん》、太白神《たいはくじん》に憚

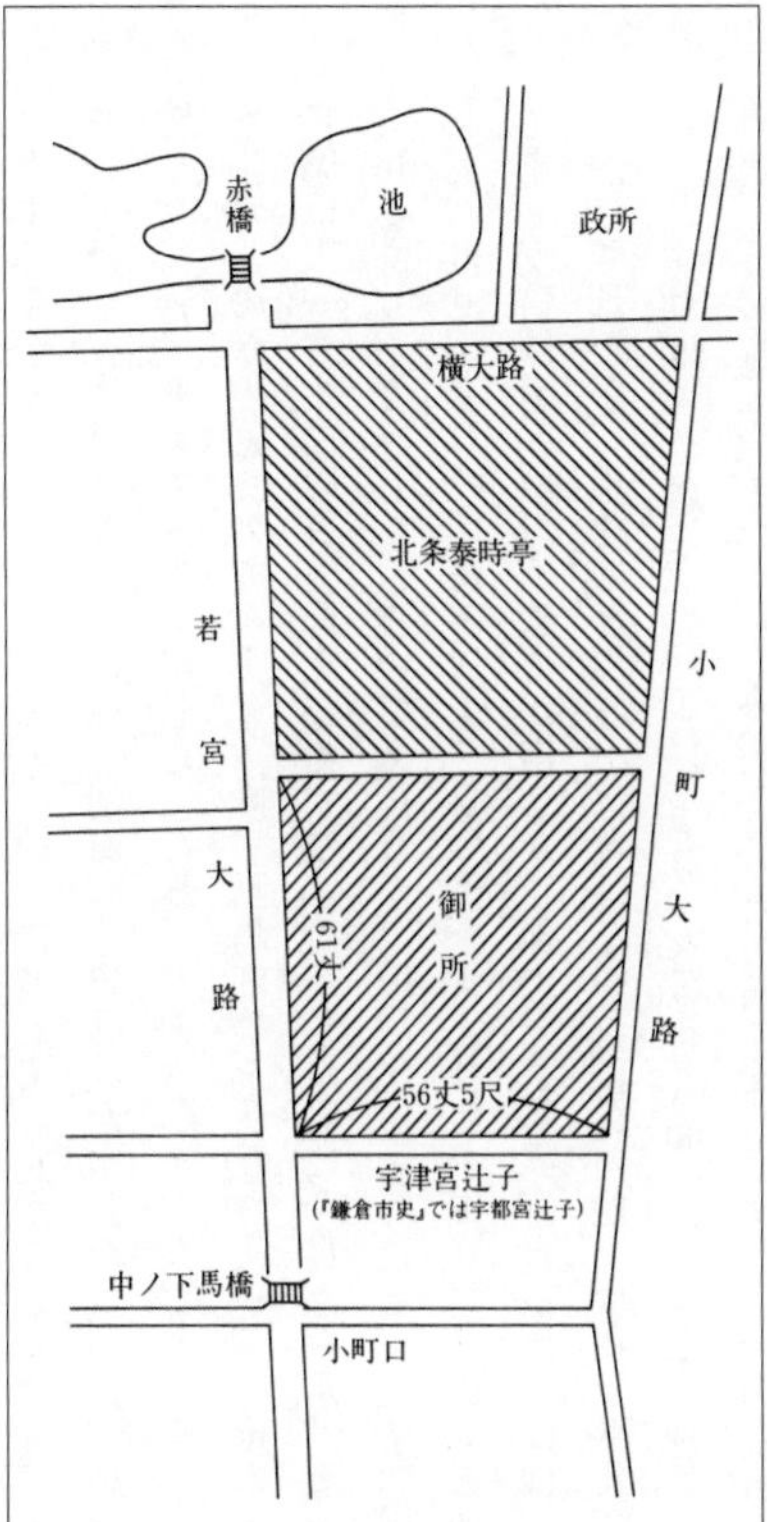

図 3　宇都宮辻子御所址想定図

（『鎌倉市史　総説篇』より）

りがあるや否や（方違《かたたが》えをすべきか否か）に関して評定がなされた。連日の土木工事においては、先例は憚りなしの由、清原弾正忠季氏が申した。他方、忌避すべきである旨を、三善民部大夫康俊は申した。これは、その論拠が有るということだ。いずれとも決するのが困難なので、もう一度、陰陽師《おんみょうじ》等を召した。連日の土木工事であるので、日頃は天一《てんいち》、太白《たいはく》の御方違えなくすごした。しかるに今日から西は天一神が遊行する方角であり、どうしたら良いであろうか、検討するようにと、左衛門尉基綱を奉行として、仰せ下された。来る二十三日に礎をすえ井戸を掘り門を建てるので憚りがある由を、安倍国道朝臣以下六人が申した。他方、大膳亮泰貞が言うには、連日の土木工事がなされたが、現在のところ不都合はない。寝殿の他は現在なされている工事はない。とすれば憚りはない。これにより、各々行き向いて、正方《しょうほう》（忌みの対象となった方角、まさに神が居るために忌み禁じられた方角）をただすべきであると仰せ下された。よって後藤基綱と陰陽師等が相共に、行き向いて丈尺をはかったところ、当時の御所の御寝所から彼の御地の乾の隅に至るまで、東西二百五十六丈五尺、南北六十一丈である。それゆえ正方の西でも乾方にも相当しない。わざわざ勘算しなくても、庚方分である。ようするに両方（西と乾と）に当たらないと、各々帰ってきて申した。よって議論したことは意味がなかった」

引用史料のうち、『鎌倉市史』が根拠としているのは、傍点部である。『鎌倉市史』が五十六丈五尺とするのは、『吾妻鏡』に見える二百五十六丈五尺という数値は、五十六丈五尺を誤って記載したものと判断したからである。「東西二百五十六丈五尺」が御所の東西の大きさを示すとすると、宇都宮辻子御所の西側の一辺とされている若宮大路から二百五十六丈五尺（約七七四メートル）が御所の東端だということになって計算が合わない。「大体いまの若宮大路から小町通りまで突抜けるところでは、北の八幡宮の鳥居前の後藤家の角から宝戒寺の前までは約二二五メートル、すなわち七十四丈五尺余であり、南の若宮大路の今の消防本部から小町通りが屈折するあたりの一番狭いところで約一三〇メートル、すなわち約四十二丈九尺というのであるから、どう考えてもこの東西二百五十六丈は無理であるというのだ[27]」。

しかし、根拠となっている傍点部の前の部分を読んでみると、この史料は次のように解釈される。

連日にわたる御所の犯土（建築工事）は、陰陽道によれば天一神と太白神[28]とに対して憚りがあるのではないか、というので北条泰時亭で会議がなされた。しかし、連日の場合は憚る必要がないとする意見と、憚るべきだという両論があって評議がまとまらなかったため、重ねて陰陽師を召集して以下のことが問われた。連日の工事だというので、天一神・

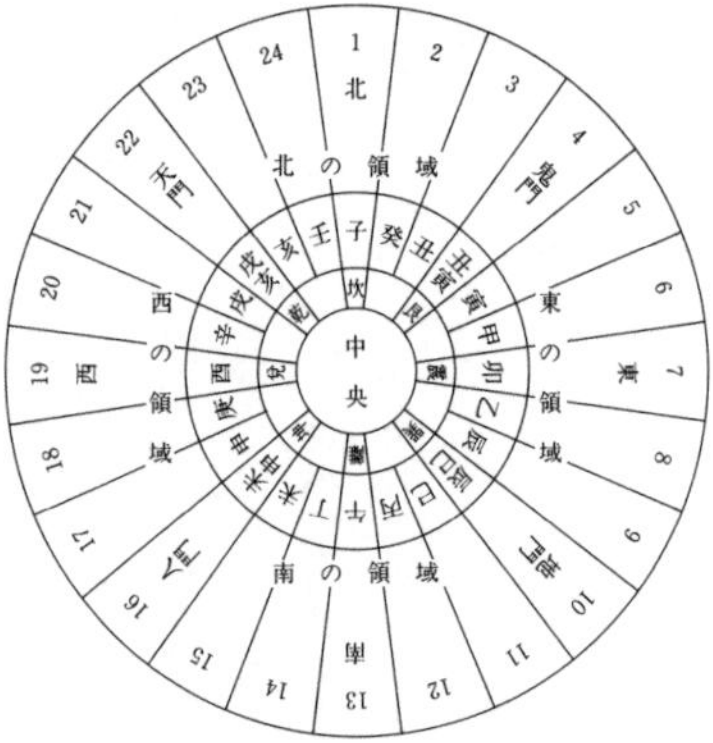

Ⅰ	Ⅱ	Ⅲ	Ⅳ	Ⅰ	Ⅱ	Ⅲ	Ⅳ
1	子(ね)	坎	北	13	午(うま)	離	南
2	癸(みずのと)			14	丁(ひのと)		
3	丑(うし)			15	未(ひつじ)		
4	丑寅(うしとら)	艮	東北	16	未申(ひつじさる)	坤	西南
5	寅(とら)			17	申(さる)		
6	甲(きのえ)			18	庚(かのえ)		
7	卯(う)	震	東	19	酉(とり)	兌	西
8	乙(きのと)			20	辛(かのと)		
9	辰(たつ)			21	戌(いぬ)		
10	辰巳(たつみ)	巽	東南	22	戌亥(いぬゐ)	乾	西北
11	巳(み)			23	亥(ゐ)		
12	丙(ひのえ)			24	壬(みずのえ)		

注 和漢方位盤は、二十四方位に分けられる。付表のⅠ欄には、和漢方位盤で北から始めて方位の番号を記した。Ⅱ欄には、その方位を示すのに使われる十干と十二支による表記とその訓読を示した。Ⅲ欄には、『易経』の八掛による基本方位と東北、東南、西南、西北の方位の名称を記した。Ⅳ欄には、それらの方位の普通の名称を記した。

図4　和漢方位盤図と付表（『中世都市鎌倉の風景』〈吉川弘文館、1993〉より）

太白神の憚りのための方違えを行なわずにすごしてきたが、今日から西は天一神が遊行する方角となるが、どうしたらよいか、と。陰陽師の間でも憚るべきだとする意見と憚る必要がないとする意見があってまとまらない。そこで、御所予定地が正方にあたるか否かを調べることになり、当時の御所（勝長寿院前の伊賀《いが》朝行《ともゆき》亭）(29)の御寝所から御所予定地の乾（北西）の隅までの距離を計ったところ、東西二百五十六丈五尺、南北六十一丈であった。それゆえ、正方である西でも乾方でもない。計算しなくとも庚方（南よりの西、図4参照）にあたる。よって天一神が遊行する方角の西と北西、いずれでもないというので、そもそも議論するまでもないということになった。

ようするに、傍点部の数値は御所の東西・南北の大きさを示しているのではなく、当時の御所（伊賀朝行亭）の御寝所（甲とする）から御所予定地の乾（北西）の隅（乙とする）までの位置関係を示す数値である。すなわち、乙は、甲から西に二百五十六丈五尺行き、その地点から南に六十一丈行った地点であったことを表わしている、と私は考える。こう考えると、東西二百五十六丈五尺は五十六丈五尺を『吾妻鏡』が誤って記載したものと考えなくてすむ。なお、当時の御所を伊賀朝行亭と判断したのは、『吾妻鏡』嘉禄元年十月二十八日条によって、九条頼経が二十八日に、旧御所が破壊される期間の本御所として伊賀朝行亭に移ったことがわかるからである。

4　宇都宮辻子御所と若宮大路御所の位置について

これまでの考察によって、従来、宇都宮辻子御所の大きさを示すとされてきた数値は、勝長寿院前の伊賀朝行亭内の御寝所と御所予定地の北西の隅との位置関係を示す数値であることを明らかにした。それゆえ、宇都宮辻子御所の位置についても考え直す必要がでてくる。

さて、従来の通説（＝『鎌倉市史』の説[30]）は、宇都宮辻子御所と若宮大路御所とが同一敷地内、つまり**図3**の位置にあったと考えている。すなわち、宇都宮辻子（小路）を南とし、若宮大路を西とする、東西五十六丈五尺（約一五〇メートル）、南北六十一丈（約一八四メートル）という地で、南を正門とした[31]、と想定している。

しかし、先にも述べたように、私は、宇都宮辻子御所は、**図2**のような位置にあったと考えている。すなわち勝長寿院前の伊賀朝行亭から西に二百五十六丈五尺（約七七七メートル）行き、その地点から南に六十一丈（約一八四メートル）行った地点が御所の北西の隅である。この伊賀朝行亭の位置がはっきりしないため御所の北西隅の位置を確定しがたいが、**図2**では、その位置関係にもとづき明治十五年（一八八二）の地形図を使って御所の位置を想定してみた。

その結果、御所は若宮大路に面していなかったと推測される。もし面していたとすると、先の位置関係から逆にたどると図2の線I上に朝行亭がなければならないが、線上の地点はいずれも勝長寿院谷の中心道路（江戸期の絵図にもみえる）上にない。将軍が方違えする場所が中心道路沿いにないとは考えがたいので、線I上に朝行亭はなかったと考えたい。このことからも、御所は若宮大路には面していなかったと考えられる。後述するように、若宮大路御所は、若宮大路を南北を結ぶ線とした場合に、宇都宮辻子御所の北西寄りにあったが、そのことは若宮大路に宇都宮辻子御所が面していなかったという仮定と矛盾しない。宇都宮辻子御所を若宮大路御所と呼ばなかったのは、それが宇都宮辻子には面していたが若宮大路には面していなかったからである。他方、若宮大路御所は若宮大路の東頰《ひがしつら》に面していたので若宮大路御所と呼ばれたのであろう。なお、辻子というのは通りぬけられる小路のことで、道路の交差する辻とは別ものである。これも、平安京の制度にならったものの一つである。

ところで、宇都宮辻子御所は嘉禎二年（一二三六）八月四日になるとその北側の若宮大路御所に移転する。(32) そして、それ以後は新造されても同一敷地であった。そこで、宇都宮辻子御所から若宮大路御所への移転に、どういう意味があったのかを考慮する必要がある。

しかし、この移転については、若宮大路御所と宇都宮辻子御所とは、じつはもともと同一区画内にあって、宇都宮辻子を主として呼んだのが宇都宮辻子御所であり、他方、若宮大路を主として呼んだのが若宮大路御所だとする『鎌倉市史』の説[33]があり、現在では、それが通説化している。その説の根拠は、若宮大路御所への移転の過程で、御所の近辺にあった北条泰時亭について『吾妻鏡』が一言も触れていないことにある。

『鎌倉市史』の説には、義時亭（大倉御所と西大路を隔てた亭）と小町西北の泰時亭とを混同しているなどの問題があるが[34]、泰時の鎌倉亭が小町西北にあったことは確実である。そして、さらに『鎌倉市史』は横大路と若宮大路とを二辺とする地に泰時亭があったとしている。

たしかに、その可能性は高い[35]が、泰時亭の規模がはっきりしないために、御所の区画に隣接していたのかどうかは明白ではなく、**図5**のように隣接せず御所との間に余裕があったとすれば、御所の移転に関する記事の中に北条泰時亭について言及がないことも有り得る[36]。結論を先に述べれば、私は、ひとまず若宮大路御所は宇都宮辻子御所とは別区画にあったと考える。

というのも、若宮大路御所への移転は、将軍頼経が大病を患ったさい、その病いが宇都宮辻子の土公《どこう》（土を司る神）の祟《たた》りによるものだと考えられたために行なわれたものであり、祟りをなす土公のいる同一区画に移転しても意味がないからである。

もっとも宇都宮辻子御所から若宮大路御所への移転の理由については明確に語る史料はない。しかし、『吾妻鏡』嘉禎二年（一二三六）二月一日条には次のような注目すべき記事がある。

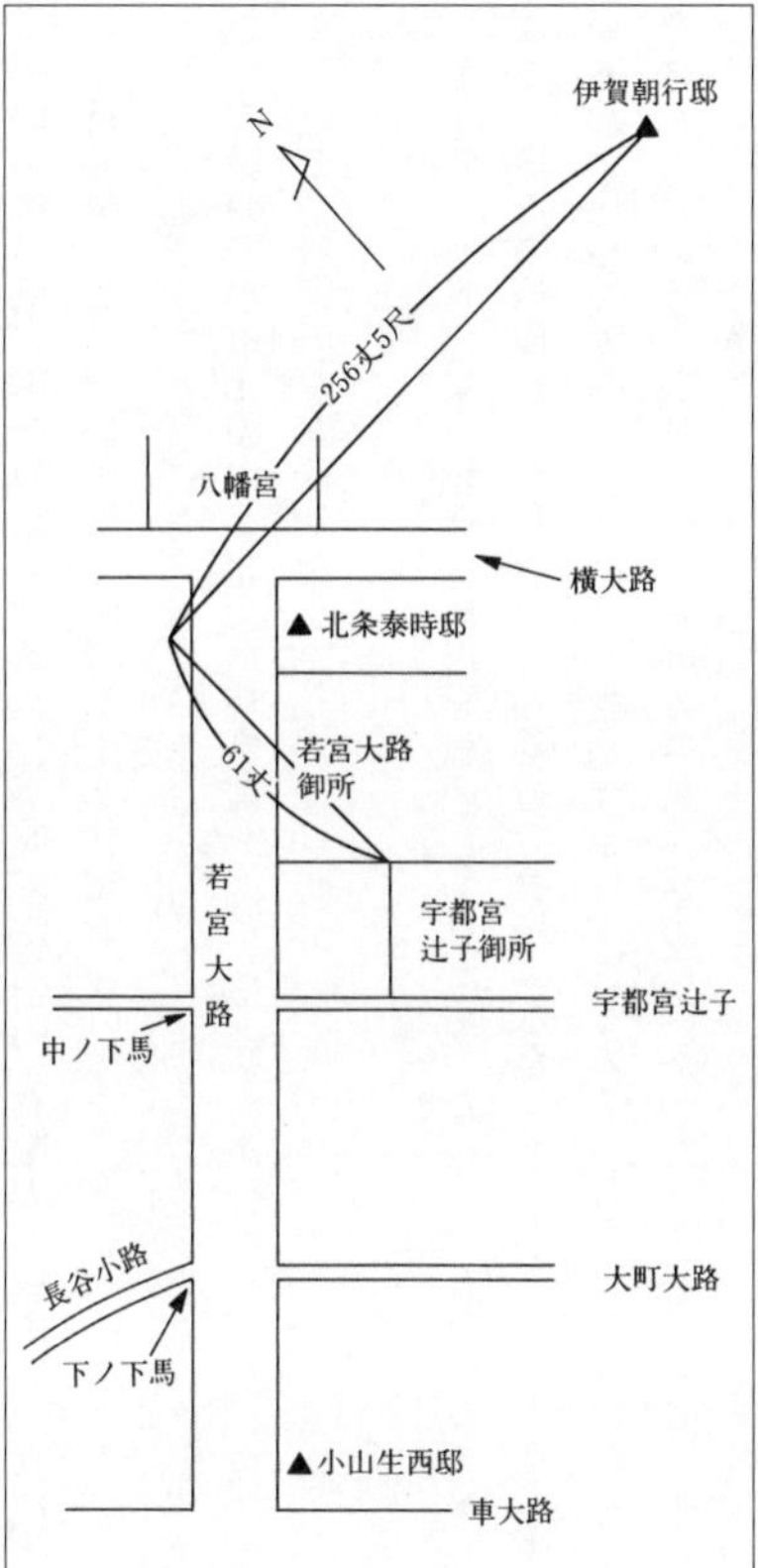

図5　宇都宮辻子御所・若宮大路御所位置想定図

御不例余気、不令散給事、若土公奉成祟歟之由、有職人々依申之、為武州御沙汰、被行其祭、入夜、於御所、晴賢朝臣奉仕之云々(37)

〔九条頼経の御病気の予後が芳しくないのは、もしかしたら土公の祟りではないかと有職の者が申すので、北条泰時の御沙汰として祭祀が行なわれた。夜に将軍御所において晴賢朝臣が奉仕したという〕

前年の十一月以来、頼経は疱瘡を患い、それが治った後もはれ物に悩まされていた(38)。そこで、種々の治療がなされたが、陰陽道の者によると「もしかしたら土公が祟りをなしているのではないか」というので、嘉禎二年(一二三六)二月一日の夜に、その祭が御所でなされたという。翌日には、頼経の病気は快方に向かった。そして三月二十日には御所を若宮大路東頬に移すことが決定される。

このような御所移転決定の過程を見ていくと、三月に突然、御所の移転が決定したのは、まさに土公の祟りを避けるためであったと考えられる。とするならば、移転した距離はたいしたものでなかったにせよ、先にも述べたように、祟りをなす土公のいる同一区画では、その移転には意味がないので、ひとまず図5のような別区画に移転したと考えるべきであろう。

しかも、『吾妻鏡』嘉禎二年六月六日条に「若宮大路御所築地始之」とあることから、築地が新たに築かれ、このことも両者が別区画にあったことを推測させる。さらに、『吾妻鏡』では、同一区画内に建物を建てたさいには、同一区画内に建てられた旨が明記されている。たとえば、嘉禄二年(一二二六)四月四日、政子追善のために建築が始まった三重塔の場合には「大倉新御堂之廓内」に建てられた(40)と記されている。これらの理由からも、若宮大路御所は宇都宮辻子御所とは別区画に建てられたと考えられる。しかし、いずれにせよ、その移転の距離は大きくはなかった。(39)

以上、若宮大路御所は宇都宮辻子御所とは別区画にあって、宇都宮辻子御所の北に移転したことを論じた。

さて、この若宮大路への引っ越しに連動して、先の北条泰時亭も新造された。『吾妻鏡』嘉禎二年十二月十九日条には、

> 十九日(中略)、武州御亭御移徙也、日来御所北方所被新造也、被建檜皮葺幷車宿、是為将軍家入御云々、御家人等同構家屋、南門東脇尾藤太郎、同西平左衛門尉、同西大田次郎、南角諏訪兵衛入道、北土門東脇万年右馬允、同西安東左衛門尉、同並南条左衛門尉等也云々(41)

〔北条泰時の引っ越しがあった。数日前に、将軍御所の北側に新造された。檜皮葺きで、車宿も建てられた。これは将軍がお入りになるためだという。泰時の家人たちも同様に家を構えた。南門の東脇には尾藤太郎が、南門の西には平左衛門尉と大田次郎が、南角には諏訪兵衛入道が、北の土門の東脇には万年右馬允が、北の土門の西には安東左衛門尉、北の土門の並びに南条左衛門尉の屋敷が建てられたという〕

とあり、北条泰時亭が御所の北側に新造され、泰時亭の南門東脇の尾藤亭以下、泰時に仕える者たちの宿館も新造されたことがわかる。とくに、尾藤太郎亭ほかは南門の東・西の脇に、万年右馬允亭ほかは北土門の東・西の脇にあったことが知られる。

ここで注目されるのは、将軍の有力御家人たちの屋敷も、御所の周りに、正確には、各々の門を中心に御所を守護するようなかたちで建てられた点である。畠《はたけ》山重忠《やましげただ》の屋敷は御所の南門の近く、比企能員《ひきよしかず》の屋敷は御所の東門の近くに建てられていた(42)。執権政治の中心であった北条泰時亭の場合にも、御所の門の脇を中心に家人たちの宿館が建てられていたことに注目しておこう。

この若宮大路への移転以後、御所は建長四年(一二五二)に同一区画に新造され、十一月十一日に宗尊《むねたか》親王は、そこへ引っ越す(43)。この新造は、都市論の上では画期的なことではないが、政治史上は注目される。というのも、この新造は、火災による御所の焼失などによるものではなく、皇族将軍宗尊親王が新将軍として迎えられたことによるからだ。すなわち、それは、摂家将軍の時代の終了と皇族将軍の下での新政の開始を体現している(44)。

以上のように、嘉禄元年（一二二五）に御所が大倉から宇都宮辻子へ移転し、さらに、嘉禎二年（一二三六）に若宮大路御所へと移転した後は、若宮大路に面する御所が、その敷地内で新造されることはあっても、移転はしなかった。それにより、鶴岡八幡宮とそれから南に延びる若宮大路が鎌倉の基本軸として定着した。そして、いわば雛壇型の都市鎌倉が成立したのである(45)。

ところで、通説が都市鎌倉の画期としている仁治元年（一二四〇）は、巨福呂坂《こぶくろざか》の造営、整備がなされ、朝比奈切通しの開削が計画され、篝《かがり》の制度が成立し、都市鎌倉を対象とした法が出されるなど(46)、鎌倉の都市的整備が進んだ時期ではあった。しかし、鎌倉の質的転換を考えるうえで、嘉禄元年の宇都宮辻子御所への移転ほど画期的ではない。

前述の通り、若宮大路御所は宇都宮辻子御所とは別の位置にあり、宇都宮辻子御所は、宇都宮辻子を南の一辺とし、若宮大路御所が若宮大路を西の一辺としている。ところで、その二つの御所は方角的にどのような位置関係にあったかといえば、さきに、述べた通り、若宮大路御所は、宇都宮辻子御所より北よりにあったことがわかっている。しかし、つぎに挙げる史料から、さらに、その場所は限定される。すなわち、若宮大路御所は、宇都宮辻子御所の北西よりにあったといえるのである。

(一) 今夜将軍家為御方違、入御小山下野入道生西宿所、自御所南方也、是為被立御車宿令避王相方御

〔今夜、将軍が方違えのために小山生西の家にお入りになった。御所から南方である。これは車宿を建てようとし、王相方を避けるためである〕

(二) 四日、(中略)、将軍家為御方違、可有渡御于小山下野入道生西若宮大路家之由、有其沙汰、(中略) 但、彼家自御所相当坤、今日為太白方歟之間、将軍家直有御疑、晴賢等打丈尺令算勘、為丁方之由、依令申、入夜渡御生西家云云

〔将軍が方違えのために小山生西の若宮大路の家にお渡りになるとの沙汰があった。ただし、生西の家は御所から坤《ひつじさる》の方角で太白神の方角ではないかと将軍が直きじきにお疑いになったために、晴賢が計測したところ、丁《ひのと》方に当たることがわかり、夜に生西の家にお渡りなさった〕

（三）廿六日、（中略）明日依可有新御所柱立、為信濃民部入道行然奉行、可有御方違于師員家歟事、及御沙汰、是新御所自当時御所、生西家、相当正北方之間、明日太白方、可有一夜御方違之故也、（後略）

〔明日は新御所の立柱がある予定なので、信濃民部入道行然が担当奉行として、中原師員の家へ将軍が方違えするべきか否かに関して評定がなされた。それは、新しい御所が、現在将軍のいる生西の家から真北の方角にあたり、明日は太白方のため、一夜方違えをするべきだからである〕

史料（一）は『吾妻鏡』安貞二年（一二二八）三月二十五日条であり、史料（二）は同嘉禎二年（一二三六）四月四日条で、史料（三）は同嘉禎二年六月二十六日条である。

史料（一）より、九条頼経が王相方《おうしょうかた》の方忌みのために、宇都宮辻子御所の南の小山下野入道生西の若宮大路の家に方違えしたこと、史料（二）から、九条頼経が小山下野入道生西の家に方違えしようとしたが、生西の家は宇都宮辻子御所から坤《ひつじさる》の方角にあり、太白神の憚りがあるのではないかと九条頼経自身が疑ったので、陰陽師が調査したところ丁方《ひのと》であることがわかり、生西の家に方違えしたことがわかる。なお、坤や丁などの方角については、図4の方位盤を参照されたい。

さらに、史料（三）より、若宮大路御所の立柱工事に関連して、若宮大路御所が当時の御所（＝生西の家）の真北にあり、その方角は太白方の憚りがあるために中原師員《なかはらもろかず》の家に方違えしたことがわかる。

以上から、小山下野入道生西の若宮大路の家を基準にすると、若宮大路御所は真北にあり、宇都宮辻子御所は癸《みずのと》の方角に当たることがわかる。とすれば、若宮大路御所は宇都宮辻子御所の北西よりにあったと考えられる。

ところが、これには問題が残っている。というのは、小山生西の若宮大路の家は、車大路にも面していたと考えられるからである(47)。それでは、車大路に面していた場合、どのような問題があるのか。もう一度、**図5**を参照していただきたいが、車大路は、下ノ下馬から三〇〇メートル南に行った地点で若宮大路と直交する通りだと想定されている(48)。そこで、若宮大路の東側の、車大路との交差点から真北へ線をひくと、その線は若宮大路の西側に出てしまい、若宮大路の東側に面している若宮大路御所には決して至らない。すなわち、先の議論が成り立たなくなる。

この問題を解決するには、鎌倉時代の方位の「子午線」として若宮大路が使われる場合があったとする川副武胤説(49)が有効である。つまり、若宮大路は正子午線に対して二十七度北北東―南南西の方位に傾いているが、それが南北を結ぶ子午線に見立てられる場合があったとする説である。この説に立つと若宮大路御所、宇都宮辻子御所、小山亭は図5のような位置関係として理解される。

前述の考察によって伊賀朝行亭を起点として西に二百五十六丈五尺、そこから南に六十一丈の地点が宇都宮辻子御所の乾の隅であることが明らかであるので、それを考え合わせても、図5のようになる(50)。

さらに、私は、宇都宮辻子は、図5のような位置にあったと考える。というのも大三輪龍彦氏の研究(51)によって横大路と宇都宮辻子との間に大学辻子・呪師《じゅし》勾当《こうとうの》辻子《ずし》があったと考えられ、また、小町口を東西に走る小路が宇都宮辻子と考えられているからである。

詳しくは大三輪論文を参照されたいが、たとえば横大路と宇都宮辻子との間には大学辻子と呪師勾当辻子という二つの小路があることが明らかであり、図3のように宇都宮辻子と横大路との間に一つだけ小路があることを想定するのは間違いである。また、伊賀朝行の勝長寿院前の屋敷がどこにあったかということについては確定しがたい。しかし、『吾妻鏡』には「大御堂(=勝長寿院)前」とあるので、勝長寿院谷の奥というよりは、谷の北側の入口の部分にあったと推測される。

そこで図6では試みに、大御堂橋を渡ったところと勝長寿院谷の入口で勝長寿院参道の起点と考えられるところの二カ所から西に二百五十六丈五尺(約七七四メートル)、その地

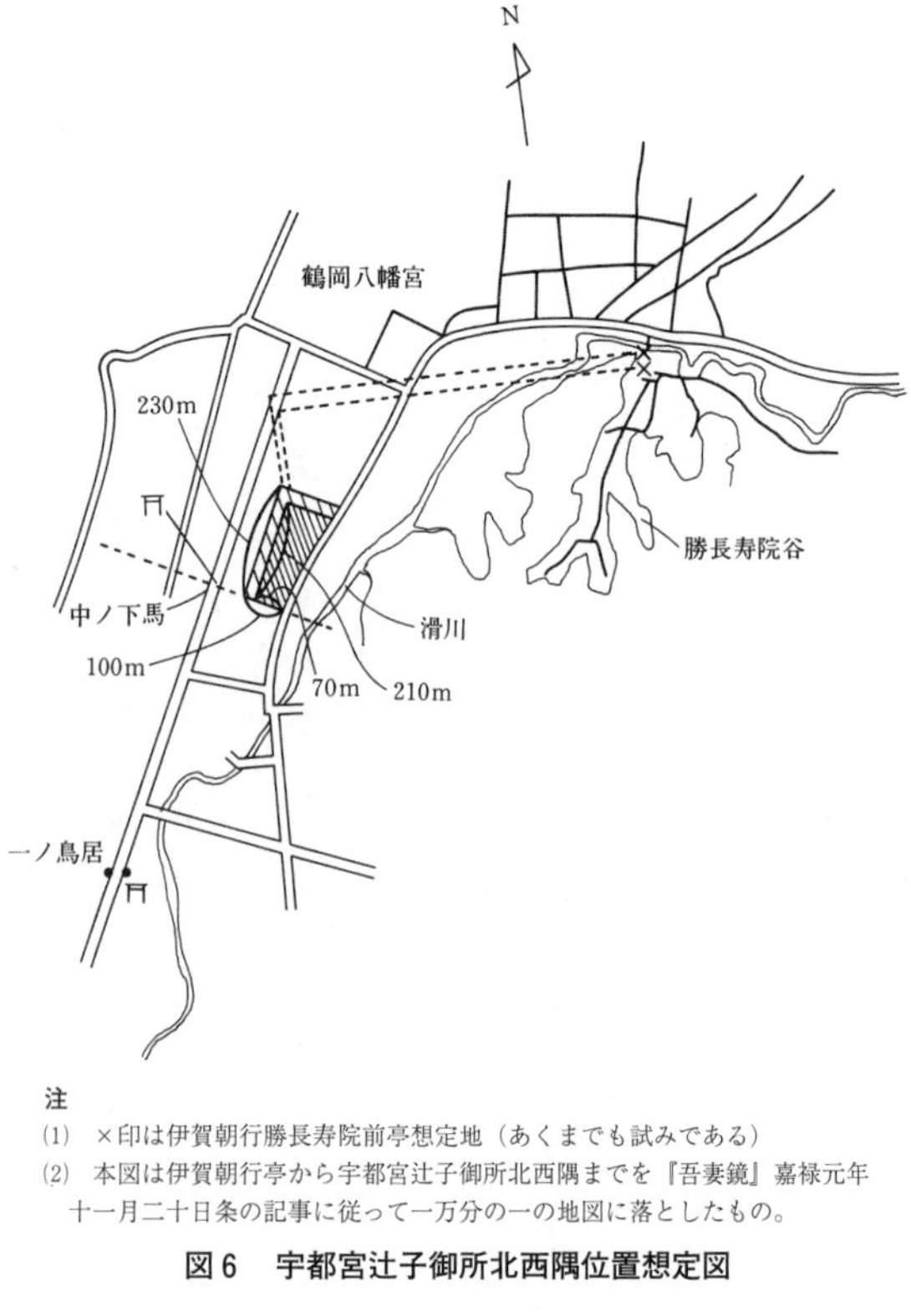

注

(1)　×印は伊賀朝行勝長寿院前亭想定地（あくまでも試みである）

(2)　本図は伊賀朝行亭から宇都宮辻子御所北西隅までを『吾妻鏡』嘉禄元年十一月二十日条の記事に従って一万分の一の地図に落としたもの。

図６　宇都宮辻子御所北西隅位置想定図

点から南に六十一丈（約一八四メートル）の地点を一万分の一の地図に落としてみた。いずれも宇都宮辻子御所の北西の隅は若宮大路には接しておらず、若宮大路御所と宇都宮辻子御所とは別敷地にあったとする私見と矛盾しない。

以上、宇都宮辻子御所について主に論じてきたが、その構造の詳細についてはあまり触れることができなかったので、ここで簡単に触れておこう。宇都宮辻子御所には宇都宮辻子に面する南門、南庭、車寄せ、二棟の廊、寝殿などがあった。とくに、注目すべきことは、寝殿の東西に侍が造られたことである。御家人役の基本といえる鎌倉大番役こそは、遠江他十五カ国の御家人が交代でその西侍につめて将軍を警護する役であった(52)。

このように、御所の位置やその構造自体に鎌倉幕府の将軍と御家人との関係もよく表われているのである。

註

（1）『玉葉』寿永二年閏十月二十五日条。

（2）『玉葉』寿永二年十一月二日条。

（3）石井進「中世都市・鎌倉」（『よみがえる中世3　武士の都鎌倉』〈平凡社、一九八九〉）。

（4）『鏡』治承四年十二月十二日条。

（5）石井進「文献からみた中世都市鎌倉」（鎌倉考古学研究所編『中世都市鎌倉を掘る』〈日本エディタースクール出版部、一九九四〉）。
（6）『鎌倉市史　総説編』（吉川弘文館、一九五九）一六二ページ「大倉幕府址想定図」による。
（7）『鏡』建保七年正月七日条。
（8）『鏡』建長三年十二月三日条、同文永二年三月五日条参照。
（9）『鎌倉市史　総説編』（前註6）二五九ページは小町屋を仮屋あるいは屋台店の類ではないかとする。
（10）『鏡』承久元年十二月二十四日条。『鎌倉市史　総説編』（前註6）は大倉御所は再建されなかったとする。「海道記」には、御所がすぐに再建されたかのような記述が見られる（『角川日本地名辞典　14　神奈川県』〈角川書店、一九八四〉）。しかし、「海道記」は、当時の記録であれば「若宮小路」とすべきであるのに、それを「若宮大路」とするなど、後世に鎌倉の繁栄を偲んで作成された可能性があり（五味文彦説）、その記述は、ただちには信用できない。
（11）『鏡』嘉禄元年十月十九日条。
（12）『鏡』嘉禄元年十月二十日条。
（13）『鏡』嘉禄元年二月一日条に「宿曜道助法眼珍誉」とある。
（14）嘉禄元年七月十一日に北条政子は死去した。
（15）『鏡』嘉禄元年十二月二十日条。

(16) 五味文彦「執事・執権・得宗——安堵と理非」(『中世の人と政治』〈吉川弘文館、一九八八〉)三三二ページ。
(17) 五味克夫「鎌倉御家人の番役勤仕について(二)」(『史学雑誌』六三—一〇、一九五四)。
(18) 前註(17)参照。
(19) 『吾妻鏡』嘉禄元年十月四日条にみえる、「丈尺を打つ」というのは、その第一義の意味としては、測量をするという意味であろう(河野眞知郎『中世都市鎌倉遺跡が語る武士の都』〈講談社、一九九五〉二六一ページ)。それゆえ、ただちに、この史料から、丈尺制がこのときに、初めて導入されたとはいえない。しかし、この史料こそは、『吾妻鏡』その他の関東地方で、測量をするという意味で「丈尺を打つ」という表現の初見であり、その時期には、すでに丈尺制が導入されていたことは確実である。ここでは、そうした表現が初めてなされたことを重視し、丈尺制は嘉禄元年に導入されたと考える。
(20) 丈尺制の導入と連動して戸主制も導入されたと考える。
(21) 網野善彦「鎌倉の「地」と地奉行について」(『三浦古文化』一九号、一九七六、のち網野『日本中世都市の世界』〈筑摩書房、一九九六〉所収)。
(22) 『鎌倉市史　総説編』(前註6)二〇一ページ、『国史大辞典　3』(吉川弘文館、一九八三)貫達人執筆の「鎌倉」の項。
(23) 五味文彦『鎌倉と京』(小学館、一九八八)二二九ページ。
(24) 網野前掲論文(前註21)四ページ。

（25）宇都宮辻子・若宮大路近辺にあった御家人たちの住居については渡辺保『鎌倉』（至文堂、一九六二）九四―九六ページ。
（26）『鎌倉市史　総説編』（前註6）一六八―一七二ページ。
（27）『鎌倉市史　総説編』（前註6）一七一ページ。
（28）天一神・太白神といった陰陽道関係の知識は、ベルナール・フランク著・斎藤広信訳『方忌みと方違え』（岩波書店、一九八九）、斎藤励『王朝時代の陰陽道』（芸林舎、一九七六）、村山修一『日本陰陽道史　総説』（塙書房、一九八一）などを参考にした。特に、『方忌みと方違え』は役にたった。
（29）『方忌みと方違え』（前註28）八七ページ。
（30）『鎌倉市史　総説編』（前註6）一六九ページ。
（31）『鎌倉市史　総説編』（前註6）一六八、一七一ページ。
（32）『鏡』嘉禎二年八月四日条。
（33）『鎌倉市史　総説編』（前註6）一七〇ページ。
（34）貫達人「北条亭址考」（『金沢文庫研究紀要』八号、一九七一）。
（35）北条氏の邸宅については、秋山哲雄「都市鎌倉における北条氏の邸宅と寺院」（『史学雑誌』一〇六―九、一九九七）が詳しい。
（36）大三輪龍彦の説（「中世都市鎌倉の地割制試論」〈『仏教芸術』一六四号「特集鎌倉の発掘」、一九八五〉）によると宇都宮辻子は小町口（＝中ノ下馬）の東西方向に若宮大路で交差する道ではないか、とされる。とすれば、鶴岡八幡宮の門前から宇都宮辻子まで約四五〇メートルある。大三輪は、『鏡』弘長三年十二月十日条、弘安三年十一月十四日条から、鶴岡八幡宮前と宇都宮辻子との間に呪師勾当辻子、大学辻子といった小路があったことを指摘するが、鶴岡八幡宮門前と宇都宮辻子との間は後にそうした小路が二本通るようなところである。

(37) 『鏡』嘉禎二年二月一日条。
(38) 『鏡』嘉禎元年十一月十八日条。
(39) 『鏡』嘉禎二年六月六日条。
(40) 『鏡』嘉禎三年四月四日条。
(41) 『鏡』嘉禎二年十二月十九日条。
(42) 比企四郎の屋敷は、大倉御所の東門のそばに（『鏡』文治元年九月一日条）、畠山次郎重忠の屋敷は大倉御所の南門のそばに（『鏡』正治元年五月七日条）あった。
(43) 『鏡』建長四年十一月十一日条。
(44) 建長四年四月一日に摂家将軍頼嗣に代わって宗尊親王が鎌倉に迎えられる（『鏡』同日条）。
(45) 雛壇型都市については、拙著『中世都市鎌倉の風景』（吉川弘文館、一九九三）一九五ページなど参照。
(46) 巨福呂坂の造営・整備がなされたのは仁治元年十月十日（『鏡』同日条）、朝比奈切通しの開削が計画されたのは十一月三十日（『鏡』同日条）、篝の制度が成立するのは十一月二十一日（『鏡』同日条）である。篝については建武・暦応年間円覚寺境内図（三浦勝男『鎌倉の古絵図（1）』〈鎌倉国宝館、一九六八〉）の瓜谷路と山ノ内街道の交差点あたりに「篝屋跡」と見える。そうした交通の要衝にも篝屋を設けたのであろう。都市鎌倉を対象とした市中法がだされたのは延応二年二月二日（『鏡』同日条）のことである。なお都市鎌倉を対象とした市中法はすでに文暦二年七月にだされている。

(47) 『鏡』安貞二年十月十五日条に「小山下野入道生西車大路家」と見える。

(48) 大三輪龍彦「中世都市鎌倉の地割制試論」（前註36）一九ページ。

(49) 川副武胤「鎌倉時代鎌倉の方位の観測」（『日本歴史』三八二）。

(50) この場合、大御堂橋を渡った勝長寿院谷のいずれから計っても、若宮大路を「子午線」とすると若宮大路の西側に宇都宮辻子御所の北西隅があることになり、若宮大路を「子午線」とする川副武胤説（前註49）は成り立たない。それゆえ、いかなる場合に若宮大路を「子午線」と見立てたのかが問題となるが、後考を期したい。

(51) 大三輪龍彦編『中世鎌倉の発掘』（有隣堂、一九八三）四九ページ、同「中世都市鎌倉の地割制試論」（前註36）。

(52) 『鏡』嘉禄元年十二月二十一日条。

第二章　都市鎌倉と鶴岡八幡宮

さて、前章では、都市鎌倉の政治的な中心である御所に注目しながら、嘉禄元年（一二二五）十二月の宇都宮辻子御所の成立を画期として平安京に匹敵する武家の「首都」鎌倉が成立し、さらに都市鎌倉の基本軸が政治的にも鶴岡八幡宮とそれから南に延びる若宮大路へ移る契機となったことを論じた。

そこで、つぎに都市鎌倉の宗教的な中心であり、都市鎌倉の興亡と密接な関係があった鶴岡八幡宮についてみてみよう。

1　都市鎌倉の宗教的中心「鶴岡八幡宮」の創建

都市鎌倉といえば、鶴岡八幡宮を想起する読者も多いだろう。鶴岡八幡宮は都市鎌倉の中心に位置し、都市鎌倉を論ずるうえで、避けて通ることはできない。鶴岡八幡宮こそは不死鳥のように生き続け、都市鎌倉の歴史を体現してきた、ともいえる。

鶴岡八幡宮というと神社だと思われる読者が多いかもしれないが、明治維新の神仏分離政策以前においては神主と僧侶とが共住する「神宮寺《じんぐうじ》」であった。しかも、史料には鶴岡八幡宮寺と表記され、また鶴岡八幡宮の総責任者である別当（社務《しゃむ》）が僧侶であったことにも示されるように、神主と僧侶とが共住しているとはいっても、実際には僧侶のほうが優勢であった。

鶴岡八幡宮は、源頼朝が治承四年（一一八〇）十月十二日に、先祖の頼義がひそかに（朝廷の許可を得ないで）勧請した石清水八幡（いまの元八幡）を、小林郷の北山に移して成立した。これが若宮の始まりである。そのさい源頼朝は自分の意志で社地を選定し、自ら司祭者となってその是非を決定している。つまり源頼朝自身が神主的存在であった(1)。

当初は別当（社務）的役割を走湯山専光房良暹が仮に担っていたが、正式の別当には三井寺から下向した円暁が寿永元年（一一八二）に任命された。鶴岡八幡宮は源氏の氏神をまつる社（寺）であった。建久二年（一一九一）三月四日に火災が起きたのを契機に、同年十一月に石清水八幡が山の中腹に勧請されたのが本宮の起こりで、ここに若宮・本宮などからなる八幡宮の原型ができる。また、この建久二年前後に八幡宮の年中行事・機構等が完成する。神主は建久二年十二月に定められて大伴清元が補任され、以後、大伴氏が神主職を世襲することになった(2)。

2　鶴岡八幡宮の構造

こうした来歴をもつ鶴岡八幡宮であるが、まず、鶴岡八幡宮が鎌倉において占める位置を絵図を使って視覚的に明らかにしよう。

さて、図7は、享保十七年（一七三二）に作成されたといわれる鶴岡八幡宮境内図(3)（享保境内図という）の概略をトレースしたもので、今宮、柳営社《りゅうえいしゃ》、丸山社、佐助稲荷社、上諏訪社などを除き、建物の大部分が描かれている。括弧で囲んだ文字以外は図に記された注記（大きさについての注記は省略した）である。徳川家康の意志をついだ秀忠は、元和八年（一六二二）に当宮の造り替えを命じ、寛永元年（一六二四）から、その修造が進められた。そのころの伽藍配置を示す図は伝わっていないが、寛永造替から享保十七年まではほとんどその配置に変化がないと考えられるので、享保境内図から寛永初年における八幡宮の様子を知ることができる(4)。

しかし、ここで問題としている中世の状態を、享保境内図だけから直ちに論ずることはできない。中世の鶴岡八幡宮の景観を知る手がかりとなる史料としては、図8の「豊臣秀

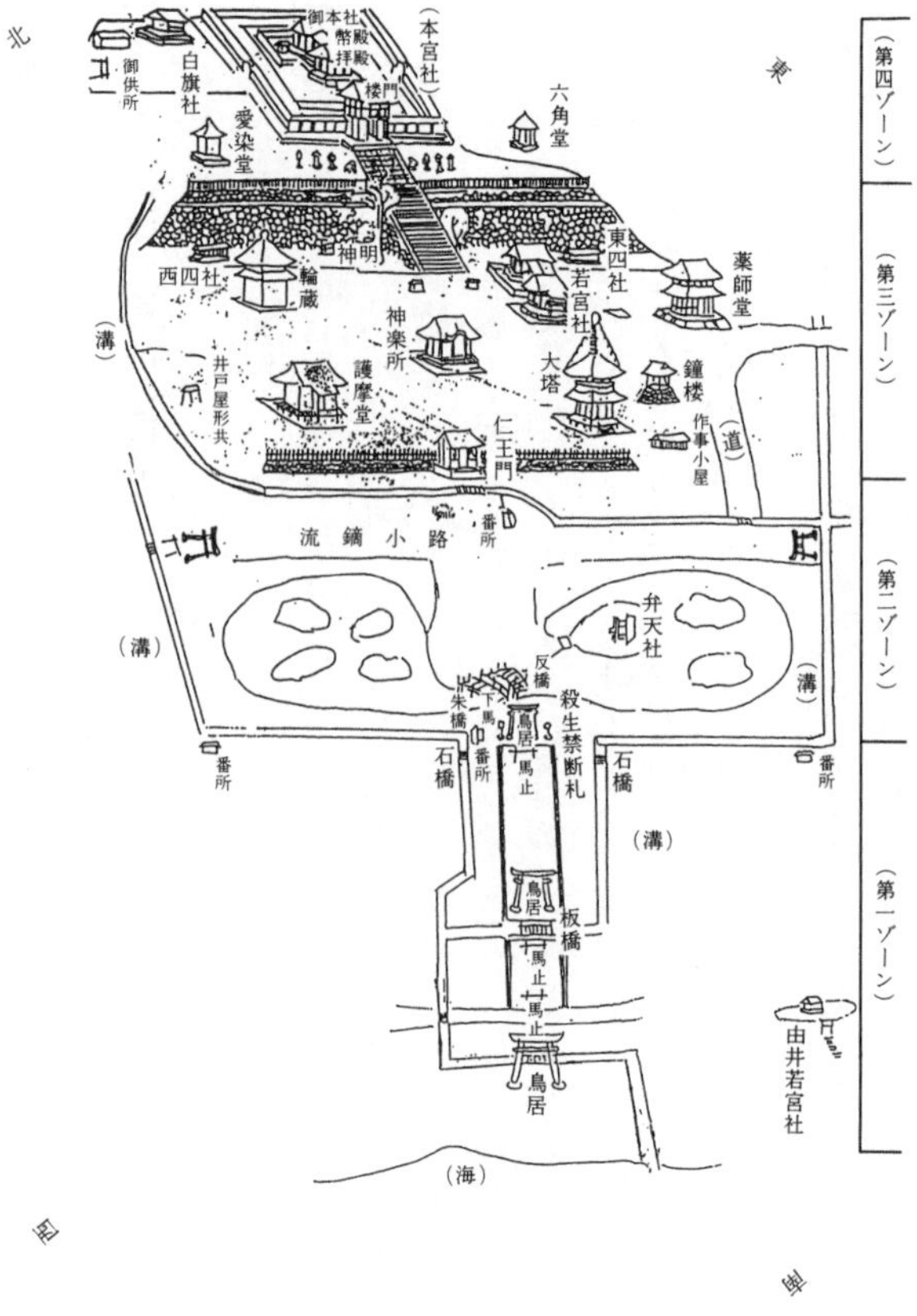

図７　享保17年鶴岡八幡宮境内図

（『中世都市鎌倉の風景』〈吉川弘文館、1993〉より）

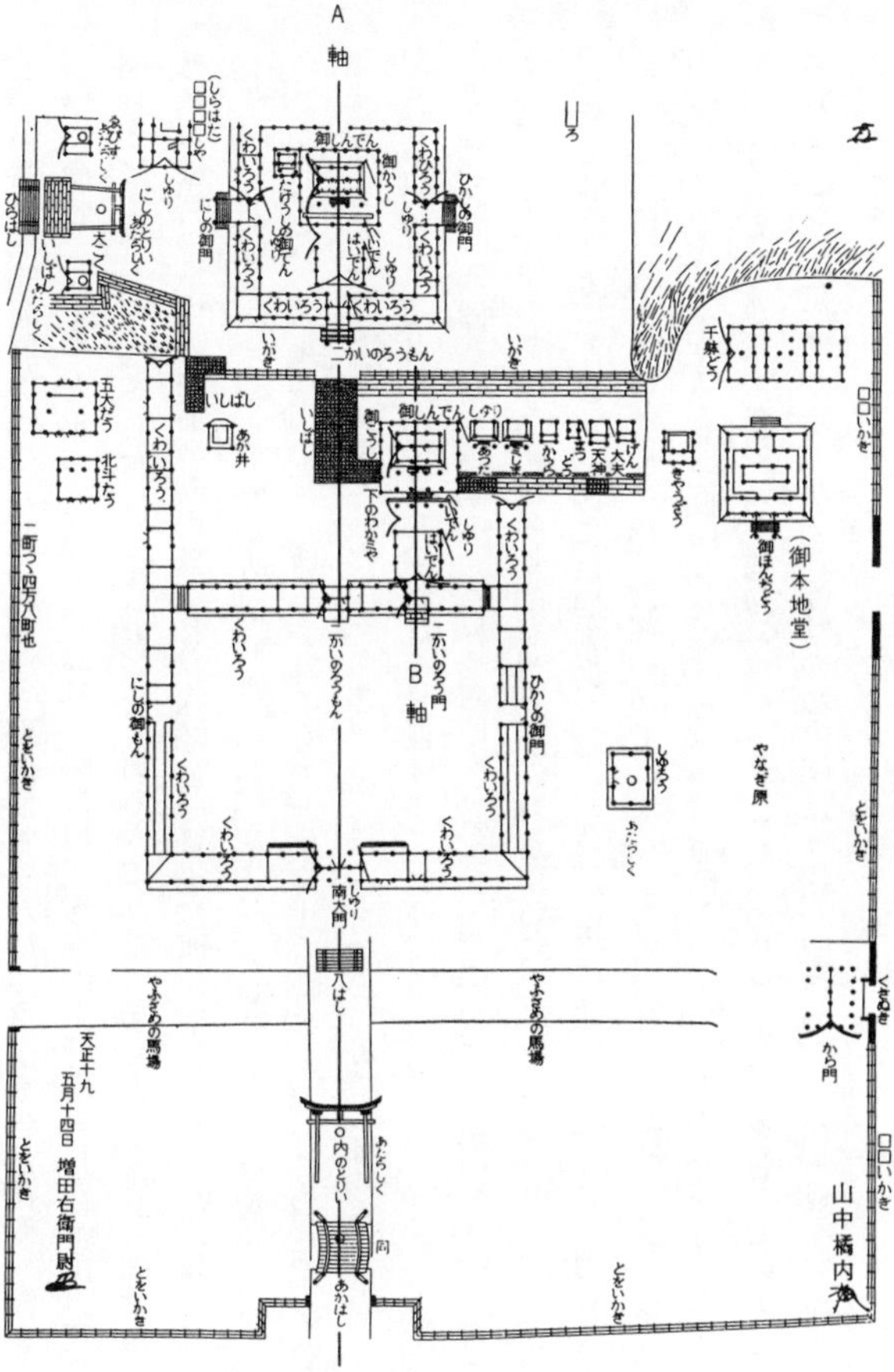

図8　豊臣秀吉奉行等加判造営指図

(『中世都市鎌倉の風景』〈吉川弘文館、1993〉より)

吉奉行等加判造営指図」[5]（天正指図《てんしょうさしず》と略す）がある。それは、豊臣秀吉が鶴岡八幡宮造営を家康に命じた天正十九年（一五九一）五月十四日に、秀吉の奉行増田長盛・山中長俊・片桐且元によって作成された指図（設計図）である。[6]これは、あくまでも設計図であるため鶴岡八幡宮の境内の前面のみが描かれ、八幡宮の背後、西北部に存在した供僧の二十五坊（院）などはまったく記されていない。ここでは、そのことに注意する必要がある。

しかし、この天正指図には、新築されるものと修理するものについての注記があり（修理するものには「しゅり」と、新たに建築する〈あるいは再建か〉ものには「あたらしく」と注記されている）、それ以前の建物の状況を推測することができる。

それゆえ、鶴岡八幡宮境内図（享保境内図）を参考にしつつ天正指図を分析することによって、中世末の鶴岡八幡宮の景観を視覚的に理解することができる。

図7を見ると、享保境内図には四隅に「東」「西」「南」「北」が記されており、それらから、本図は図全体の一部が残った部分図ではなく、これ自体で完結する図であり、また右隅に、「享保十七壬子年之図」と注記（**図7**では省略）があることから享保十七年の状態を示す図だとわかる。さらに、建物には、それぞれ、名称と桁行・梁行などの大きさが記されている。この図から、鶴岡八幡宮の境内図は大きく四つの部分から成り立っていることがわかる。

その四つの部分とは、浜の大鳥居から社頭の一の鳥居までの部分（第一ゾーン）、それより上で仁王門までの部分（第二ゾーン）、仁王門より北で大塔・薬師堂・若宮等のある部分（第三ゾーン）、階段より上で築地塀《ついじべい》によって囲まれた本宮のある部分（第四ゾーン）の四つである。

その四つのゾーンのうち、第一ゾーンが前章で論じた鎌倉の中心部分であることは一目瞭然である。その部分は極端にデフォルメされ、矮小化されて描かれている。なぜそのように描かれたかと言えば、その部分は俗なる領域だったからである。しかし、すべて排除されてしまわずに図の中に描かれたのは、その部分が一面では鶴岡八幡宮によって聖化された領域だったからでもある。すなわち、都市鎌倉は鶴岡八幡宮の準聖域圏だったのである。

第二から第四までのゾーンは鶴岡八幡宮の境内である。図7の第二ゾーンには、南から、鳥居、反橋（赤橋）、源平池、流鏑馬《やぶさめ》小路などが描かれているが、図8には赤橋、内の鳥居、やぶさめの馬場の順で描かれている。つまり、赤橋と内の鳥居の位置が図7と図8とでは違っている。図8の赤橋と鳥居には「あたらしく」と注記されており、このことから、天正期には、それらはなくなっていたらしいことが想像される。そして、寛永期には、天正指図の計画と少し異なって、南から鳥居、赤橋の配置で造営された。

図7の第三ゾーンは若宮の部分である。図7と図8とを比較すると、図8にはない大塔といった建物が図7にはある（逆に千躰堂のように図8にはあるものが図7にはない、あるいは配置が違う）など多くの相違点がある。そのなかでもとくに図7の若宮には回廊がないが、図8では、東、西、南（八足門）に門をもち、二階の楼門までそなえた回廊が若宮を取り囲んでいることは興味ぶかい。

このように、じつに中世の若宮は、回廊で取り囲まれる寺院のような造りであった。回廊では最勝王経の転読といった法会が行なわれる一方で、関東の安泰を祈願して舞楽が奉納された。文治二年（一一八六）四月に、その回廊で静御前が義経をしたって舞を舞い、頼朝を激怒させたのも、若宮回廊での舞楽は鎌倉幕府の安泰を祈願するために行なわれるべきものであったからである。放生会《ほうじょうえ》にさいしても舞童による舞楽が行なわれた。相撲も回廊の外庭で行なわれていたようである。

この若宮の区画は本宮の面積よりも大きく描かれており、本宮よりも若宮の方が、鶴岡八幡宮の中核をなしていたことを推測させる。図7では若宮の影がうすいが、先にも述べたとおり、図8から、中世においては若宮は回廊を有する独自な区画を構成していたことがわかる。

また、同じく図8をみると、赤橋から若宮の南大門を通って本宮の御神殿にいたるA軸

鶴岡八幡宮大塔と薬師堂（左奥）（横浜開港資料館所蔵）

が鶴岡八幡宮の基本軸であることがわかるが、若宮の回廊の部分だけに注目すると二階楼門から若宮御神殿へと至るB軸があることが知られる。すなわち、基本軸が二つあったのである。このことは、鶴岡八幡宮が若宮から始まり、建久の再建にさいして本宮が石清水を勧請して成立したという鶴岡八幡宮の歴史的事情に由来するのであろう。

図7では若宮の存在がめだたないために、護摩堂（＝図8の五大堂にあたる[7]）、大塔、薬師堂（＝図8の御本地堂にあたる[8]）、輪蔵《りんぞう》（お経を納める蔵）といった仏教系の建物（＝鶴岡八幡宮脇堂）が目に付き、あたか

神楽殿左手の経本を納める輪蔵（横浜開港資料館所蔵）

も仏教系のゾーンであるかの感がある。そのほか、図8の「千躰どう」「北斗たう」などを含め、これらの脇堂は、定暁が別当であった時期（一二〇六―一七年）に建立されたという。そこには供僧十二口（十一人）が所属して関東の安泰を祈願した。八幡宮は、若宮の脇と西北部の谷に、脇堂と二十五坊という仏教系の建物を持ち、僧が神に奉仕する神仏習合の宮寺であった。

図7の第四のゾーンは、本宮の神殿を中心とするゾーンである。本宮は建久二年（一一九一）十一月に石清水の神体を勧請して成立したことは、すでに述べた。本宮は二階建ての楼門（南門）と東西に門を有する回廊で囲まれ、拝殿と神殿とから構成されている。このゾーンについても、図7

と図8とを比較すると、図8で再建予定であった恵比寿と大黒とが、図7にはないといった相違点があるが、そのほかには、それほどの相違はない。本宮は、八幡宮のもっとも高い位置にあり、八幡宮の中心である。図7では、先述したように若宮が目立たず、本宮が鶴岡八幡宮の中心であることを強調する建物配置となっている。

本宮では、鎮護国家を祈る最勝講・法華講などが勤仕された。とくに、百人の僧が招かれ関東の安泰を祈願するもっとも重要な法会、「大仁王会《だいにんのうえ》」も本宮で営まれた。この大仁王会がどれほど重要であったかについては、承久の乱にさいして幕府軍が鎌倉を出発した翌日に戦勝祈願のために、それが初めて開催された点にも読み取れる。

以上、図7と図8とを比較しつつ、中世末の鶴岡八幡宮を視覚的に明らかにした。図8の天正指図に見える結構は北条氏綱によって造営されたものであるが、そこには往古の面影が多分に残されている、と言われる。『鎌倉市史』によると、弘安三年（一二八〇）の大火災にともない、同四年に本宮・若宮以下多くの堂舎が再建されたが、その堂舎の配置は天正指図と大差がない(9)。とすれば、図8の分析を通じて、ひとまず中世の鶴岡八幡宮を視覚的に明らかにしたと言える。また、先にも述べた通り、建物配置から判断すると中世の鶴岡八幡宮においては、若宮の比重が非常に大きかったと推測され、その分、若宮のある第三ゾーンにおいて仏教系の建物は若宮の背後のめだたないところを占めていることがわかる。鶴岡八幡の別当（社務）のことを若宮別当というのも、若宮が中世の鶴岡八幡宮の中心であったことを示していると考えられる。

ところで建久二年（一一九一）以後の鶴岡八幡宮の状態は、一見すると寺と宮とが混在している。しかし、先述の天正指図にも示されるように、本宮と若宮とは仏教系の堂舎とは別に回廊で囲まれて、ひとまず別の区画を構成していた。また寺僧が住む二十五坊は八幡宮の裏側の北の谷に存在し(10)、いわば雛壇の後側の陰に隠れたところに配置されている。このように、鶴岡八幡宮は、寺と宮とから構成されていたが、その建物の構成からも判断されるように、建前上は宮が主であった。

しかし、社務（別当）を僧が務めるように、実際において僧の比重が大きかったことは周知のごとくであり、鶴岡八幡宮は鎌倉幕府支配領域（関東）の鎮護国家の祈禱をする宮寺であった。この祈禱を支えた僧侶の立場については後に明らかにする。また、これも後で述べるが、極楽寺には癩宿・病宿・施薬《せやくひ》悲田院《でんいん》といった生身の民衆を救済する施設があるのに対して、八幡宮には、それがなかったことに注目しておこう。

3 鶴岡八幡宮と祭礼

鶴岡八幡宮大仁王会

つぎに、鶴岡八幡宮の法会に注目して、都市鎌倉と鶴岡八幡宮との関係を明らかにする。まず、先にも触れた鶴岡八幡宮大仁王会にスポットをあてる。というのも、従来、鶴岡八幡宮の法会というと放生会のみが分析されてきたが、仁王会というのは九世紀以後の公家政権では最勝会《さいしょうえ》よりも重視された鎮護国家の重要な法会だったからである。とくに一代一度の大仁王会は、「宮中の諸殿」「近京の諸寺及び畿内の国分寺或は七道諸国の国分寺」で百の講座を設け、即位儀礼の一つとして一代に一度行なわれることになっていた(11)。それゆえ、鎌倉において大仁王会がどのように行なわれ、どのような意味をもっていたのかを論ずることは、都市論のみならず、公家政権と並ぶ武家政権の成立を論ずる上でも重要だと考えられるからである。

また、従来の都市鎌倉論、とくに宇都宮辻子御所の成立を都市鎌倉を理解するのに画期的な事件だとする研究では(12)、宇都宮辻子御所成立以後、鶴岡八幡宮と幕府との関係があたかも疎遠になったかのように理解されてきたからである。

仁王会とは、『仁王経護国品』に、もし国に災難が有るときは百座の講座を設けて、仁王経を講賛し、これを攘うべきことが説かれていることに基づいて、百人の僧に仁王経を講ぜしむる法会である。日本では「元慶八年（八八四）二月五日、光孝天皇の即位せられるや、一代一度の大仁王会なるものを修し、御一代の間災厄なきことを祈る」[13]こととなった。そして、『延喜式』では、即位のさいに一代に一度の大仁王会が行なわれるのが定式化されている。この一代一度の大仁王会のほかに、普通、二月または三月と七月または八月の吉日に恒例として行なわれる春秋二季仁王会（臨時仁王会）があった。このように仁王会は、鎮護国家の法会の中でも中心的な法会なのである。それゆえ、天皇以外の者——たとえ将軍であっても——が、大仁王会を主催することは、憚られたようである。

ところが注目すべきことに、鎌倉幕府も自己の支配領域である関東の鎮護国家のために、「大仁王会」と称する法会を開始した。八〇頁から八一頁にかけての**表**は、「鶴岡八幡宮寺社務職次第」と『吾妻鏡』とに基づいて作成した、鎌倉時代の将軍主催の大仁王会の一覧である。

この**表**から、鎌倉時代に大仁王会が鶴岡八幡宮で行なわれていたことがわかる。室町期に入ると、それは鶴岡八幡宮では行なわれなくなっている。さらに注目すべきことに、鶴岡大仁王会が始められたのは、承久の乱で幕府軍が後鳥羽上皇を打倒のために上洛した翌日である。このことについては、「鶴岡八幡宮寺社務職次第」の「定豪」の項に、承久三年（一二二一）五月二十六日に「於当社、大仁王会始行、於関東始而」[14]とある。
ところが「鶴岡八幡宮寺社務職次第」「定暁」[15]の項には、「元久三年丁卯《ママ》三月廿日大仁王会在之」とある。すなわち、元久三年（一二〇六）三月二十日には大仁王会が鶴岡八幡宮ですでに行なわれていたことがわかる。とすると、承久三年（一二二一）に関東で初めて大仁王会が行なわれたわけではないことになる。

この一見矛盾とも思える「鶴岡八幡宮寺社務職次第」の記事を矛盾なく理解するうえで、元久二年（一二〇五）十二月二日に鶴岡八幡宮で行なわれた「百座仁王講幷本地供」[16]は参考になる。というのは、それは院の命令である院宣を受けてなされているからである。元久三年（一二〇六）三月二十日の大仁王会も院宣を受けてなされたと考えれば、「於当社、大仁王会始行、於関東始而」というのは、院宣を受けずに、すなわち、幕府独自の判断で行なわれた大仁王会の開始が承久三年（一二二一）であったことを意味していることになる。

この幕府独自の大仁王会は、幕府と朝廷とが決定的に対立した承久の乱のさいに初めて行なわれたように、幕府も、その主催を憚られるほどの法会であった。いわば、天下を治める治天の君だけが行なえる法会であったのである。武家の首都が京都に移った建武以後

No.	年	月	日	記　事
29	弘安 7 (1284)			大仁王会
30	弘安 8 (1285)	12	8	大仁王会
31	弘安 9 (1286)			大仁王会
32	弘安10(1287)	2	22	大仁王会
33	正応 1 (1288)	5	20	大仁王会、講師頼助、読師能厳
34	正応 2 (1289)	2	16	大仁王会、講師頼助、読師祐親
35	正応 3 (1290)			大仁王会
36	正応 4 (1291)			大仁王会
37	正応 5 (1292)			大仁王会
38	永仁 1 (1293)	5	28	大仁王会、講師政助（上洛中の頼助の代理）、読師能厳
39	永仁 2 (1294)			大仁王会
40	永仁 3 (1295)			大仁王会
41	永仁 4 (1296)			大仁王会
42	永仁 5 (1297)	10	21	大仁王会、講師政助、読師聖瑜
43	嘉元 1 (1303)	閏 4	16	大仁王会、講師聖倫（病気の政助の代理）、読師元瑜
44	嘉元 3 (1305)	2	16	大仁王会、講師道瑜、読師定仙
45	徳治 1 (1306)	3	11	大仁王会、講師道瑜、読師道珍
46	徳治 2 (1307)	3	9	大仁王会、講師道瑜、読師房海
47	徳治 2 (1307)	8	12	大仁王会、講師道瑜、読師道珍
48	延慶 2 (1309)	6	19	大仁王会、講師道珍、読師定仙
49	応長 1 (1311)	3	13	大仁王会、講師道珍
50	正和 1 (1312)	5	7	大仁王会、講師道珍、読師房海
51	元応 2 (1320)	2	23	大仁王会、講師経助（社務信忠の代理）、読師豪親
52	元亨 1 (1321)	2	29	大仁王会、講師経助（社務信忠の代理）、読師豪親
53	元亨 2 (1322)	6	16	大仁王会、講師経助（社務信忠の代理）、読師豪親
54	元亨 3 (1323)	2	28	大仁王会、講師顕弁、読師覚伊
55	正中 1 (1324)	2	27	大仁王会、講師顕弁、呪願時弁
56	正中 2 (1325)	4	28	大仁王会、講師顕弁、呪願時弁

鶴岡八幡宮大仁王会についての一覧表

No.	年	月	日	記　事
1	承久3(1221)	5	26	大仁王会を初めて行なう。講師安楽房法橋重慶、読師民部卿律師隆修、此会関東において初めてという。請僧百口、鶴岡八幡宮、勝長寿院、永福寺、大慈寺供僧等他
2	貞応1(1222)	8	29	大仁王会行なわれる、彗星出現によるか
3	元仁1(1224)	3	5	大仁王会
4	嘉禄2(1226)	2	5	大仁王会、天変の御祈禱
5	寛喜3(1231)	2	23	大仁王会
6	貞永1(1232)閏	9	26	大仁王会
7	天福1(1233)			大仁王会、月日不詳、怪鳥出現への祈禱
8	嘉禎1(1235)	12	27	大仁王会、将軍の病気平癒のため
9	仁治1(1240)	1	17	大仁王会、彗星出現による、伊豆・箱根でも祈禱
10	建長4(1252)	9	25	大仁王会、講師隆弁、読師大臣法印、宗尊親王御願による
11	康元1(1256)	3	9	大仁王会、講師隆弁、読師
12	正元1(1259)	4	30	大仁王会、講師隆弁、読師審範
13	文応1(1260)	3	18	大仁王会、講師隆弁、読師審範
14	弘長1(1261)	2	20	大仁王会、講師隆弁、読師審範
15	弘長3(1263)	3	17	大仁王会
16	文永1(1264)	2	28	大仁王会、講師隆弁、読師観伊法印
17	文永1(1264)	10	23	大仁王会、講師隆弁、読師良忠
18	文永6(1269)	6	8	大仁王会
19	文永7(1270)	6	22	大仁王会、講師隆弁、読師清尊
20	文永8(1271)	7	6	大仁王会、講師浄禅（上洛中の隆弁の代理)、読師良忠
21	文永10(1273)	2	26	大仁王会、講師隆弁、読師清尊
22	文永11(1274)	7	26	大仁王会、講師隆弁
23	建治3(1277)	5	25	大仁王会、講師隆弁、読師房源
24	建治3(1277)	12	12	大仁王会、講師良忠（上洛中の隆弁の代理)、読師清尊
25	弘安1(1278)	4	20	大仁王会、講師長弁（上洛中の隆弁の代理)、読師良忠
26	弘安4(1281)	5	2	大仁王会、講師隆弁、読師房源
27	弘安5(1282)	11	20	大仁王会、講師隆弁、読師房源
28	弘安6(1283)	6	15	大仁王会、講師円勇（上洛中の隆弁の代理)、読師教範

注『吾妻鏡』、「鶴岡八幡宮寺社務職次第」により作成。

の室町期には、鶴岡八幡宮では行なわれなくなっているのも、そのためであろう。そして承久以後は、不定期に「天変の御祈禱」などのために行なわれた。**表**の№4のように宇都宮辻子御所に移転して間もない嘉禄二年（一二二六）二月にも行なわれている。

ところが第九代鶴岡八幡宮別当隆弁（一二〇七―八三）の時代になると、毎年一度行なわれることになる。すなわち、「鶴岡八幡宮寺社務職次第」の「隆弁」の項によれば、それは、執権時頼（一二四六―五六在任）の御願による。次の史料をみよう。

為最明寺殿御願、毎年被行大仁王会云々(17)

これは、「鶴岡八幡宮寺社務職次第」の「隆弁」の項である。それによると時頼の御願として以後毎年大仁王会を開催するようになったことがわかる。また「鶴岡八幡宮寺社務職次第」によれば、「隆弁」と「頼助」（時頼の甥）の項には大仁王会を毎年行なうとある。それゆえ、隆弁の社務在任期間である一二四七年から一二八三年の間に毎年行なうことになったと考えられる。それが具体的にいつからかは明白ではないが、**表**をみると時頼が執権を務めた時期で最初に大仁王会が行なわれたのは、建長四年（一二五二）九月二十五日のことである。それは、皇族将軍宗尊親王の御願に基づき、隆弁を講師として行なわれた。

さて、**表**をみると、大仁王会は、正元元年（一二五九）以後しばらくは毎年行なわれている。弘長二年（一二六二）は『吾妻鏡』が欠けている年なので、大仁王会が実際は行なわれたのに史料がないにすぎないのかもしれない。そうだとすれば、正元元年から文永元年（一二六四）までは毎年行なわれたことになり、そのころには、大仁王会が毎年行なわれるという原則が確立したのかもしれない。

以上、かつては公家政権が、その主催権を独占していた、鎮護国家の法会の一つである大仁王会を、承久の乱を契機に幕府も鶴岡八幡宮で主催するようになり、皇族将軍宗尊親王の時期には毎年行なわれるようになったことを論じた。このことは、政《まつりごと》が祭事といまだ分離していなかった中世において、武家政権が単なる軍事権門ではなく、東国政権と呼べる存在となっていたことを象徴するものである。とするならば、鶴岡八幡宮と幕府との関係は、嘉禄元年（一二二五）の宇都宮辻子への御所の移転以後も疎遠になるどころか、大仁王会が毎年開催されるようになったことに示されるように、より密接となったといえる。

鶴岡八幡宮の源氏の氏寺（社）としての生命は、源氏三代と北条政子の死で、ひとまず終わった。しかし、鶴岡八幡宮は幕府の祈禱寺(19)として都市鎌倉を中心とする関東の鎮護国家を祈る寺（社）へと性格を変化させてゆき、宇都宮辻子御所成立以後は、永福寺・勝長寿院に比して幕府との関係はさらに密接となっていったのである。すなわち、鎌倉の宗教的中心であるということにとどまらず関東地方を守護する宮寺として発展していったのである。

鶴岡八幡宮放生会

つぎに、放生会にスポットをあてよう。とくに都市の祭礼として鶴岡放生会を捉え直したい。というのも放生会こそは都市鎌倉の最大の祭礼であるだけでなく、「都市」の祭礼であり、都市鎌倉の特徴が典型的にあらわれた祭礼であったからである。

祭には農村の祭と都市の祭があるが、中世の都市の祭と農村の祭との違いは、都市の祭には参加者に信仰を共にしない人々（氏子以外の人々）がいるのに、農村の祭には、ひとまず、そのような人々がいない点にある。[20] すなわち、都市の祭、祭礼には見物人が存在した。じつに、鶴岡放生会にも多くの人々が競い集まり、会場には多くの桟敷がつくられた。鶴岡八幡宮放生会は、人に「見られる」祭だったのだ。また、祇園会《ぎおんえ》には都市京都の特徴が刻印されているように、鶴岡放生会にも都市鎌倉の特徴が刻印されていた。たとえば、放生会のハイライトは、将軍が参宮するさいの行列と流鏑馬《やぶさめ》以下の馬場の儀とであったが、その主役は武士たちであり、武士の都であった鎌倉の特徴が端的にあらわれている。

では鶴岡放生会はどのように行なわれ、どのような意味をもっていたのであろうか。この放生会は、「石清水の流をわけて関の東にも若宮ときこゆる社おはしますに八月十五日都の放生会まねびて行ふ」（石清水八幡宮の流れをくむ若宮社が関東にあり、八月十五日に石清水放生会をまねて）（『増鏡』第十一「さしぐし」）といわれるように、山城（京都府）の石清水八幡宮放生会をまねて開始された。そして「法会のさまも本社にかはらず」（法会の様子も本社である石清水八幡宮と変わらない）といわれるように、石清水放生会とよく似た法会が行なわれた。

鶴岡放生会は文治三年（一一八七）八月十五日に始まり、当初は、その一日だけが式日であった。しかし、建久元年（一一九〇）からは、人気のあった流鏑馬以下の馬場の儀礼を充実させるために、十五・十六日の二日間にわたって行なわれることになった。[21]十五日には将軍参宮、奉幣《ほうべい》、法会（法華経供養など）、若宮回廊での舞楽などが、十六日には馬長（将軍より八幡宮へ馬を寄進した）、流鏑馬、競馬などの馬場の儀が行なわれた。[22]

さて、石清水放生会は、養老四年（七二〇）の大隅・日向の隼人《はやと》の反乱にさいして、朝廷が宇佐神《うさじん》に祈願したのを受けて、神が隼人を征伐し、そのさい神が多くの隼人を殺したので、その滅罪のために始められた。つまり、放生会は、隼人征伐のさいの宇佐神の滅罪のために始まった。[23]しかし、源氏の祖先の源頼信は、殺された隼人の救済のために放生会が始まったと考えていた。それゆえ、頼朝も殺された隼人の救済のために放生会は始まったと考えていたかもしれない。

文治三年に始まった鶴岡放生会だが、なぜ頼朝が放生会をその年に始めたのかは明確ではない。そこで、石清水放生会の成立事情とその時期の頼朝の状況から推測すると、つぎのようになる。

その年は、文治元年（一一八五）三月に平家が滅んでから二年後で、頼朝の立場がひとまず安定した時期である。それと石清水放生会の成立事情を考えあわせると、おそらくは平家を滅ぼした源氏側の滅罪と死んだ平家の人々の救済という二つの目的のために放生会を始めたのではなかろうか。石清水放生会では放生の功徳を説く最勝王経が経供養のさいに読み上げられたのに、鶴岡放生会では滅罪の効果があるとされた法華経が読まれたのも、そう考えると理由がよくわかる。なお、頼朝によって創建された鶴岡八幡宮の京都版ともいえる六条八幡宮でも、同年に放生会が始まっており(24)、放生会の開始に対する頼朝の意志がそこにも読み取れる。

以上、鶴岡放生会は、平家を滅ぼした滅罪のために石清水放生会をまねて始まったと推測したが、石清水放生会と決定的に異なるものがある。それは、流鏑馬儀礼である。先にも述べたように鶴岡放生会では二日目の十六日に流鏑馬を中心とする馬場の儀が執り行なわれた。この流鏑馬儀礼は石清水放生会にはないものであるが、それこそが鶴岡放生会のハイライトであり、馬場には桟敷が設けられて見物人が集まったのである。そして、その桟敷も、あまりに華美を競い合ったために、檜ではなく杉を用いるよう禁令がだされたほどであった[25]。流鏑馬儀礼という武家特有の儀礼が、そのハイライトであったことこそ、鶴岡放生会が鎌倉武士の祭礼であったことを象徴している。

註

(1) 江部陽子「鶴岡八幡宮発展の三楷梯と源頼朝の信仰」(『神道学』六三、一九六九)参照。

(2) 『鎌倉市史　社寺編』(吉川弘文館、一九五九)鶴岡八幡宮の項参照。

(3) 『鎌倉市史　社寺編』(前註2)七〇―七一ページの「鶴岡八幡宮享保図」、三浦勝男『鎌倉の古絵図(1)』(鎌倉国宝館、一九六八)、『神奈川県史資料編8　近世(5下)付録』の「鶴岡八幡宮境内図」を参照。本図には「享保十七年壬子年之図」と注記があることから、享保十七年に描かれたものであり、その作成理由などは、不明とされる。「享保十七年壬子年之図」とは、享保十七年の状態を示している、という意味であって作成時期が享保十七年であるかは、もっと考察すべきである。本書執筆中には原図を閲覧することも、関連資料を見つけることもできなかった。作成理由、作成時期などについての考察は後の課題である。なお、「鶴岡八幡宮境内図」には銀杏、赤松、白梅といった植物が描かれ、白梅から享保十七年の初春の状態を描いたものと考えられる。
(4) 三浦勝男前掲書(前註3)解説一ページ。
(5) 『鎌倉市史 社寺編』(前註2)六六―六七ページの「豊臣秀吉奉行等加判造営指図」による。
(6) 『鎌倉市史 社寺編』(前註2)六六―六七ページ。
(7) 三浦勝男前掲書(前註3)解説二ページ。
(8) 『鎌倉市史 社寺編』(前註2)一九ページ。
(9) 『鎌倉市史 社寺編』(前註2)七〇ページ。「鶴岡脇堂供僧次第」(『続群書類従』四輯下)によると、鶴岡脇堂供僧十一口とは**図7**の千躰堂、御本地堂、五大堂、北斗堂所属の僧である。そして、御本地堂は建保元年(建物は承元二年に完成)に、千躰堂は建暦三年(建物は建暦二年)に、五大堂は嘉元元年以前に、北斗堂(建物は建保四年)は弘安六年以前に供僧の補任が確認される。「鶴岡八幡宮寺社務職次第」の「定暁」(建永元年―建保五年在任)の項には、定暁が別当であった時代に脇堂などが建立されたとある。「鶴岡八幡宮寺社務職次第」(以下「社務職次第」と略す)は『群書類従』四輯による。
(10) 『鎌倉市史 社寺編』(前註2)八九ページ参照。
(11) 滝川政次郎『律令と大嘗祭』(国書刊行会、一九八八)、とくに「一代一度の仁王会考」を参照した。
(12) 松山宏『武者の府 鎌倉』(柳原書店、一九七六)八四―八五ページ。

(13) 以下、仁王会についての記述は滝川政次郎前掲書（前註11）による。
(14)「社務職次第」（前註9）四八〇ページ。
(15) 同、四七九ページ。
(16) 同、四七八ページの「尊暁」の項。
(17) 同、五〇四ページ。
(18) 同、五〇四ページ。
(19) 江部陽子は、幕府成立期において、源氏の氏社→鎌倉殿の守護社→幕府の守護社という鶴岡八幡宮の性格変化を指摘している（「鶴岡八幡宮発展の三楷梯と源頼朝の信仰」〈前註1〉）。
(20) 柳田国男『日本の祭』（角川書店、一九五六）。
(21)『鏡』建久元年八月十五・十六両日条。
(22) 同右。
(23)『政事要略巻二十三』「石清水放生会」による。
(24)『鏡』文治三年六月十八日条によれば、同年八月十五日に六条若宮で放生会が開始されることが鎌倉幕府できまり、それについて後白河院の意向もうかがうことになったことがわかる。そして、『鏡』同年八月二十五日条から実際に八月十五日に放生会が行なわれたことがわかる。
(25)「弘長元年二月廿日関東新制条々」（『鎌倉遺文』八六二八）。

第三章　都市鎌倉と仏教

中世は、鎌倉新仏教と呼ばれる新しい仏教が生まれ、主として平安京や鎌倉などの都市民の間で信者を獲得していった時代である。とくに、鎌倉は、多めに見積もって十万人近くの人口を有する都市であったといわれ、そこでは日蓮宗の日蓮や律宗の忍性といった鎌倉新仏教の僧侶たちが活躍した。

しかし、鎌倉新仏教は、中世の初期から多くの信者を獲得していたわけではない。当初、大きな勢力を握っていたのは、鎮護国家の祈禱を第一義とする官僧たちで、彼らは鶴岡八幡宮・永福寺・勝長寿院などを拠点としていた。

本章では、都市鎌倉と仏教との関係に光をあてたいが、まずは官僧たちと都市鎌倉との関係に注目してみよう。

1　鶴岡八幡宮と仏教

官僧の住む寺としての鶴岡八幡宮

さて、鶴岡八幡宮供僧、勝長寿院供僧、永福寺僧たちは、鎌倉時代中期までの鎌倉での幕府の祈禱体系の中心的担い手であった(1)。他方、禅僧・律僧が幕府の祈禱体系の中心的担い手となるのは鎌倉後期のことである。そのことは、嘉元三年（一三〇五）に成立した無住の『雑談集』(2)からも読み取れる。

律僧・禅僧の世間に多くなり侍る事、わずかに五十余年也、幼少の時は斎の僧と云事、不知侍し、鎌倉に戒堂と名て、寿福寺に、うす墨染の唐衣の僧見へ侍しを、小童部にて侍し時、見侍しかども、いかなる僧とも不知侍し、律僧も近比より盛也(3)（後略）

（律僧・禅僧が世間に多くなりましたのは、わずかにここ五十年余のことです。私が幼かった時は、斎の僧という事は知りませんでした。鎌倉に戒堂と別称される寿福寺に、薄墨の唐衣を着た僧がいました。（私が）小童の時に、そうした僧（禅僧のこと）を見ましたが、どのような僧侶なのか知りませんでした。律僧も近頃では盛んになりました」

　ここで無住は、禅僧・律僧が勢力を持ちはじめたのは、五十余年前からだと述べている。そして、鎌倉時代中期に禅・律僧が勢力をのばす以前には、鶴岡八幡宮僧、勝長寿院供僧、永福寺僧たちが鎌倉での幕府の祈禱を主に担っていた。また、三寺の別当・供僧は密接な関係にあった。たとえば、その三寺の供僧を新しく選ぶ時は、三寺の別当が人物・受法等について相談して任命することになっていた(4)。こうした三寺と幕府との密接な関係は、つぎの史料に見える。

一、可被止鎌倉中僧徒従類太刀腰刀等事

右、僧徒之所従、常致闘乱、多及殺害云々（中略）於自今以後者、僧徒之児、共侍、中間、童部、力者法師、横雄剣、差腰刀、一向可停止之、（中略）仍執達如件

仁治三年三月三日　前武蔵守（北条泰時）

大御堂執行御房

若宮別当御房

大夫法橋御房　以上三ケ所各別書下之(5)

この史料は、仁治三年（一二四二）三月三日付で出された追加法（貞永式目以後に出された鎌倉幕府の法のことで、貞永式目に追加するという意味で追加法と呼ばれる）で、宛先は大御堂執行御房（＝勝長寿院別当良信）、若宮別当御房（＝鶴岡八幡宮社務定親）、大夫法橋（＝永福寺別当良賢ヵ）[6]となっている。だが、「以上三ケ所各別書下之」という注記があることから、本追加法は勝長寿院、鶴岡八幡宮、永福寺に各々別個に宛てられたものであることがわかる。

内容は、鎌倉中の僧侶の従類（付き人）が太刀等で武装するのを禁止するものである。同日付で勝長寿院別当良信に対して「勝長寿院僧房連々有闘乱事」を禁止する追加法が出されており[7]、右の追加法は、勝長寿院の僧房で闘乱が相次いだことを直接的な契機として出されたのであろう。この史料のような、鎌倉中の僧徒に対する禁制が三寺の長に出されていることから判断して、当時、その三寺こそが鎌倉の幕府祈禱寺の代表であったことを示していると考えられる。

ところで、その三寺の関係において、とくに鶴岡八幡宮がその中心であったことは否定できないが、前述した大倉から宇都宮辻子御所への移転による鎌倉の基本軸の変化は、それら三寺に関してもいえる。つまり、大倉に御所があった時代には、永福寺や勝長寿院の勢力は、御所が宇都宮辻子へと移転した後と比較して相対的に大きかったといえる。たとえば、寺社奉行の人数に、その実態が示されている。つぎの史料をみよう。

（建久五年十二月）
二日戊午、御願寺社被定置奉行人訖、而今日重有其沙汰、被加人数

鶴岡八幡宮上下
大庭平太景能　藤九郎盛長　右京進季時　図書允清定
勝長寿院
因幡前司広元　梶原平三景時　前右京進仲業　豊前介実景
永福寺
三浦介義澄　畠山次郎重忠　義勝房成尋
同阿弥陀堂
前掃部頭親能　民部丞行政　武藤大蔵丞頼平
同薬師堂今新造
豊後守季光　隼人佑康清　平民部丞盛時(8)

これは『吾妻鏡』建久五年（一一九四）十二月二日条である。これによると、この日、幕府が御願寺の奉行人を定めたことがわかる。おそらく永福寺薬師堂が新造されたことに

ともなう処置であろう(9)。

さて、注目されるのは、先学も指摘されたように(10)、鶴岡八幡宮の奉行人が上・下（＝本宮・若宮）あわせて四人であるのに対して、永福寺の方は二階堂、阿弥陀堂、薬師堂合わせて九人で、奉行人の数では鶴岡八幡宮にまさっている点である。これこそ大倉御所の時代に永福寺が重視されていたことを示すものであろう。勝長寿院も奉行人が四人となっており、鶴岡八幡宮にならぶ待遇を受けていたことがわかる。

さらに法会の面でも注目すべき史料がある。

（建久三年五月）八日（中略）、法皇四十九日御仏事、於南御堂被修之、有百僧供、早旦各群集、布施、口別白布三段、袋米一也、主計允行政、前右京進仲業奉行之云々

僧衆

鶴岡廿口	勝長寿院十三口	伊豆山十八口
箱根山十八口	大山寺三口	観音寺三口
高麗寺三口	六所宮二口	岩殿寺二口
大倉観音堂一口	窟堂一口	慈光寺十口
浅草寺三口	真慈悲寺三口	弓削寺二口

国分寺三口也[11]

〔八日に、後白河上皇の四十九日の法事が、勝長寿院で行なわれた。百僧が招かれ、早朝から僧侶が集った。布施は、各自に白布三段、袋に入った米一つであった。二階堂行政や仲業が担当した。招かれた僧は、鶴岡八幡宮から二十人、勝長寿院から十三人（後略）〕

これは『吾妻鏡』建久三年（一一九二）五月八日条である。注目すべきことには、建久三年五月八日の後白河上皇の四十九日の法事は、鶴岡八幡宮ではなく南御堂（勝長寿院）で行なわれている。このことから、大倉御所の時代、すなわち源氏将軍の時期においては、鶴岡八幡宮が主要な法会を独占したわけではなかったのである。ところが、管見では宇都宮辻子御所への移転以後においては、百人以上の僧が招かれる公的法会は、鶴岡八幡宮以外では行なわれていない。すなわち、宗教の面でも、比重が大倉方面から鶴岡八幡宮へ移っていったのである。

ところで、鶴岡八幡宮僧（永福寺僧、勝長寿院僧も）が、東大寺戒壇あるいは延暦寺戒壇で受戒（戒律をまもることを宣誓する儀式）して一人前となった官僧たちであったことは知られていない。そこで、つぎにその点を明らかにしておこう。

建暦元年辛未九月廿二日、社務定暁、為禅師御坊善哉御前受戒相伴上洛[12]

これは、「鶴岡八幡宮寺社務職次第」の「定暁」(第三代)の項である。それによると、建暦元年(一二一一)九月二十二日に定暁が善哉禅師(公暁)[13]を連れて、受戒のため(当時は十月二十日が受戒日)に上洛したことがわかる。公暁は源頼家の三男で後に実朝暗殺を行なった人物である。定暁は三井寺系の官僧で、東大寺戒壇で受戒していた[14]。それゆえ、定暁に連れられて上洛した公暁も東大寺戒壇に向かったと考えられる。

このほか、「鶴岡社務記録」によれば暦応三年(一三四〇)にも鶴岡八幡宮の僧侶が延暦寺戒壇で受戒して、十二月十九日に八幡宮にもどっている[15]。また、第二十代の別当左衛門禅師(弘賢)も暦応四年(一三四一)三月に延暦寺で受戒するために出発している[16]。

このように、鶴岡八幡宮の僧侶たちは、東大寺あるいは延暦寺戒壇のいずれかで受戒して一人前となった僧である。永福寺、勝長寿院と鶴岡八幡宮との人事の交流を考えれば、永福寺、勝長寿院の僧侶についても、鶴岡八幡宮の僧侶と同様のことがいえる。

そうした受戒を経た鶴岡八幡宮をはじめとする寺の僧たちは当時、官僧であると認識されていた。つぎの史料をみよう。

（前略）然而又先に王法を失し真言漸く関東に落下る、在外に崇重せらるる故に、鎌倉又還て大謗法一闡提の官僧・禅僧・念仏僧の檀那と成て、新寺を建立して旧寺を捨る故に、天神は眼を瞋して此国を睨め、地神は憤を含で身を震ふ（中略）今日本国の人々はたとひ法華経を持ち釈尊を釈尊と崇重し奉とも、真言宗・禅宗・念仏者をあがむるならば、無間地獄はまぬがれがたし、何況や三宗の者共を日月の如く渇仰し、我身にも念仏を事とせむ者をや（後略）(17)

これは、建治三年（一二七七）六月日付で日永が甲斐下山兵庫五郎にあてた書状の一部である。日永は、日蓮の弟子となったために阿弥陀経読誦をやめ、法華経自我偈を読誦するようになった。怒った下山氏は日永を詰問したが、日蓮は日永にかわって、法華経こそが正法であると強調するこの書状を書いたとされる(18)。

日蓮は、史料の引用文の前略の部分で、承久の変によって後鳥羽上皇が隠岐に配流された原因を、天台宗が密教化し、台密が主流になったうえに、日本国の万民が禅宗と念仏宗の信者となったために、後鳥羽上皇が、梵天・帝釈・日月・四王に捨てられ、また、仏教を守護する善神も大怨敵となったことにもとめている。引用部分によれば、後鳥羽上皇を隠岐へ配流するという、「王法を失し」た東密・台密が関東にもはやり、思いのほかに幕府の崇敬を集めており、武家が、そうした官僧や禅僧・念仏僧の旦那となり新寺を建て、旧寺を捨てているために天神地神は怒っている。今の日本国の人は、たとえ法華経を持って釈尊をあがめようとも、真言宗・禅宗・念仏者をあがめるならば、無間地獄はまぬがれがたい。その三宗を日月のように渇仰し、自身念仏を事としている者は、もちろん言うまでもない、という。

ここで注目されるのは、「真言宗・禅宗・念仏者」の三つを日蓮は「官僧・禅僧・念仏僧」と言い換えていることである。そして、日蓮にとって真言宗とは、密教化した天台宗も含んでいる。すなわち、東密と台密とをあわせて真言宗（真言師）と呼んでいる[19]。とすれば、官僧とは真言宗の僧、つまり、ここでは東密・台密両方の僧を指していると考えられる。そして、鶴岡八幡宮僧、勝長寿院僧、永福寺僧などには東密や台密の僧が入っていたことが知られており、そうした僧は官僧と認識されていたことが注目される。

この官僧という言葉は『日蓮遺文』にただ一度しか出てこないので、その意味を確定するのは難しいが、私は、天皇から鎮護国家を祈る資格を認められた僧団を「官僧」と規定する。さらに、官僧とは、天皇から得度を許可され東大寺・観世音寺・延暦寺三戒壇のいずれかで受戒[20]（または、受戒したことに）して、一人前となり僧位・僧官を有した者のことなのである。それはともかく、ここでは鶴岡八幡宮僧、勝長寿院供僧、永福寺僧などの東密や台密の僧が官僧と認識され、禅僧や念仏僧とは区別されていたことに注目したい。

さらに、注目されるのは、極楽寺忍性らの律僧が、真言宗（真言師）に入っていないことである。『日蓮遺文』を見ると「今の日本国の禅師・律師・念仏者・真言師等を善知識とたのみて、蒙古国を調伏し、後世をたすからんとをもうがごとし」[21]というように、真言師の中に忍性らの律僧を入れず「念仏者・禅宗・律僧・真言師」[22]とか「念仏者・持斎（律宗のこと）・真言師」[23]といって、真言師と律僧とを明確に区別している。そして、『日蓮遺文』における律僧とは、「日本国の当世の東寺、園城、七大寺、諸国の八宗・浄土・禅・律宗等の諸僧等」[24]という表現にも見られるように、「南都六宗の律僧」ではなく、極楽寺忍性らの新義律僧のことである。[25]

このように、鶴岡八幡宮（永福寺、勝長寿院）は官僧が住む寺であったことを明らかにしてきたが、鎌倉時代後期の鎌倉では、官僧として一括される鶴岡八幡宮僧ほかの真言宗・天台宗の僧と、それ以外の禅僧・律僧・念仏僧とが、日蓮から注目されていたことも明らかとなった。

官僧と遁世僧

鶴岡八幡宮僧（永福寺僧、勝長寿院僧も）が、東大寺戒壇あるいは延暦寺戒壇で受戒して一人前となった官僧たちであったことは前にも述べた。この官僧についてもう少し説明しておきたい（詳しくは、拙著『鎌倉新仏教の成立――入門儀礼と祖師神話』(26)ほかを参照されたい）。

中世の基本的な僧侶集団は、官僧と遁世僧《とんせいそう》の二つに分けられる。官僧は、天皇から鎮護国家を祈る資格を認められた僧（尼）団（以下僧団と略す）のことである。官僧は、天皇から得度（＝出家）を許可され、白衣《びゃくえ》を着し、東大寺・観世音寺・延暦寺の三戒壇のいずれかで受戒（または受戒したことに）して、一人前と認められ、僧位・僧官を有した。官僧の寺の総責任者は別当、座主、長者などと呼ばれた。

他方、禅僧・律僧・念仏僧・日蓮教団・明恵教団らは遁世僧とよばれる僧（尼）団である。すなわち、官僧身分から遁世（離脱）した僧を核として成立した僧団で、在家信者を含む教団を形成した。そして、天皇とは無関係に得度し、教団独自の受戒をし、黒衣《こくえ》を着して（それゆえ、遁世僧たちは黒衣と呼ばれることがある）「個人」救済を行なった。

もっとも、遁世僧の僧団のなかにも、禅僧・律僧のように天皇（あるいは将軍）から鎮護国家を祈ることを求められる僧団もある。しかし、だからといって彼らが遁世僧でなくなるわけではない。それは、カラーテレビが、カラーとともに白黒の両方の放送が見られるからといって白黒テレビであることにならないのと同じである。また、遁世僧の寺の総責任者は長老と呼ばれた。

そして、この官僧が担ったのが旧仏教であり、他方の遁世僧が担ったのが鎌倉新仏教なのである。とはいえ、官僧と遁世僧とは、いつも対立していたわけではなく、時には同じ寺の中に住み分ける場合もあった。

2　新仏教と都市鎌倉

平安京と比較した場合に、都市鎌倉の特徴として、それが新仏教の保育器の役割を果たしたことが挙げられる。

平安京は新仏教の先駆けをなした法然の浄土教団あるいは禅宗教団などの、いわば孵化器ではあった。しかし、平安京は延暦寺・興福寺といった旧仏教勢力の拠点に近く、生まれたばかりの新仏教教団が発展していくには条件が悪い側面もあった。

他方、鎌倉は、旧仏教勢力の拠点から遠く、また武家の新しい都市であり、新仏教の活動に対して比較的寛容であった。そのため、一遍が「鎌倉入りの作法にて化益の有無をさだむべし、利益たゆべきならば、是を最後と思ふべし」[27]と、鎌倉での布教にその運動の成否をかけたように、新仏教の多くの僧尼たちが、自己の教団の発展をかけて鎌倉に集まってきた。とくに、新仏教の穏健派であった禅宗と律宗とに対しては、十三世紀後期の幕府は、鶴岡八幡宮をはじめとする寺の僧とともに関東の鎮護国家の祈禱を委ねるにいたるほど保護育成を行なっていく。そうしたことから、鎌倉は鎌倉新仏教教団の保育器の役割を果たしたと評価できる。

たとえば、これは禅宗のケースであるが、『野守鏡』（永仁三年〈一二九五〉成立）に「禅宗の諸国に流布することは、関東に建長寺を建てられしゆへ也」[28]とあることにも読み取れる。そこで、この節では、都市鎌倉における宗教状況にスポットをあててみたいが、前節での分析もふまえてその概要を先に述べておこう。

三井寺系と東寺系の旧仏教僧たちが鶴岡八幡宮、永福寺、勝長寿院といった寺院を拠点として関東の鎮護国家の祈禱に従事したのに対し、個々の都市民の救済に関しては、最初、浄土宗系の僧たちが、大きな役割を果たしていた。しかし、鎌倉後期には禅僧・律僧がそれに取って代わるようになる。そして、関東の鎮護国家の祈禱の面でも重要な働きを担うにいたる。日蓮宗も、鎌倉末期以後に鎌倉の商工業者の心をとらえる。

以上のような宗教状況を具体的に論じるにあたり、極楽寺に注目してみよう。極楽寺に注目するのは、そこに都市鎌倉の宗教状況が典型的に現われているからである。

律僧の都市民救済

さて、極楽寺の忍性を中心とする律僧たちは、乞食、非人たちの救済から祈雨祈禱までさまざまな救済活動を展開した。また、極楽寺切通《きりどお》しの開削をはじめとする道路の整備、橋の修築なども行なった。さらには、鎌倉の港である和賀江津の修造責任を担うかわりに前浜（由比ヶ浜）の殺生禁断権を認められるなど、武家政権と結びついて大発展を遂げる。とくに、六浦津、和賀江津といった鎌倉の港湾を抑えたことは律僧の勢力拡大に大きな意味をもっていた。

このように鎌倉後・末期に極楽寺忍性を中心とする律僧たちが、都市鎌倉において禅僧とならんで大きな役割を担っていたことはよく知られている(29)。しかし、彼らの多くが、律宗のみならず密教（真言）を専門とする僧ではあったが、鶴岡八幡宮などの官僧とは異なって遁世僧であった点はさほど知られていない。

ところで、注目すべきことに、極楽寺が律僧が住む寺院となるのは、建長七年（一二五五）九月以前のことで、それまでは浄土宗系の寺であった。

律寺化した年次について、従来は、元徳元年（一三二九）に記されたという「極楽寺縁起」などに基づいて、忍性が入寺した文永四年（一二六七）八月以降だと考えられてきた(30)。「極楽寺縁起(31)」には次のように記されている。極楽寺は正嘉二年（一二五八）以前に、北条重時を開基とし、念仏僧の正永和尚を開山として深沢谷に開かれた。しかし、伽藍の整備がいまだ整わない正嘉二年に正永和尚がなくなると、正元元年（一二五九）には現在地の地獄谷に移って伽藍が整備された。また、『吾妻鏡』によれば、北条重時の三回忌（弘長三年（一二六三）十月）が浄土宗証空上人の弟子宗観房（名越《なごえ》一族で極楽寺根本という）を導師として行なわれている。[32]それゆえ、そのころまでは浄土宗系の寺院であったと考えられ、忍性が極楽寺に入る[33]文永四年（一二六七）八月頃に律寺化したと考えられてきたのである。

しかし、極楽寺には、忍性が用いたといわれている五鈷鈴《ごこれい》が伝わっている。それには、精緻な唐草・梵字、などの文様が施されているが、その口縁部には「建長七年九月日僧清賢、大工橘宗近　極楽律寺」[34]という銘が刻まれている。その銘の年号と傍点部とから、極楽寺は建長七年（一二五五）九月には、すでに律宗の寺院であったという注目すべきことがわかる。

従来は、先にも述べたように、弘長三年（一二六三）十月に行なわれた北条重時の三回忌が浄土宗証空上人の弟子宗観房を導師として行なわれたこともあって、そのころまでは浄土宗系の寺院であったと考えられてきたのであった。とすれば、忍性が用いたという五鈷鈴は後世の贋作なのであろうか。しかし、この五鈷鈴は鎌倉時代の優品として国の重要文化財に指定されているほどのものであり、贋作とは考えられていない。

結論を先に述べるならば、宗観房は忍性に帰依し、律僧となり、北条重時の三回忌は律僧としての宗観房によって執行されたと私は考える。というのも、弘長三年十月当時、忍性は長老でありながらも多宝寺に住み、極楽寺・多宝寺の両寺の長老を兼務していたがために、忍性に代わって宗観房が導師を勤めたと考えたい。こうした考えは、「極楽寺縁起」の「彼（正永和尚）に一弟子あり、宗観長老と号す、即ち律相宗に帰依し」という部分などに基づくものであるが、これなら五鈷鈴の銘文にも矛盾しない。

そもそも、宗観房が弘長三年十月の時点で念仏僧であったかどうかは確実ではない。都市鎌倉は鎌倉新仏教教団の競争の場であり、それゆえ、念仏の寺や念仏僧が律寺や律僧に変わっても不思議ではなかったからである。とくに、鎌倉の念仏者の首領、念空道教が叡尊の弟子となった(35)ことは決定的なことで、以後、浄土系の寺や僧侶がどんどん律宗化していった。

もっとも、鎌倉の念仏系というのは、念仏を専修《せんじゅ》することを主張する専修念仏系ではなく、戒律護持などの念仏以外の諸行の兼修を認める系統であり、律僧となった後も、念仏を捨てるわけではなかったと考えられる(36)。

極楽寺も、このように念仏系の寺院から律宗の寺院となったと考えられる。こうした例は、鎌倉の寺院には多く、たとえば、金沢称名寺も不断念仏衆がおかれ、実時の親戚の念仏僧、乗台が別当であったのを、文永四年（一二六七）九月に審海をまねいて律寺となった。[37] このほかにも浄光明寺などの例がある。[38]

こうしたことからも推測されるように、遁世僧教団のうち都市鎌倉において最初に大きな勢力をもったのは念仏教団であった。このことは、往阿弥陀仏が貞永元年（一二三二）に幕府の援助を得て和賀江津を修築したことや、浄光が鎌倉幕府の後援を受けて鎌倉大仏を造ったりしたことからもわかる。[39] とくに、和賀江津は、後に忍性が、その修築を請け負う代わりに、関米《せきまい》を取るなど管理権を得たことから判断して、往阿弥陀仏もまた関米を取るなど管理権を得ていたのではないかと推測される。

こうした念仏者と幕府との結び付きを示すものとして弘長元年（一二六一）二月二十日付の「関東新制条々」第六十一条がある。[40] この「関東新制条々」には六十一カ条にわたって都市鎌倉に関する法令が規定されており、都市鎌倉を論ずるうえで注目すべきものである。その第六十一条では病者・孤児・死体などを道端に捨てることを禁じている。もし病者・孤児が道端に捨てられていた場合は、その保奉行人の責任で彼らを無常堂《むじょうどう》（よるべのない病者を収容して、良き臨終をむかえさせる施設のこと）に送ることが規定されている。

この無常堂というのは、[41] その名称からも察せられるように幕府の機関ではなく、寺院の施設と考えられる。天正指図の分析からも鶴岡八幡宮などの官僧寺院の施設ではないと考えられる。さらに忍性ら律僧が幕府に大きな発言力を持ちだすのが、弘長二年（一二六二）二月の叡尊の鎌倉下向以後だとすると、その無常堂は、浄光・往阿弥陀仏の活動から判断して念仏系の無常堂ではなかったか。また、神六入道という念仏者が良忠のために無常堂に庵室を設けたという記録[42]があるが、その無常堂こそは弘長元年の「関東新制」の無常堂ではなかったかと考えられる。とすれば、のちの忍性ら律僧の活動は浄光・往阿弥陀仏ら念仏僧の活動という前例をふまえて、より組織的に行なわれたものだといえる。

このように都市鎌倉においてまず大きな勢力を得た遁世僧は念仏僧であった。京都で弾圧を受けた念仏僧たちは鎌倉に下向し、新天地で布教に努めた。そして広範な信者を獲得した。もっとも、正治二年（一二〇〇）五月には、念仏僧（黒衣）を嫌う源頼家によって念仏僧称念以下十四人の袈裟《けさ》が焼かれるという弾圧を受けることもあった[43]。

しかし、『吾妻鏡』は、それを頼家の悪政として非難しており、鎌倉幕府にとって肉食・女犯といった破戒をする人は別として、「道心堅固な念仏者[44]」は保護の対象となっていた。日蓮が『立正安国論』などで幕府為政者と念仏僧との結び付きを糾弾したこと[45]にも、それはあらわれている。ところが、北条時頼の時代になると律僧と禅僧とが大きな勢力をもつようになる。

関東における律僧教団の活動を考えるうえで注目すべき史料として極楽寺絵図がある。図9は、その主要な部分を描き出したものである。この絵図は、記録や諸種の伝承などをもとにして、極楽寺の盛時（鎌倉末期）をしのんで江戸期に作成されたものだ、と考えられている。(46)

しかも、最近の発掘調査によれば、発掘のなされた方丈華厳院・講堂といった中心部分の遺構が絵図と一致しているので、発掘のなされていないほかの部分もほぼ絵図に描かれた様子を信頼できそうである。とくに、どういう建物がどこにあったかということを論ずる史料としては利用価値が高いと考える。

ところで、寺院の建物にも、その教団の思想と活動とが体現されており、どういう建物があって、それがどこに配置されているかは、その教団の思想と具体的活動を理解する手がかりとなる。本絵図は、図9に示したようにA・B・Cの三つのゾーンに分けられる。

Aのゾーンは、塀と山によって限られたゾーンで、仁王門《におうもん》（南大門にあたる）と四王門《しおうもん》（中門）といった門や、方丈・講堂・護摩堂・金堂などがあり、鉄塔・金塔がそびえる。つまりここは、関東の鎮護国家を祈る関東祈禱所としての極楽寺の側面を示す部分であり、将軍・執権の来臨があったゾーンであろう。

Bのゾーンは、Aをとりまき下馬門を入口とするB1と、Aと川をはさんだ対岸の霊鷲《りょうじゅ》

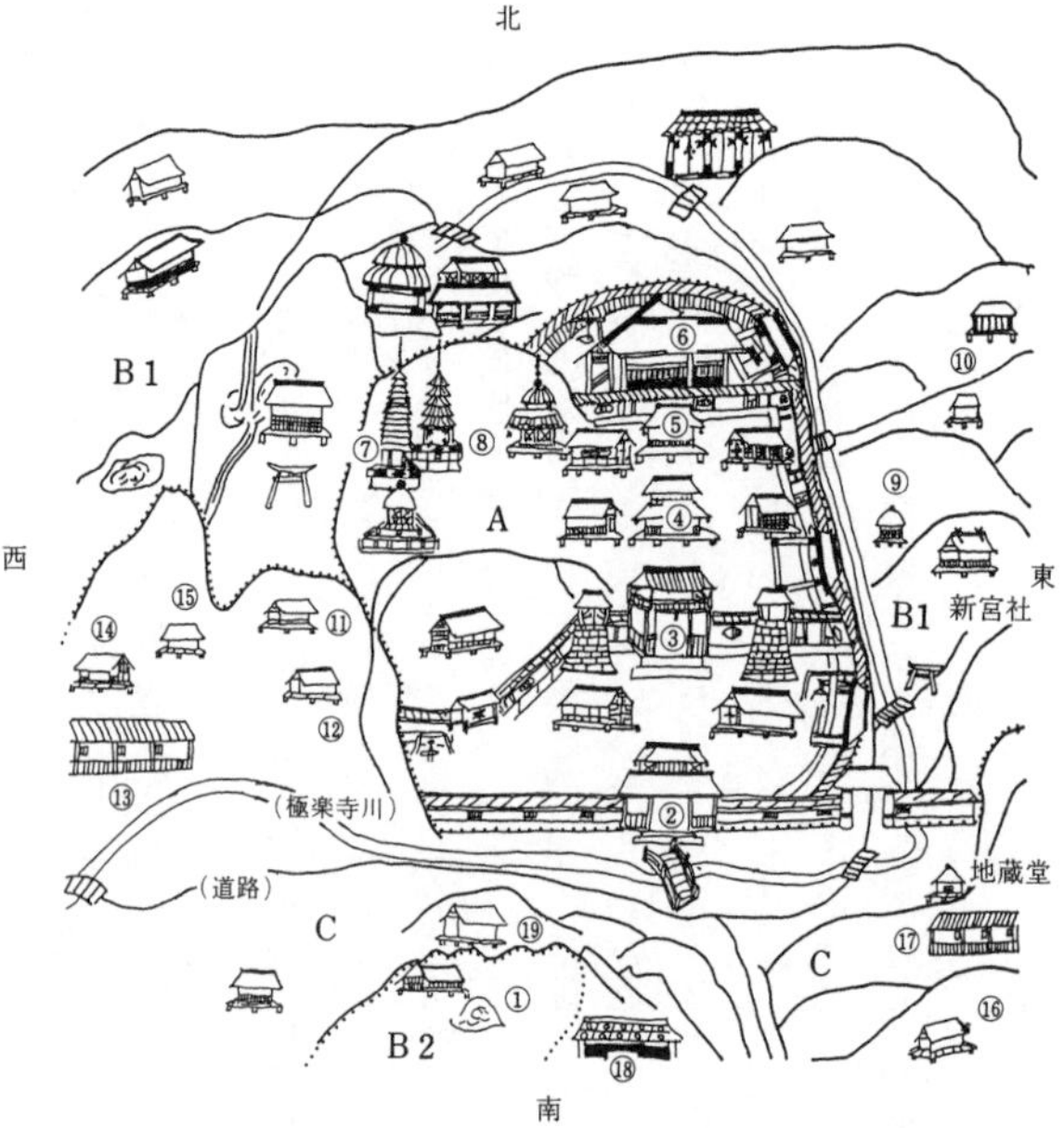

①請雨池　②二王門　③四王門　④金堂　⑤講堂　⑥方丈華厳院　⑦鉄塔　⑧金塔
⑨戒壇堂　⑩尼寺　⑪薬師堂　⑫療病院　⑬癩宿　⑭薬湯室　⑮無常院　⑯施薬悲田院
⑰病宿　⑱坂下馬病屋　⑩福田院

注　Aゾーン、B 1ゾーン、B 2ゾーン、Cゾーンについては本文を参照。本図は、極楽寺絵図を模写したものであるが、実物には百を超える塔頭が描かれ、かなり混みいっている。そこで本文の理解に必要最小限の建物（注記も）を示すにとどめた。

図 9　極楽寺絵図（『中世都市鎌倉の風景』〈吉川弘文館、1993〉より）

山《せん》の頂上部のB2との二つの部分からなる。そこで、とくに注目されるのは、請雨池《しょうういけ》と戒壇堂と尼寺との三つである。すなわち、ここでは雨請い、授戒、尼の修行などがなされた。

雨請いについては、日蓮との「祈雨法くらべ」で忍性は有名であるが、忍性が鎌倉幕府に登用されることになった理由として注目すべきことに、彼が祈雨法の達人であったこともある。たとえば『渓嵐拾葉集《けいらんじゅうようしゅう》』(47)には、鶴岡八幡宮の隆弁が忍性に祈雨法を習って、雨請いに成功した話が載っている。日蓮が祈雨法くらべをいどんだのも忍性の祈雨能力がよほど有名だったからであろう。また、この戒壇堂は、正応四年（一二九一）に忍性が初めて授戒を行なった戒壇であると考えられる(48)。当時、官僧は東大寺・延暦寺・観世音寺戒壇のいずれかで受戒したが、他方、遁世僧の一つである律僧は、西大寺（大和）・家原寺《えばらでら》（和泉）・浄住寺（山城）・海龍王寺（大和）・唐招提寺（大和）の戒壇で、尼は法華寺（大和）のそれで受戒する必要があった(49)。それらは畿内にあり、関東の律僧が受戒しに行くには面倒であったらしく、叡尊の死んだ翌年に忍性は極楽寺に戒壇を築いた。この戒壇は、そうした律宗教団独自の戒壇の一つである。

尼寺に関していえば、叡尊教団による女人救済を示すものとして重要である。中世の尼寺はすべて遁世僧の尼寺であるが、叡尊らも法華寺をはじめとした尼寺の創始と整備を行ない、そのうえ尼戒壇の樹立に見られる一人前の尼（救済の主体となる）の養成にも努めた。他方、官僧の方は、その尼寺が九世紀には衰え、尼戒壇を造らなかった（救済の主体をつくらなかった）[50]。すなわち、叡尊教団は官僧と対照的な女人救済を行なったのである。

Cのゾーンは、川沿いの谷の部分で、西側には、薬師堂・療病院・癩宿・薬湯室といった、癩者の療養施設があり、東側には施薬《せやく》悲田院《ひでんいん》・病宿《びょうしゅく》など、癩者以外の病者・貧民救済の施設がある。

Cゾーンは、これまでもしばしば注目された、極楽寺による癩者やそのほかの病者・貧民の救済活動を示すものである。さらに坂下馬病舎の存在からわかるように、忍性の救済対象は馬にまで及んだ。極楽寺は、都市鎌倉の癩者救済を引き受け、統轄する立場にあった。律宗教団は末寺のあるところならばどこででも、癩者の救済を行なったために、日本の癩者（非人）の統轄（救済と身分編成）に大きな意味をもった。

なお、Cゾーンには無常院という建物があるが、幕府と極楽寺との結びつきと弘長の「関東新制条々」とを考えあわせると、後にはこの無常院に、道端に捨てられていた病者、孤児が集められたのかもしれない。

まとめると、Aのゾーンは極楽寺が関東祈禱所としての側面を端的に示す部分で、BとCのゾーンとは、それ以外の活動に関わる部分、とくにCは下層民衆の救済に関わる部分である。また、高さに注目すると、A・B・Cの順で低くなっており、川の谷ぞいのもっとも低い部分、つまり地獄に近い部分で癩者・貧民救済がなされ、浄土に近い部分で鎮護国家の祈禱が行なわれるという空間構造になっているのがわかる。
つぎに叡尊と時の執権北条時頼との関係について見てみたい。

北条時頼と叡尊

北条時頼（一二二七—六三）は鎌倉幕府の第五代執権（現在の首相的存在、一二四六—五六在任）となって多くの重要な政策を実施し、執権職引退以後も幕政に大きな影響力をもった人物である。そして、多くの仏教者とも関係があった。他方、叡尊（一二〇一—九〇）が、その弟子忍性らとともに戒律を「復興」し、非人（癩者を核とし、癩者のイメージで理解される乞食・墓掘り等に従事した人々）救済に代表される慈善事業を行なったことは先にも触れたごとくである。また、私の研究では叡尊教団は、旧仏教を復興した教団というより鎌倉新仏教教団として理解すべきだと考えている。(51)

ところで、時頼と叡尊が直接に面談した期間は、叡尊が招かれて鎌倉にやってきた弘長二年（一二六二）の半年間ほどに過ぎないが、(52)叡尊の時頼に対する影響力は、ほかの僧たちに比較しても大きかった。そこでここでは、時頼が叡尊になにを求めたのかを、時頼と密接な関係をもったほかの僧たちとの比較などを踏まえて明らかにする。

さて、時頼は、諸国を廻って民衆の憂いと政治に対する願いとを聞き、憂いを慰め、願いを叶えてやったという「廻国伝説[53]」の持ち主である。そうした伝説上の時頼像はひとまずおき、じつに彼の治政期間は血生臭い時代であった。

彼は、寛元四年（一二四六）三月に二十歳で執権に就任した。彼の就任後間もない五月には、前将軍藤原頼経と結んだ名越光時らの陰謀が発覚し、時頼を首班とする幕府は名越氏を滅ぼした。名越氏は北条氏の名門である。

さらに、宝治元年（一二四七）六月には幕府の重鎮であった三浦泰村らの三浦一族を滅ぼした（=宝治合戦）。彼は、裁判制度の整備に尽力し、裁判の公正化と迅速化とのために建長元年（一二四九）十二月には、引付制（御家人訴訟担当機関、のち不動産訴訟担当機関となる）を創設した。また建長四年（一二五二）には将軍頼嗣を廃して後嵯峨天皇の皇子宗尊親王を将軍に迎えた。そうした血生臭い政治状況をくぐりぬけ、先例にとらわれない大胆な施政を行なった時頼の精神的なよりどころとなったものは、仏教であり、後に述べるような理想化された聖徳太子の生き方であった。

時頼をめぐる仏教者を三人あげるとすれば、鶴岡八幡宮別当隆弁（一二〇七―八三）と建長寺蘭渓道隆（一二一三―七八）と西大寺叡尊である。

隆弁は東大寺戒壇で受戒し、二百五十もの戒律を守ることを誓って三井寺で天台密教を研究した官僧、いわば国立大学の教官的存在であった。官僧には、京都の公家政権が主催する鎮護国家の法会に参加し、穢れを忌み、肉食妻帯をしない清僧であることを求められるという制約があった。その代わりに給与の支給、刑法上の特別措置などがなされた。

彼は、文暦元年(一二三四)に三井寺より鎌倉に下ってきたが、宝治合戦の祈禱の報賞によって宝治元年(一二四七)に鶴岡別当となり三十七年の長きにわたって、それを務めた。じつに、鎌倉時代中期までの幕府が主催する天下太平の祈禱の主な担い手は三井寺流の官僧であり、隆弁はその中心的存在であった(54)。

ところで、時頼と隆弁との密接な関係を示すばかりではなく、官僧の日常生活の一端を示すものとして『徒然草』二百十六段の話が挙げられる。時頼が鶴岡八幡宮の参詣のついでに、足利義氏亭での酒宴に参加したさい、隆弁が義氏方の人として参加していた。その酒宴では、のしあわび、えび等が肴として出たというものである。隆弁は東大寺戒壇で受戒した官僧であり、不殺生、不飲酒等を誓ったはずなのに、その隆弁ですら戒律を守っていなかったのかもしれない。

一方、蘭渓道隆は宋から来日した禅僧で、時頼に招かれて、建長五年(一二五三)に創建された建長寺の開山となった(55)。蘭渓道隆と時頼との関係を理解するうえで重要なことは、時頼が蘭渓道隆を戒師として出家したことである。つまり、時頼は康元元年(一二五六)

十一月二十三日に蘭渓道隆を戒師として出家すると、道崇という法名を名乗り、最明寺に住んだ。彼は、半人前の僧である沙弥《しゃみ》（それゆえ、半ば俗人的生活をするのも黙認されやすい）ではあれ、禅僧となったのである。そのことから、彼の禅への傾倒の大きさ、言い換えれば蘭渓道隆への帰依の大きさが推測される。このように時頼は、彼自身の出家以後、宗教的面では禅宗の世界にいたといえる。

他方、叡尊は、もともと、建保五年（一二一七）に出家し、東大寺戒壇で受戒し、密教を専門とする官僧であった。ところが、官僧たちが戒律を守らず、戒壇での受戒も形式化しているのを反省して、嘉禎二年（一二三六）九月に覚盛らとともに自誓受戒（東大寺戒壇での受戒の否定）を行なって、官僧身分から離脱した。そして、戒律の「復興」をめざして、西大寺、浄住寺などに戒壇を樹立し、自己のみならず他者の救済をめざす菩薩僧（尼）を養成した。また、庶民には俗人でも守れる菩薩戒、斎戒を授け、釈迦信仰、文殊信仰、行基信仰、太子信仰などを広め、非人から女人、商人、武士、公家にいたる悩める「個人」の救済に努めた。また、忍性をはじめとする多くの弟子を養成し、鎌倉新仏教教団の一つである律宗教団の祖師となった(56)。こうした官僧身分から離脱した僧を中心として成立し、仏道修行に努める僧（尼）を先に述べたように遁世僧という。

ところで、戒律というと、僧侶の活動をしばるもののように考えられやすいが、叡尊らにとってはそうではなかった。戒律にとらわれるのではなく、慈悲の精神に基づいて、利他のために逆に戒律を運用しようとしていた。それゆえ、穢れるのを嫌って官僧が忌避した葬式などに対しても、「自分たちはつね日頃厳しい戒律を守っているから、その戒によってバリアーができていて穢れないのだ[57]」と考えて従事し、官僧たちが憚ったような多くの救済活動を展開したのである。

さて、時頼は、弘長元年（一二六一）の末になると、一つには仏法興隆のため、一つには自己の受戒のために、叡尊の関東下向を乞うにいたる[58]。それは、なぜであろうか。言い換えると、「仏法興隆と受戒」という二つの願いは、時頼の心の中で、どういう関係をもったのか、多くの新仏教の祖師の中からなぜ叡尊が選ばれたのか。その理由を明らかにするには、「仏法興隆と受戒」という二つのことがらを総合的に説明しなければならない。結論的な言い方をするならば、時頼が自己の生き方のモデルを聖徳太子に求め、その生き方の実践法を叡尊に学ぼうとしたからだと考える。

叡尊と時頼とが初めて面談したのは、叡尊が弘長二年（一二六二）に鎌倉へやってきた時であった。叡尊は、同年二月四日に奈良西大寺を出発し、同二十七日に鎌倉に入り、八月十五日に西大寺にもどった。この八カ月にわたる西大寺・鎌倉往還の旅は、叡尊をいわば祖師とする律宗教団にとって画期的な意味をもった。すなわち、それまでは畿内を主な布教領域としていたのに、以後、鎌倉幕府の協力を得て、幕府の支配領域である関東に布教を展開しやすくなったからである。

一方、時頼にとっても、隆弁と蘭渓道隆といった僧からは学べなかった生き方を学ぶ機会となったのである。それは、要するに聖徳太子的生き方の実践法といえる。時頼が、聖徳太子信仰を持っていたことについては従来まったく知られていないが、このことは、彼の生き方を理解する上で決定的に重要な問題である。

中世における聖徳太子信仰とはつぎのような内容である(59)。すなわち、太子は、仏教に帰依して、仏教を興隆する一方、戒《かい》（戒律）・定《じょう》（禅定）・慧《え》（教学）の三学を学び、自ら戒律を守るなど、仏教者のような生活をしながら、慈悲の精神で政治を行なった。じつは太子は救世《くぜ》観音の化身であった。

時頼もこうした太子信仰を持ち、おそらくは、自己の生きるモデルを聖徳太子に求めていたと考えられる。時頼は、仏教の基本である戒・定・慧の三学のうち、慧と定とについては、隆弁や蘭渓道隆から学べたが、戒については十分でなかった。当時、叡尊ほど精通し、実践していた僧はいなかった。時頼が叡尊に求めたものは、在家的生活をしながらも戒律を守る生活の実践法であったと考える。そして、『関東往還記《かんとうおうげんき》』（以下、『往還記』と略す）によれば、時頼が叡尊から受けようとしたのは斎戒であった。斎戒とは、もともとは、在家の仏教信者が一日一夜を限って守る出家者の戒で、夫婦間の性交を断つ（不婬）、正午を過ぎてから食事をとらない（非時食戒《ひじじき》）といった九つの戒を護持することである。(60)

時頼が太子信仰を持っていたことは、叡尊関東下向の間のことを弟子性海が記録した『往還記』弘長二年（一二六二）七月二十六日条と、叡尊が同年閏七月九日に鎌倉苑寺（法薗寺か）太子御影開眼供養で読み上げた表白文《ひょうびゃくもん》(61)とによってわかる。『往還記』の記事によれば、時頼は、かつて（往年とあるから、数年以前のこと）夢のお告げを受けたことがあって、「仏法興隆之大将」と仰ぐために奈良の法隆寺に職人を遣わして、聖徳太子真影を色も形もそっくりに模写させた。その真影は、ひとまず完成したが供養をいまだ遂げていない。そういう時に叡尊が鎌倉に来られたのは天の与えたチャンスであり、ぜひ供養の導師を勤めてほしいと申し出た。叡尊はその時頼の申し出を辞退した。

現存の『往還記』には閏七月・八月分が欠けているために、この太子御影開眼供養の件が、それ以後どうなったかを『往還記』からは知ることができない。ところが、閏七月九日付の表白文によると、叡尊は結局、時頼の申し出を受けて供養の導師を勤めたのである。そして、その表白文には「大願主である時頼は仏法興隆につとめ、聖徳太子の誓願を学ぶ」とある。このように、時頼が太子信仰を叡尊関東下向以前に持っていたことは明らかである。

聖徳太子は、二十歳になるまでに、物部守屋の討伐、叔父の崇峻天皇が殺害されるという血生臭い体験をし、その後、推古天皇の摂政となった。また、仏教に帰依して仏教の興隆に努めつつ憲法十七条・冠位十二階の制定など大胆な施政を行なった。時頼は、そういう聖徳太子像に、自己の人生を重ね合わせ、そうした太子を理想としたのであろう。

他方、叡尊を祖師とする律宗教団もまた、法隆寺・橘寺・広隆寺といった太子ゆかりの寺院の「復興」に示されるように、太子信仰が活動の思想的バックボーンの一つであった。しかも、叡尊は、時頼が求めていた戒律の実践法、とくに出家者・在家者を問わない菩薩戒と斎戒等に精通していた。それゆえに、叡尊が招かれたのではなかったか。もちろん、北条実時、忍性らの推薦があったのは言うまでもない。

3　都市鎌倉の経済

以上、都市鎌倉の政治的中心である御所と、宗教的中心である鶴岡八幡宮に注目して鎌倉を論じてきた。つぎに論ずべきは、当然、都市鎌倉の経済の中心である。いや、むしろ「人と物と情報」の結節点という性格こそが都市性を示しているとすれば、なおさら経済に触れる必要がある。しかし、紙幅の都合で、ここでは十分に論じることはできないが、ここで少しだけ触れておきたいと思う。

鎌倉の経済の中心といえば、商店街に注目せざるをえない。そして、商店街といえばつぎの「追加法」が注目される。

（一）三日戊午、鎌倉中在々処々小町屋及売買設之事、可加制禁之由、日来有其沙汰、今日被置彼所々、此外一向可被停止之旨、厳密触之被仰之処也、佐渡大夫判官基政、小野沢左近大夫入道光蓮等奉行之云々

鎌倉中小町屋之事被定置処々

大町、小町、米町、亀谷辻、和賀江、大倉辻、気和飛坂山上

（後略）[62]

（二）五日甲戌、鎌倉中被止散在町屋等、被免九ケ所、又堀上家前大路造屋、同被停止之、且可相触保々之旨、今日、所被仰付于地奉行人小野沢左近大夫入道也、

町御免所之事

一所大町　一所小町　一所魚町　一所穀町　一所武蔵大路下　一所須地賀江橋　一所大倉辻[63]

右の史料（一）は『吾妻鏡』建長三年（一二五一）十二月三日条で、史料（二）は『吾妻鏡』文永二年（一二六五）三月五日条である。両史料は、幕府の商業政策を示し、いずれも町屋と売買設《ばいばいもうけ》（店）を特定の地点に限って許可したことを示している。命を受けた小野沢光蓮らは鎌倉の都市行政の担当者といえる地奉行である[64]。

両史料とも先学がしばしば使用しているが[65]、ここで注目したいのは、いわば商店街の許可された地点が建長三年から文永二年までの十四年あまりの内に、七カ所から九カ所へと増えていることである。もっとも、史料（二）では具体的には、七カ所しか挙がっていない。

両史料を比較すると、大町、小町、米町（穀町のことであろう）、大倉辻の四カ所は共通である。また武蔵大路下とは、亀谷辻と化粧坂山上（気和飛坂山上）とを合わせて表現したものと考えられている[66]。が、「武蔵大路下」と表記されており、亀谷辻と化粧坂山上の二つを指すというよりも、亀谷辻を指すと考えたい。

とすれば、両史料のうち、五カ所は共通である。他方、魚町と須地賀江橋（筋違橋《すじかえばし》）の二カ所は史料（二）にしか挙がっていない。ところが史料（一）には免許地として挙がっている和賀江（飯島）と化粧坂山上とが、史料（二）には挙がっていない。和賀江が鎌倉の港として鎌倉時代に重要な機能を果たしていたことは周知のことであり、また化粧坂山上も鎌倉の入口として栄えていたと考えられる。それゆえ、和賀江と化粧坂山上とが、史料（二）から脱落した理由を考える必要がある。

最近の研究によれば[67]、和賀江は、文永二年の時点で、幕府から忍性を中心とする極楽寺に管理権が任されたため史料（二）では脱落したと考える説もある。たしかに、新義律宗の鎌倉の拠点である極楽寺は和賀江の管理権を忍性の活躍期には有するにいたる[68]。

しかし、それは、和賀江についてはいえるかもしれないが、化粧坂山上に関していえるかどうかについては疑問である。もし、二カ所が故意に削除されたとすれば、和賀江に関していえることは、化粧坂山上に関しても妥当する必要があろう。それゆえ、現在のところ、二カ所が落ちたのは、やはり『吾妻鏡』編纂のさいのミスと考えるほかはない。

以上の考察を踏まえると、九カ所は、大町、小町、米町（穀町）、大倉辻、和賀江、亀谷辻（武蔵大路下と表現される）、気和飛坂山上、魚町、須地賀江橋（筋違橋）、ということになる。それゆえ、魚町と須地賀江橋（筋違橋）とが建長三年から文永二年までの間に、新たに幕府も認めざるをえない商店街として発展したことになる。

最後に、宇都宮辻子御所への移転と都市鎌倉の経済との関係に触れよう。大倉から宇都宮辻子への御所の移転は、経済的にも重要な意味をもっていたと考えられる。とくに、移転にともなう土木工事の増大、職人人口の増大が、物資の流入を促進し、都市鎌倉の経済を大いに発展させたことは間違いない。

註

(1) 速水侑「鎌倉政権と台密修法――忠快・隆弁を中心にして」(『中世日本の諸相』下〈吉川弘文館、一九八九〉)。
(2) 『雑談集　中世の文学』(三弥井書店、一九七三) 一一ページ。
(3) 『雑談集　中世の文学』(前註2) 二四八ページ。
(4) 外岡慎一郎「鎌倉時代鶴岡八幡宮に関する基礎的考察」(『中央史学』三、一九八〇)。
(5) 『中世法制史料集　第一巻　鎌倉幕府法』(岩波書店、一九五五) 一三九ページ。
(6) 大御堂執行が良信であることは、貫達人・川副武胤『鎌倉廃寺辞典』(有隣堂、一九八〇) 七八ページ、若宮別当が定親であることは、「社務職次第」(『群書類従』四輯) による。『鎌倉廃寺辞典』は大夫法橋が永福寺の別当であるとするも、人物を比定していない。『鏡』には大夫法橋なる人物は見えない。しかし、大夫律師良賢がいる。律師は僧官で、法橋は律師に相当の僧位である。それゆえ、大夫律師とは大夫法橋であった可能性はある。しかも『鏡』仁治元年七月四日条によれば、祈雨法を定親、良信とともに大夫律師良賢が行なっている。すなわち、鶴岡八幡宮別当、勝長寿院別当とともに祈雨法を行なった良賢は、永福寺別当である可能性が高い。良賢は三浦泰村の舎弟で、弘長元年六月に宝治合戦に連座して捕らえられた。そのために彼の事跡は故意に『鏡』などで取り上げられていないのではないか。
(7)『鎌倉幕府法』(前註5)一四〇ページ。
(8)『鏡』建久五年十二月二日条。
(9)永福寺薬師堂供養が同年十二月二十六日に行なわれている(『鏡』建久五年十二月二十六日条)。
(10)『鎌倉廃寺辞典』(前註6)二三七ページ、吉田通子「鎌倉永福寺成立の意義」(『地方史研究』一八〇、一九八二)二七ページ。
(11)『鏡』建久三年五月八日条。
(12)「社務職次第」(前註6)四七九ページ。
(13)善哉御前が公暁であることは『神道大系20　鶴岡　鶴岡社務記録』八ページ参照。
(14)中世三井寺系の官僧が天台宗の僧であるにもかかわらず延暦寺戒壇ではなく、東大寺戒壇で受戒していたことについては拙著『鎌倉新仏教の成立――入門儀礼と祖師神話』(吉川弘文館、一九八八)一五四ページ。中世延暦寺戒壇での授戒については拙稿「中世延暦寺戒牒の古文書学的研究」(『古文書研究』三四、一九九一)。
(15)「鶴岡社務記録」(前註13)二八ページ。
(16)「鶴岡社務記録」(前註13)二九ページ。
(17)「建治三年六月日付日永書状」(『昭和定本　日蓮聖人遺文』、一九八二、『日蓮遺文』と略す)一三二九―一三三〇ページ、一三四〇―一三四一ページ、下山御消息ともいう。本書状は、日蓮が甲斐日永に代わって書いたものといわれる。

(18) 高木豊『日蓮とその門弟』(弘文堂、一九六五)九一—九二ページ。

(19) もっとも、天台宗を真言宗と一括せずに区別して天台宗という場合もあるが(『日蓮遺文』〈前註17〉一二八五ページ)。

(20) 官僧については前掲拙著(前註14)二八九ページ、あるいは拙稿「鎌倉新仏教論の深化をめざして」(『史学雑誌』九九編一〇号、一九九〇)で詳しく論じたのでそれを参照されたい。

(21) 『日蓮遺文』(前註17)一一六〇ページ、建治二年三月日付光日房御書。

(22) 『日蓮遺文』同、一五六〇ページ。

(23) 『日蓮遺文』同、九二六ページ。

(24) 「撰時抄」『日蓮遺文』同、一〇一六ページ。

(25) 南都六宗の律宗に対して、叡尊・忍性を中心とする鎌倉新仏教教団の律宗を新義律宗という(前掲拙著〈前註14〉第三章第一節など参照)。

(26) 前掲拙著(前註14)。

(27) 『一遍聖絵』(本書の「序文」の註7参照)。

(28) 『群書類従　雑』。

(29) 石井進「都市鎌倉における「地獄」の風景」(御家人制研究会編『御家人制の研究』〈吉川弘文館、一九八一〉)、拙著『中世都市鎌倉を歩く』(中公新書、一九九七)、福島金治『金沢北条氏と称名寺』(吉川弘文館、一九九七)など参照。

(30) 桃裕行「極楽寺多宝塔供養願文と極楽寺版瑜伽戒本（下）」（『金沢文庫研究』六二、一九六〇）二ページ、小野塚充巨「中世鎌倉極楽寺をめぐって」（竹内理三先生喜寿記念論文集刊行会編『荘園制と中世社会』〈東京堂出版、一九八四〉）など。

(31)「極楽寺縁起」は『金沢文庫研究紀要』第一号（神奈川県立金沢文庫、一九六一）所収「極楽律寺要文録」参照。

(32)『鏡』弘長三年十月二十六日条。

(33) 田中敏子「忍性菩薩略行記（性公大徳譜）について」（『鎌倉』二一、一九七三）四七ページ。

(34) この五鈷鈴については、三山進『極楽寺』（中央公論美術出版、一九六六）参照。

(35) 高木豊「鎌倉名越の日蓮の周辺」（『金沢文庫研究』二七二、一九八四）。

(36) 鎌倉の念仏僧の活動については、高橋慎一朗『中世の都市と武士』（吉川弘文館、一九九六）が参考になる。

(37) 和島芳男「中世における極楽・称名二寺の関係」（『金沢文庫研究』八四、一九六二）。

(38) 念仏の寺であった浄光明寺に泉涌寺系の律僧が入ることについては、大森順雄『覚園寺と鎌倉律宗の研究』（有隣堂、一九九一）参照。

(39) 高橋秀栄「金沢文庫保管『大仏旨趣』について」（『金沢文庫研究』二七一、一九八三）、上横手雅敬「鎌倉大仏の造立」（『龍谷史壇』九九・一〇〇、一九九二）など参照。

(40)「弘長元年二月廿日関東新制条々」（『鎌倉遺文』八六二八）。

(41) 無常堂については、藤原良章「中世前期の病者と救済」(『中世的思惟とその社会』〈吉川弘文館、一九九七〉)など参照。
(42) 「授手印決答巻上受決鈔」(『浄土宗全書一〇』八九ページ)。
(43) 『鏡』正治二年五月十二日条。
(44) 『鎌倉幕府法』(前註5)九六ページ。
(45) 『守護国家論』『立正安国論』などの内容については、川添昭二『日蓮』(清水書院、一九七一)など参照。
(46) 三浦勝男『鎌倉の古絵図 I』(鎌倉国宝館、一九六八)。
(47) 『大正大蔵経』五四六ページ、『大正大蔵経』では良親上人とするが、良観上人の間違い。
(48) 「忍性菩薩略行記」。「忍性菩薩略行記」は、田中敏子「忍性菩薩略行記(性公大徳譜)について」(前註33)に依った。
(49) 拙著『勧進と破戒の中世史』(吉川弘文館、一九九五)二二九ページなど参照。
(50) 叡尊教団が一人前の尼を養成し、尼に対して伝法灌頂までも行なっていたことについては拙稿「鎌倉新仏教と女人救済――叡尊教団による尼への伝法灌頂」(『仏教史学研究』三七―二、一九九四)、拙著『勧進と破戒の中世史』(前註49)第五章等参照。もっとも、最近刊行された西口順子編『仏と女』(吉川弘文館、一九九七)は、女性と仏教との関係に関する貴重な成果である。しかし、無外如大、信如尼といった禅・律の比丘尼の成立や比丘尼への伝法灌頂の事実を軽視し、いまだ「中世の女性は大衆を指導する宗教者にはなれなかった」という理解に立っており、その点は従えない。中世の尼寺については、牛山佳幸「中世の尼と尼寺」(『尼と尼寺』〈平凡社、一九八九〉)ほかが参考になる。

(51) 拙著『鎌倉新仏教の成立』(前註14)。

(52) 『関東往還記』(奈良国立文化財研究所監修『西大寺叡尊伝記集成』〈法藏館、一九七七〉所収)は叡尊の鎌倉下向期間の記録である。

(53) 佐々木馨『執権時頼と廻国伝説』(吉川弘文館、一九九七)は廻国伝説についてのもっとも新しい研究である。

(54) 隆弁については、前掲速水侑「鎌倉政権と台密修法」(前註1)参照。

(55) 蘭渓道隆については、辻善之助『日本仏教史　中世編二』(岩波書店、一九四八)が詳しい。

(56) 叡尊については拙著『救済の思想——叡尊教団と鎌倉新仏教』(角川書店、一九九六)など参照。

(57) 拙稿「戒律と鎌倉新仏教」(『春秋』三五七〈春秋社、一九九四〉)二一ページ。

(58) 『関東往還記』。叡尊の関東下向については、追塩千尋『中世の南都仏教』(吉川弘文館、一九九五)が最近の研究成果である。

(59) 聖徳太子と太子信仰については、坂本太郎『新装版　聖徳太子』(吉川弘文館、一九八五)ほか参照。

(60) 『織田仏教大辞典』(大蔵出版、一九五四)の「斎戒」の項参照。叡尊教団は、斎戒を一日一夜ではなく常に護持する斎戒衆を創設した（蓑輪顕量「叡尊教団における構成員の階層」〈『宗教研究』七〇―二、一九九六〉）。

(61) 「興正菩薩行実年譜」（『西大寺叡尊伝記集成』〈前註52〉）一四四―一四六ページ。

(62) 『鏡』建長三年十二月三日条。

(63) 『鏡』文永二年三月五日条。

(64) 五味文彦「公方」（『ことばの文化史　中世3』〈平凡社、一九八九〉）。

(65) 『鎌倉市史　総説編』（吉川弘文館、一九五九）、野口徹『中世京都の町屋』（東京大学出版会、一九八八）第四章など。

(66) 『鎌倉市史　総説編』（前註65）二七五ページ。

(67) 馬淵和雄「都市の周縁、または周縁の都市――いわゆる方形竪穴建築址による中世都市論の試み」（『青山考古』九、一九九一）。

(68) 和賀江については鎌倉後期には忍性を中心とする極楽寺の支配下にあったとされる（石井進「都市鎌倉における「地獄」の風景」〈前註29〉）。

追記

本文で触れ得なかった中世鎌倉における仏教に関する研究として、佐々木馨『中世仏教と鎌倉幕府』（吉川弘文館、一九九七）、平雅行「鎌倉幕府の宗教政策について」（『日本古代の葬制と社会関係の基礎的研究』〈大阪大学文学部、一九九五〉）、上田叙代「鎌倉止住僧定豪について」

(『学習院史学』三三、一九九五)などがある。

補注

都市鎌倉研究は、本書の刊行以後も盛んである。とくに刺激を受けた研究として、秋山哲雄『北条氏権力と都市鎌倉』(吉川弘文館、二〇〇六)、同『都市鎌倉の中世史』(吉川弘文館、二〇一〇)と高橋慎一朗『武家の古都、鎌倉』(山川出版社、二〇〇五)がある。秋山氏によって、北条氏の館の位置と変遷が明確となり、北条氏による将軍権力の掌握過程と北条氏の館の変遷との関係が明らかとなった。高橋氏の研究は多岐にわたるが、北条氏の庶流名越氏と根拠地名越や新善光寺・山王堂などの寺院に注目し、都市鎌倉の東西軸の一つであった名越坂越え道の役割の大きさが明らかとなった。

また、平雅行「鎌倉寺門派の成立と展開」(『大阪大学大学院文学研究科紀要49』、二〇〇九)など鎌倉における官僧たちの実態を明らかにした研究もある。

私も拙著『忍性』(ミネルヴァ書房、二〇〇四)、同『鎌倉古寺を歩く　宗教都市の風景』(吉川弘文館、二〇〇五)を上梓し、宗教都市鎌倉の実像に迫った。

考古学的にも研究が進んだ。鈴木弘太『中世鎌倉の都市構造と竪穴建物』(同成社、二〇一三)、河野真知郎『鎌倉考古学の基礎的研究』(高志書院、二〇一五)などである。

なお、拙著『日蓮』(中央公論新社、二〇二二)において、都市鎌倉の宗教状況について論じた。

第二部　寺社の都・奈良と中世非人

はじめに

第一部では武家の都鎌倉を扱ったが、ここでは寺社の都奈良を中心とする畿内の非人集団にスポットを当てよう。

さて、非人とは、なんとおそろしい言葉だろうか。それは、文字どおり人間でありながらも、人ではないとされた存在であり、この言葉は、ちょっと聞き、考えただけでも堪えがたいものがある。しかも、近世においては、それは江戸幕府によって社会的に定められた身分の呼称であったのだから、なおさらである。だが、そうした先人の過誤を繰り返さないためにも、非人とはいかなる人々であり、彼らは、彼らの生きた時代において、どのような役割を果たしていたのか等について考察しておく必要は大いにあると思う。

なぜなら、クロマニヨン人以後の人類は、現在の我々よりも、おろかで不人情であったわけではなく、知能的にも、身体的能力の面でも、現在の我々と同じ人間だったからである。このことは、当然の帰結として、過去にあったことは、将来においてもありうるということを意味しており、非人差別に関しても、決して現在の我々に無縁のものではない。

ところで、仏という文字は、本来は佛と書き、にんべんに弗《あらず》と書いた(1)。すなわち、偉大かつ超人的な釈尊を表現するために佛と書かれたように、仏(神)もまた、人にあらざる存在であった。そういう意味では、人間でありながら神とされた天皇も、広義の「非人」であったといえるのだろう。

このように、非人と仏(神)・天皇とは、対極にあるにしても一面で共通性を有している。後で述べるような、非人たちの職能や彼らに付会された神話などにも、非人たちが、一面において聖なる存在、神の意思を伝える存在とされていたことがわかる。

こうした非人たちの一般的な特質はともかくとして、ここでは、中世都市奈良を中心とした畿内での彼らの職能、統轄などを明らかにしたい。とくに奈良の非人の指導者的立場にあった北山・五カ所・十座(三党者と総称された)の非人集団に注目する(2)。

ところで、彼らは、その職能および管轄領域など、奈良という「都市」と密接に結びついていた。それゆえ、まず中世都市奈良について概観しておこう。

註

(1) 三枝充悳『仏教入門』(岩波書店、一九九〇)。

（2）もっとも最近の研究として、藤野豊編『歴史の中の「癩者」』（ゆるみ出版、一九九六）があり、非人研究の成果を丁寧に踏まえているので、研究については、その末尾の参考文献一覧を参照されたい。

第一章　中世都市奈良の四境に建つ律寺

奈良といえば、平城京、すなわち古代都市のイメージが強く、中世都市奈良というと奇異な感じを抱く読者も多いであろう。しかし、現在、観光客が訪れる古都奈良は、じつは古代都市の奈良ではなく、鎌倉時代以降に基礎づけられた奈良[1]なのである。

平安京への遷都以降、図10のような朱雀大路を基軸とする平城京の中心部は衰え、平城京の外京にあたる地域の興福寺、東大寺の側へ都市奈良の中心は移っていった。ところが、治承四年（一一八〇）十二月に平重衡《たいらのしげひら》の南都焼き討ちにあって、東大寺、興福寺などを中心とした一帯が灰塵に帰したためもあって、奈良は中世に大規模な再興事業がなされることとなった。この平家の南都焼き討ちこそは、中世都市奈良を生み出す画期的な契機であった。そして、中世都市奈良は、興福寺・東大寺の門前町として繁栄していった、いわば寺社の都だったのである。

平安時代末期には、東大寺、興福寺などのまわりに東大寺西里、興福寺東郷など「里」

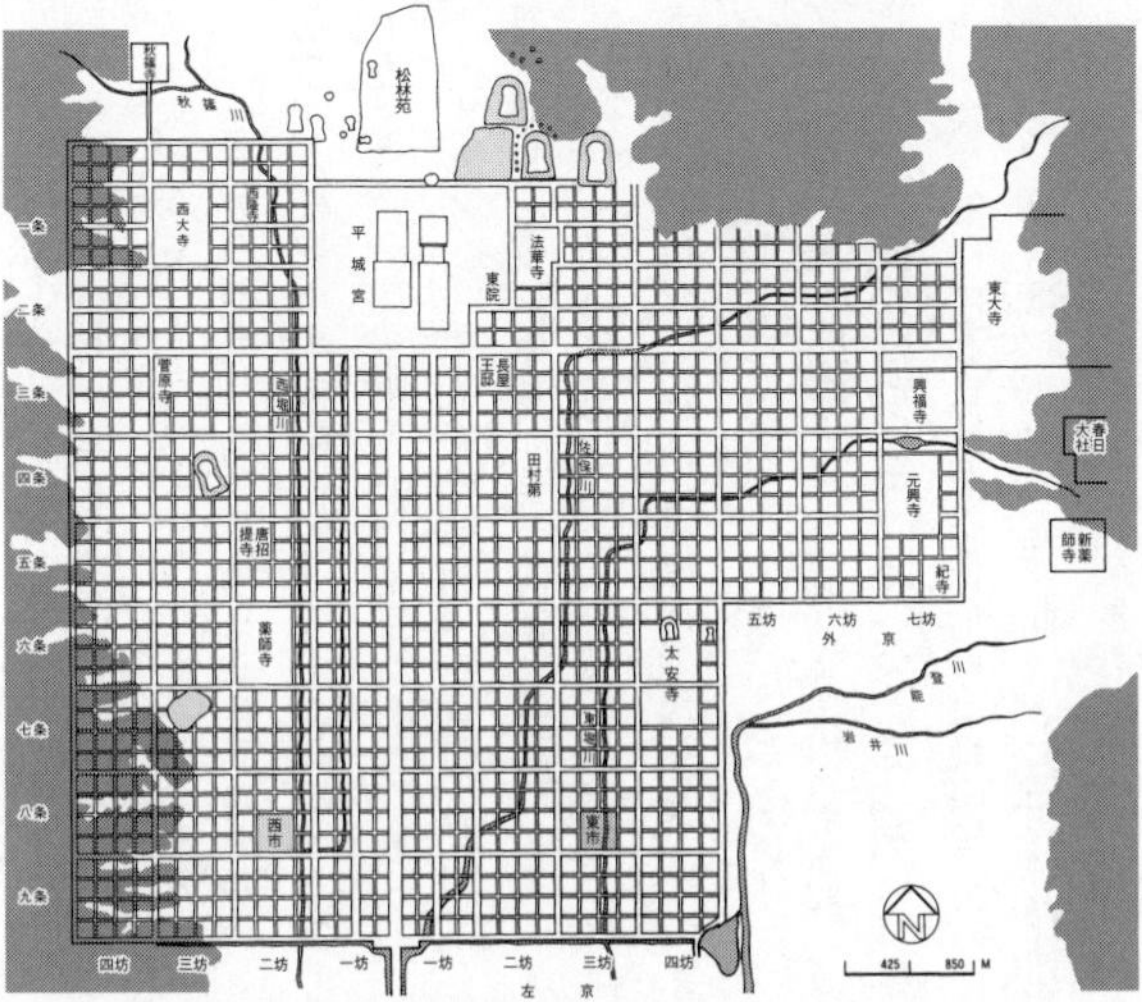

図10　平城京　全域図（『図集日本都市史』〈東京大学出版会、1993〉より）

「郷」（いずれも「さと」と呼ばれていたらしい）と呼ばれる地域的単位が成立していた。それらは、南都焼き討ちにあって一旦は消滅したが、のちに復興される。そして、郷には、京終《きょうばて》郷、高御門《たかみかど》郷などの小郷と、複数の小郷を編成しなおした南都七郷、東大寺七郷などの大郷とでもいうべき二種の郷があった。例をあげるならば、京終郷は、南都七郷の一つである新薬師郷の小郷であり、高御門郷は南都七郷の一つである南大門郷の小郷であった。

　そうした郷（里）の住人たちは、郷民《ごうみん》と呼ばれる地縁的集団を構成した。彼らは、興福寺、東大寺などに公人《くにん》・神人《じにん》・寄人《よりうど》・御童子《ごどうじ》などの身分をもって所属し、課役を納めていた。彼らは、興福寺の小五月会《こさつきえ》、東大寺の手掻会《てがいえ》や祇園会などの祭礼を通じて郷民としての自覚を強めていったのである。

ところで、従来ほとんど注目されてこなかったことに、中世都市奈良の基軸線の問題がある。古代都市平城京において、それは言うまでもなく朱雀大路であった。しかし、先述したように、平安期から鎌倉期以降は、東大寺と興福寺（春日社）とが都市奈良の中心となったために、東大寺の西側（転害門）を通り、般若寺、奈良坂を越えて平安京に向かう道に通じる東京極大路と、興福寺の南門を通って春日神社へ向かう三条大路とが、その基軸線となっていた。前者は、平安京と奈良とを結ぶ道として、平安時代以来の主要道路であり、後者は、興福寺が藤原氏の氏寺として栄え、都市奈良の主要な支配者であるのみならず、大和守護となるまでに繁栄したために、ますます重要性を増していった。そのために、三条大路を基軸として、北里・南里と表記されるケースが見られるようになった。そして、東京極大路と三条大路の交差点こそは、春日大社の一の鳥居にあたる。そのことから、観念的には春日社が中世都市奈良の核であったことが読み取れる。

なお、図11は、享保・寛保期（一七一六—四四）の「春日大宮若宮御祭礼図」である。(2)それには、十八世紀前半の奈良町域が描かれているが、中世都市奈良のおおよその姿を想

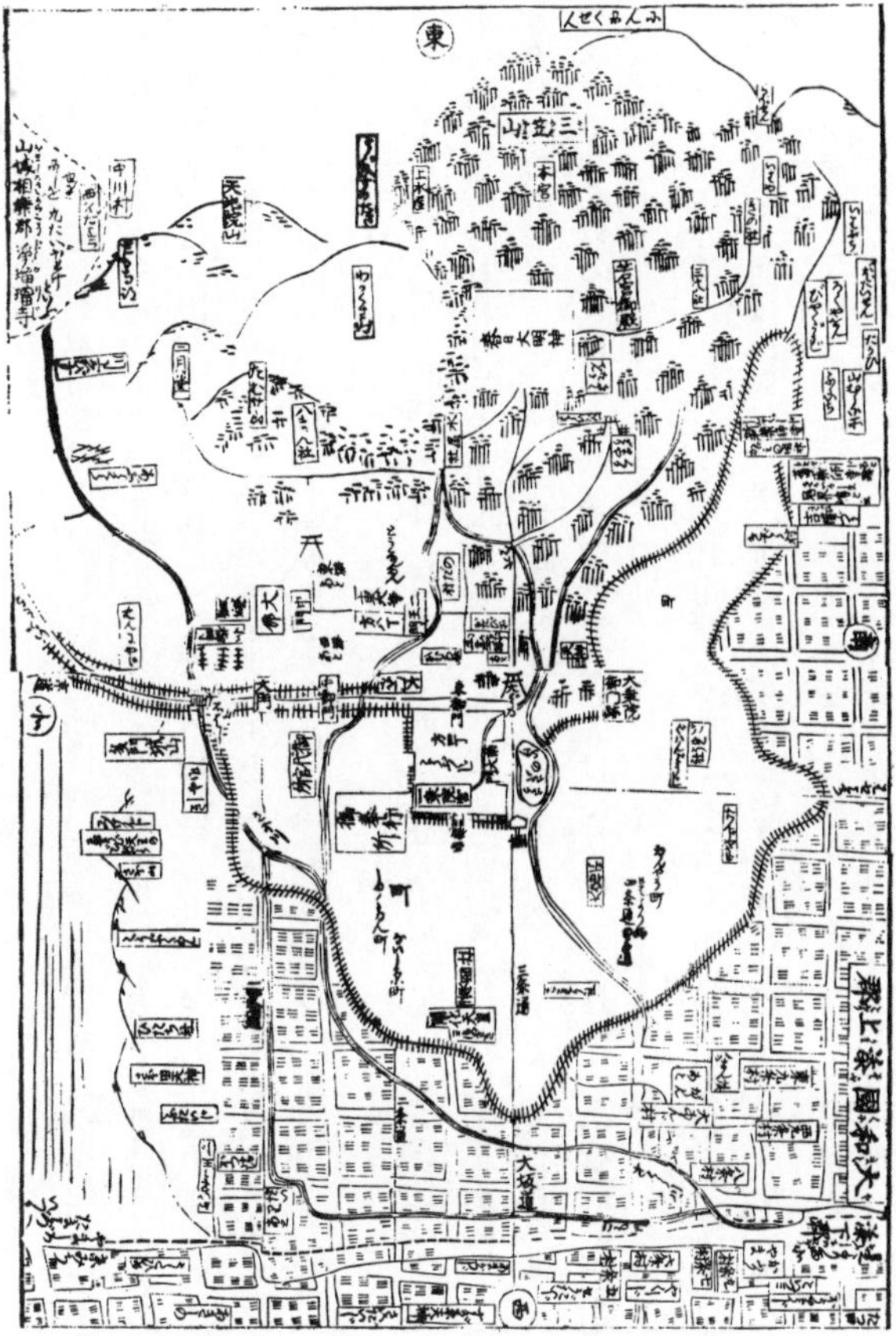

図11　春日大宮若宮御祭礼図（『神道大系　神社編13　春日』より）

像する手がかりとはなろう。

ところで、鎌倉の都市部は、「鎌倉中《かまくらじゆう》」と呼ばれ、鎌倉将軍の強力な支配下にある特別行政区であった。そのことは奈良にも言え、奈良の都市部にあたる部分は「奈良中」、周縁の農村部分は「田舎」と呼ばれた。こうした特別行政区としての奈良中が、いつ頃成立していたのかはっきりしていないが、中世都市としては、平安京や奈良よりも遅れて成立した都市鎌倉において「鎌倉中」が成立していた鎌倉時代には、「奈良中」も成立していたと推測される。

そして、「奈良中に止住の輩は、皆もって寺社の公人・被官人なり〔奈良に住んでいる者は皆が皆、寺社に仕える公人と被官人である〕」と認識され、十五世紀末には、興福寺が奈良中を対象とする「奈良中掟法」を発布することもあった[3]。また、奈良中は、座衆の特権が認められる範囲[4]であり、興福寺などがかける反銭《たんせん》[5]、有徳銭《うとくせん》[6]などの賦課対象範囲でもあった。

以上は、中心部に注目して中世都市奈良を見てみたが、中世都市奈良の領域は、北は奈良坂・般若寺、西は西坂・符坂、東は丹坂・白毫《びやくごう》寺、南は能登川・岩井川が境界であったのである。

こうした境界領域には、たとえば北には般若寺、東南には白毫寺、西北には眉間《みけん》寺、西南には大安寺といった、後に触れる叡尊教団系の律宗寺院[7]が存在していたことが注目される。というのも、中世都市鎌倉の場合にも、都市の四境に、禅・律寺院が建設されていたからである。すなわち、北西には建長寺、円覚寺といった禅寺、南西には極楽律寺、北東には称名律寺、南東には満福律寺（光明寺の前身）が存在した[8]。都市奈良の場合は、律寺のみとはいえ、その四境を守る寺として律宗寺院が存在していたのである。そして、後述するように、それらの寺々は中世の非人たちと密接な関係を有していたのである。

以上の中世都市奈良の概観を踏まえ、中世都市奈良の四境に建つ寺々の姿をより詳しくみよう。

1　白毫律寺

白毫寺は、山号を高円山という。天智天皇の皇子志貴親王の離宮を寺としたものだと伝えられている。また、石淵寺の一支院であったともいわれる[9]。この白毫寺のあるところは、奈良の東南のはずれの、伊賀方面への街道の要衝にあたり、宿が存在していた[10]。

さて、鎌倉時代には、白毫寺は、律僧の住む律寺となったが、室町時代には興福寺一乗院門跡の安寧を祈禱する寺となっていた[11]。この白毫寺が、一乗院の祈禱寺であるということは一見して奇異に思われる。なぜなら、興福寺一乗院も寺院であり、寺院が他の寺院に祈禱してもらう関係になるからである。

この一見不思議に思える寺院関係こそ、中世の寺院（僧侶集団）に特有の関係を示している。というのは、先述したように、中世の僧侶集団には、官僧僧団と遁世僧僧団という二つの基本グループがあり、官僧僧団は鎮護国家の祈禱を第一義とし、他方の遁世僧僧団は「個人」救済を第一義としたからである。このような視点からみれば、興福寺一乗院は官僧寺院であり、院主個人の「個人」的祈禱を行なうのを憚ったのに対して、黒衣の律僧が住む白毫寺は、遁世僧僧団の寺院で、それを第一義としていたがゆえに、興福寺一乗院の祈禱所でありえた、ということがわかる。

この白毫寺が、いつから律寺となったかは明確ではない。しかし、建武二年（一三三五）五月日付の『南都白毫寺一切経縁起』(12)（以下、『白毫寺縁起』と略す）によれば、弘長元年（一二六一）以前に叡尊によって律寺として「復興」がなされ、第二代の長老は道照であったことがわかる。なお、『白毫寺縁起』は、建武二年五月に白毫寺で行なわれた一切経転読にさいし作成された願文で、白毫寺一切経の縁起、つまり、その由来と転読の経緯、意義などを記したものである(13)。

道照は、『円照上人行状』によれば、字《あざな》を入円房といい、東大寺戒壇院を拠点として活動した律僧円照の弟子の律僧であった。彼は、東大寺僧の子として生まれ、戒律のみならず密教、三論宗、唱導、悉曇《しったん》などに精通していた。文応年中（一二六〇―六一）には、円照の命を受けて石清水八幡の善法寺で律抄を講じたが、二十八歳で死去している[14]。

このように、白毫寺は、文応年中には確実に律寺化していたことがわかるが、寛元元年（一二四三）には、覚盛の弟子である良遍が『菩薩戒通別二受抄』の奥書を白毫寺の草庵で書いている[15]。良遍は、仁治三年（一二四二）ころには、興福寺所属の官僧身分から離脱し、当時、戒律「復興」運動を行なっていた覚盛の門下に入っているので[16]、白毫寺は、文応年中よりもさらに遡って寛元元年ころには律寺化していた可能性がある。とくに、宝治二年（一二四八）十月には、叡尊らが、中国に弟子を派遣して請来した律三大部の配分に白毫寺も与っており[17]、そのころには確実に律寺化していたのであろう。そして、鎌倉時代の興正菩薩（叡尊）像が今も伝わるように、鎌倉時代以後は叡尊教団の寺として繁栄していた。

なお、覚盛、円照らの系統は、後に、唐招提寺流ともいうべき系統に発展し、叡尊教団とは別に独自な展開をしていくが、覚盛、円照らの時代は、西大寺を拠点とした叡尊らの同志として、戒律「復興」活動を行なっていた点に注意を喚起しておきたい[18]。

つぎに、中世白毫寺の具体的な姿についてみてみよう。まず、先に少し触れた『白毫寺縁起』によれば、白毫寺一帯は奈良の人々の墓所であったことが明らかとなる。

右、当伽藍者春日宮之砌辺（中略）、古老伝曰、昔此処為深山時、過寺門西三町許、尊神創垂降鎮座最久、而送歳之後、遷三笠山麓、洒雷火飛焼社壇、厥後明神蔽御形化榊、隔四十余年、弘法大師詣霊舎而言、吾為資亡魂、処々構三昧之地、願蒙聴許以旧社之敷地、為尸陀林、神自答、此地与汝為墓所、汝示遺骨之地、我済度留尸之類、（中略）自爾以来古塚塞路也、(19)（後略）

すなわち、もとは寺門から三町（約三二四メートル）ばかり離れたところに、春日神が鎮座していたが、三笠山の麓に移った。ところが、雷が落ちたために社壇は燃えてしまった。その後は、神は形を隠して榊に変化した。四十余年たって空海が参拝し、つぎのように申した。「私は、死者の魂の鎮魂のために、所々に三昧（墓地）を構えてきたが、願わくば、旧社の地を墓地としたい」と。神は、その願いを受け入れたが、それ以来、白毫寺の一帯は墓が道を塞ぐほどになったという。

このように、白毫寺の一帯は、葬送の地であり、あの世とこの世の境界の地であった。そういう意味で、白毫寺に閻魔堂があったことが注目される。白毫寺には、現在も、鎌倉時代の木造閻魔王座像、司録半跏像、司命半跏像が伝わっている。[20] とくに木像太山王座像は正元元年（一二五九）に、大仏師康円らによって造立されたことが明らかにされている。こうした閻魔堂と閻魔王関係の諸像の存在も、白毫寺が、この世とあの世の境界に建つ寺として認識されていたことを示している。というのも、死者は、閻魔王の前で、地獄にゆくか否かなどの審判を受けるからである。もっとも、閻魔堂内には、木造地蔵菩薩立像も安置されており、[21] よしんば地獄に落ちたとしても、その地蔵が救ってくれることになっていたのだ。

先述の『白毫寺縁起』の空海の話から推測されるように、白毫寺は、近在の墓地を管理するようになっていた。

それればかりか、白毫寺は、葬送までも担っていたのである。たとえば、『大乗院寺社雑事記』（以下、『雑事記』と略す）明応五年（一四九六）閏二月十三日条によれば、春日社正《しょう》預《あずかり》中臣祐仲の葬儀が白毫寺で行なわれている。また『雑事記』明応八年（一四九九）十一月二十四日条によれば、興福寺学侶の光秀の葬儀も白毫寺で行なわれている。このように、白毫寺は、奈良中の東南のはずれにあって、葬送を行ない、一帯の墓地を管理する律寺であった。

2　眉間寺（廃寺）

奈良中の西北に位置した眉間寺は、明治の廃仏棄釈により廃寺となった寺である。眉間寺は、聖武天皇佐保山南陵の前に位置し、山号は佐保山といった。東大寺戒壇院末の律宗寺院であった[22]。

「佐保山眉間寺住持次考」（薬師院家蔵）によれば、天平勝宝六年（七五四）七月八日、聖武天皇が太皇太后藤原氏（宮子）のために建立し、古くは眺望寺と称したのを、のち天徳二年（九五八）四月二日、本尊の眉間から舎利が出たので、これを奏聞し眉間寺の勅額を賜ったという[23]。聖武天皇陵の前に位置していたことは先述したが、眉間寺は、御陵を守る寺であったと考えられる。

中世の眉間寺については、史料が『雑事記』に散見されるので、それらによって中世眉間寺の姿を明らかにしてみよう。

まず、奈良中の西北のはずれに位置していたために、土一揆などの奈良中心部への侵入から守る拠点となっていた[24]ことが注目される。

一、土民寄来、（中略）花園郷公事足三人、亥方ニ召出之、眉間寺口番等事、仰付之
（後略）

この史料は『雑事記』文明十二年（一四八〇）十一月六日条であるが、土一揆から奈良中を守るために、花園郷郷人が眉間寺口の番に動員されている。そうしたことこそ、眉間寺が奈良の東北の入口を押さえる般若寺や鎌倉の西南の入口を押さえる極楽寺と同様の配置であったことを端的に示している。

先に眉間寺は東大寺戒壇院末の律宗寺院であったことを述べたが、戒壇院は黒衣の律僧が管轄する寺院であった。それゆえ、眉間寺も遁世僧の寺院であったと推測される。また、『雑事記』文明二年（一四七〇）五月十八日条に、眉間寺の総責任者は長老と表記されていることからも、そのことがいえる。

さらに、この眉間寺も葬送を担う寺であったことが注目される。つぎの史料をみよう。

一、七時　酉時、春菊丸之葬礼、於眉間寺在之、引道（導）小塔院坊主、行路福智院私宅ヨリ鵲・中院・浄土尻・奈良之外ニ出テ、又至眉間寺（後略）

この史料は『雑事記』の明応元年（一四九二）七月二十七日条である。それによれば、春菊丸という中童子（『雑事記』明応元年七月二十五日条）が死去し、その葬儀が元興寺小塔院坊主を引導として、眉間寺で行なわれたことがわかる。元興寺小塔院も、西大寺末寺の律寺であり小塔院坊主は律僧であるが[25]、眉間寺も葬送を行なうところであった。

さらに、その葬儀の道順を見ると、いったん奈良の外に出て、眉間寺に入っており、葬儀は奈良の外、正確には境界部分で行なうことになっていたことがよくわかる。

3　大安寺

大安寺は、平城京の左京六条四坊に位置する真言宗高野山派の寺である[26]。この寺の地理的な位置は、中世都市奈良の南西にあたっている。すなわち、大安寺も都市奈良の境界に位置していた。

大安寺の前身は聖徳太子創建の熊凝精舎《くまごおりしょうじゃ》に遡る。それが、舒明十一年（六三九）には百済大寺、天武二年（六七三）には高市大寺（大官大寺）へと変わり、さらに平城京遷都にともなって奈良に移転し、天平元年（七二九）の大改造の後に大安寺と称したという。このように、大安寺は古代の官寺として七大寺の一つでもあった[27]。

だが、鎌倉時代初期の嘉禄三年（一二二七）六月十六日付の官宣旨に引かれた法隆寺別当範円の同年五月二十日の解状[28]には、衰微して興隆する力のない寺として、元興寺・西大寺とともに大安寺が挙がっており、その時点ではかなり衰えていたようである。

しかし、衰えたとはいえ、所属の寺僧がいなくなったわけではなく、「別会《べつえ》五師《ごし》英詮[29]」などの官僧たちが住み、最勝王経の転読など鎮護国家の祈禱に従事していた。[30]また、大安寺所属の公人という雑事に従事する俗人もいた。[31]

建長五年（一二五三）には、大安寺別当である東大寺僧の宗性《そうしょう》によって大安寺の修造が企てられている。宗性は、文永五年（一二六八）ごろに南大門を修理し、文永十年（一二七三）ごろには塔を修理するなど、再興に努めている。[32]なお、この宗性のケースから判断されるように鎌倉時代においては、東大寺僧も大安寺別当に任命されるようになっていたことが注目される。

けれども、なんといっても鎌倉期の復興を成功させたのは、叡尊らの律僧であり、以後、西大寺末寺の一つとして律僧が住む寺となった。正確には、遁世僧の律僧と官僧とが共住する寺へと変化したのである。当時の史料用語を使えば、「黒白両衆[33]」の寺で、黒衣は律僧を、白衣は官僧を指していた。[34]すなわち、大安寺別当の配下にあった白衣僧（官僧）と、大安寺長老の統轄下にあった黒衣の律僧が、坊舎を異にしながら、寺内に共住していた、ということである。こうした「黒白両衆」の寺は、西大寺をはじめ官僧寺院を「復興」した律宗寺院には多い[35]。

ところで、大安寺が、いつ叡尊教団の律寺となったのかに関しては、はっきりしていない。上田さち子氏によれば、叡尊が弘安七年（一二八四）十一月十一日に大安寺に参詣し、三日間滞在したさいに後の結び付きの基礎ができたと指摘されてきたが[36]、それより以前に律寺になったようだ。

というのも、叡尊座像に納入された弘安三年（一二八〇）九月十日付の「授菩薩戒交名」には、大安寺の形同沙弥として「快円唯月房」ら十二名の名前が記されているからである。「授菩薩戒交名」は、叡尊から菩薩戒を授けられた弟子の名簿であることから、弘安三年九月時点で、すでに大安寺は叡尊教団系列の僧が住む寺となっていたと考えられる[37]。それゆえ、大安寺が律寺となったのは弘安三年九月以前のいつかということになる。以後、中世末まで「黒白両衆」の寺として存続していたのである。しかも、十五世紀には、白衣僧の統轄責任者である別当には、興福寺僧が独占的に任命されるようになっていたようである。

たとえば、文明十三年（一四八一）三月には興福寺の修南院僧正光憲が大安寺別当であった[38]。また、『雑事記』の文明二年（一四七〇）八月二十九日条によれば、大安寺の新しい長老として律僧の良算房が任じられている。

このように、中世大安寺は都市奈良の南西の境界に位置し、叡尊教団の律僧である黒衣僧と、官僧の中から任命された別当によって統轄される白衣僧とが共住する「黒白両衆」の寺であった。こうした中世大安寺は、とくに律僧たちによって、新しい機能をもつ寺となっていった。それは、墓所としての役割である。

一、大安寺之墓ニ参詣、金堂内陣写子（厨）以下修復見事也、珍重旨仰之、長老見参

この史料は、『雑事記』文明十二年（一四八〇）七月十一日条で、これによって、尋尊が大安寺の墓に参詣したことがわかる。また、「大安寺墓原」(39)といった表現に見られるように、大安寺には墓域が存在していた。さらに、「於大安寺御葬礼」(40)というように、大安寺では、しばしば葬礼も行なわれている。

ここでは、明応三年（一四九四）三月十六日に死去し、同月二十三日に行なわれた政覚（後智恵光院）の葬礼を取り上げてみよう。

一、御葬礼事、仰付己心寺、在所東之松原之内也、在家之南也、自兼日火屋以下用意

之、己心寺殿以後ハ此在所今度又用之、年久之間此間ハ茶薗畠等令沙汰云々、今度又開之、後五大院御葬礼ハ己心寺之内也、今度如元沙汰之、西大寺西室御引道(導)事、令中近日彼寺別受戒中也、難義之旨、被申之、種々仰遣招請了、御葬送次第、於己心寺勤在之、御輿前云々、（中略）行列次第、先尼衆・法華寺長老以下・律僧衆・御導師、次御童子二人（中略）次御大童子一人（中略）次御従僧二人（中略）次御輿（中略）次御後侍親舜（中略）次一臈法師以下御童子力者等又童子、次東門院僧正、東林院僧正、報恩院律師世間出仕者学延房法印以下住侶衆以下結縁道俗済々云々[41]（後略）

さて、史料によれば、政覚の葬式は大安寺内の塔頭己心寺が中心になって行なわれた。己心寺は、大乗院の孝覚（応安元年〈一三六八〉没）がパトロンとなって大安寺に建てた律寺である。[42]

葬礼は、まず大安寺の東の松原に火葬場を用意し、そこで政覚を火葬している。このように、大安寺は近くで火葬もなされる場であった。

さらに、先の史料に記された葬礼の行列に注目すると、法華寺ほかの律宗の尼衆と西大寺ほかの律僧たちが先頭に立ち、輿に載せられた死体の後に、興福寺関係の主だった僧侶が続いている。すなわち、その行列には律僧（尼も）が葬送の中心であったことがあらわれている。

以上のように、大安寺は墓所であるばかりか、近くで火葬が行なわれる場であり、しかも、大安寺での葬送には西大寺などの叡尊教団の律僧が協力していたことがわかる。また、後述するように、大安寺近在にはカモサカ宿という非人宿が存在していたことにも注目しておこう。

つぎに、中世都市奈良の北東に位置していた般若寺をみてみよう。

4 般若寺

般若寺は、奈良の北郊、北山奈良坂の麓に建っている。般若寺の創建に関しては諸説あるが、遅くとも奈良時代には創建されていたらしく、境内各所から奈良時代の瓦が出土している。寛平七年（八九五）ころに観賢によって中興されたというが、治承四年（一一八〇）の平重衡の南都焼き討ちによって伽藍は焼失してしまった。また、般若寺は、奈良と京都を結ぶ街道沿いにあり、かつ、奈良の北の入口であったために、平氏の軍勢を迎え撃つ軍事拠点にもなったのである。

そうした般若寺を「復興」させたのは、観良房良恵を中心とした叡尊教団であった。良恵は、般若寺「復興」を発願し、叡尊らの協力をえて、建長五年（一二五三）には十三重石塔を完成させ、その後、本堂を建立し、文永四年（一二六七）には文殊菩薩像を完成した。そして、寺観の整った般若寺を西大寺末寺とし、慈道房信空が初代長老となった(43)。

さて、叡尊は般若寺について、「南に死屍墳墓あり、亡魂を救う媒たり、北に疥癩の屋舎あり、宿罪を懺きゆる便を得る(44)」と述べている。すなわち、南に般若野の葬地があり、北には北山宿《きたやまじゅく》（奈良坂宿《ならざかじゅく》）と呼ばれた癩者の宿が近くにあった。そうして、般若寺の律僧たちは、「亡魂を救う媒たり」と表現されるように、葬送に関与していた。

しかも、後述するように、般若寺は、北山宿の非人たちの救済に従事し、彼らを信者化して、統轄する立場にあったのである。

ところで、『平家物語』巻十一、「重衡被斬」の条に「其頸をば、般若寺大鳥居のまへに釘づけにこそかけたりけれ、治承の合戦の時、ここにうたて伽藍をほろぼし給へるゆへなり」とある。捕まった平重衡が南都焼き討ちの罪で首を斬られ、その首が般若寺大鳥居の前に釘づけにされたという。この話のように、奈良坂は死刑が行なわれ、かつ、首がさらされる場、すなわち、刑場であったことにも注目しておこう。

5　律僧という機能——穢れを乗り越える論理

以上のように、白毫寺、眉間寺、大安寺、般若寺の四律寺は、中世都市奈良の境界に立地し、葬送の場であった。しかも、般若寺などのように、癩者の救済にも関与していたのである。律寺は、なにゆえに境界に建ち、それは律僧のいかなる特質と関わっていたのであろうか。ここでは、それについて考察してみよう。

そのさい、律僧と穢れ、逆に言えば興福寺などの官僧と穢れとのかかわりについて、まず考察する必要がある。なぜなら、葬送には穢れ（死穢）がともない、かつ境界領域は、そこが刑場となるように、穢れと密接な関係にある場だったからである。

まず史料をみよう。

寛円・明恩・横坊之母儀、旧冬廿七日入滅、仍両三人籠居了、五旬来十六日ニ至歟、去三日異母之姉入滅也、〈堯善母〉、其所エ横坊出入了、仍寛円之坊、又乙穢ニ成之間、三十个日分又不可叶、来月四五日比、彼三人ハ可出頭之由仰付之、五旬之内も三十个日〈葬礼日より〉、以後ハ出入雑物之取入も、自他無相違者也、好テハ無益也、出入自身も不穢、人ヲモ不穢事也、黒衣躰甲乙之沙汰ハ、服前事ハ可忌之、就黒衣躰穢否事、一切ニ不可成疑殆云々、不可有尽期事也、於神事時者、一向、寺之黒衣輩止出入ハ例也、自然用心分也

この史料は、『雑事記』文明十二年（一四八〇）二月六日条である。これによれば、以下のことがわかる。寛円、明恩、横坊兄弟の母親が文明十一年（一四七九）十二月二十七日に死去し、二月十六日には四十九日の喪があける予定であった。ところが、二月三日に異母の姉が死去し、そこに横坊が出入りして穢れが移り、さらに、横坊が寛円の坊に出入りしたために、寛円も穢れに感染してしまった（後述する乙穢《おつえ》）。その結果、再度、三人の出仕を、穢れが消える三十日間禁止し、三月四、五日頃に出仕させることにした。

なお、寛円は正式には寛円房専親といい、大乗院の房官、尋尊に仕える側近の一人で、使いとしてしばしば派遣されるような人物だった。明応七年（一四九八）十月二十三日に七十六歳で死去した[45]。

さて、ここで問題になっているのは、死穢《しえ》に関わった僧侶の出仕の件である。死穢は、穢れの一種で、死に関わる穢れである。それに触れた（触穢《しょくえ》という）人は、清浄の身に戻るまで朝廷の行事や神事に携わるのを忌んだ。『延喜式』（九二七年に完成した法）によれ

ば、忌む期間は、人の死穢の場合は三十日間であった。触穢には、死穢のみならず、出産、宍（肉）を食することに関するものなどもあったが、死穢がもっとも重大なことであった。

しかも、触穢というのは、直接死体に触れるのみならず、死体のある場に同席しても触穢となるし、そのうえ、触れた本人（甲とする）のみならず、甲のところに乙が出入りしたならば、乙および乙といっしょに住む人も穢れたとみなされる（これを乙穢という）など、伝播するものとされていた。寛円が触穢とされたのも、この穢れの伝染による。それゆえ、触穢を避けることは、朝廷の行事や神事の遂行をむねとする天皇・貴族（官人）にとって決定的に重要なことであった[46]。さらに、鎮護国家の祈禱に携わる官僧たちにとっても、同様であった。

というのも、八世紀の神仏習合以来、官僧が神前に奉仕するようになったからである。そのために、官僧たちは、穢れを避ける必要があり、死穢に触れた場合には、出仕が憚られた。先の寛円も、死穢に触れたために出仕を禁じられたのだ。

ところで、注目されることには、尋尊は、葬送を担った黒衣輩《こくえのともがら》（律僧などの遁世僧）たちが触穢状態にあるのは言うまでもなく、さらに触穢が消えることはないので、神事にさいしては、触穢を避ける用心のために、彼らの出入りを止めるべきだと記している。

このように、官僧である尋尊や、その房官たちは、死穢を避けねばならなかった。他方、律僧などの黒衣輩は、穢れに携わり、穢れた存在とみなされ、神事にさいしては出入りを止められる立場であった。

そのことは、つぎのケースからもわかる。

> 一、南円堂々童子参申、夜前神鹿一頭於壇上死了、片足無之、令中唐院退之畢、毎度如此穢物ハ申両律院、自彼方退之例也、仍今朝申送唐院了、於堂童子者穢物不綺之、神事故也、

この史料は、『雑事記』文明十七年（一四八五）五月七日条である。それによれば、昨夜（五月六日）、南円堂の壇上で鹿が一頭死に、南円堂堂童子《どうどうじ》が、処理に関して尋尊に指示を仰いだところ、尋尊は、律院の一つである唐院に命じて処置させたことがわかる。注目されるのは、こうした穢れた物の処理は、両律院、すなわち唐院と新坊とが[47]扱うことになっていたことだ。しかも、その理由として、南円堂の堂童子は神事に携わるので穢れに触れることができないということがあげられている。先述した寛円のケースと同様、興福寺の堂童子は神事に携わるがゆえに、穢れを忌避すべきと考えられていたことがわかる。

以上のように、（一）官僧たちは穢れを忌避しようとしていたこと、（二）それは神事に

携わるためだと考えられていたこと、(三)それゆえ、律僧ら黒衣僧が、穢れの処理を担当していたこと、などが明らかとなった。

律寺は、中世都市奈良の境界に建ち、律僧は葬送や非人救済などを行なった。このことと非人が穢れた存在とみなされていたことを考え合わせるならば、律寺(律僧)はいわば都市奈良の穢れ処理、当時の言葉でいえば「清目《きよめ》」を担っていたといえよう。

ところで、上述のことから、官僧たちが、穢れを忌避する理由の一つとして神事に携わることがあったことがわかるが、じつは律僧たちも、神事に携わった。たとえば、叡尊らは、蒙古襲来にさいしては、石清水八幡宮の神前で祈禱を行なった(48)。しかも、律僧たちは、神宮寺などに住んで神前での読経などを行なっていた。たとえば、大三輪神社の神宮寺の大三輪寺や宇佐八幡宮の神宮寺の大楽寺などは叡尊教団の律寺であった(49)。このように、律僧たちも、神事に関与していたのである。

それでは、一方の官僧は「神事」従事を理由に、穢れを避けようとし、他方の律僧らは穢れに関与したのはなぜであろうか。

その理由を考えるうえで、西大寺第十一代長老覚乗(50)(一二七五—一三六三)の逸話は示唆にとむ。覚乗は房名を慈淵房といい、「徳行は世に高く、通力は超人(51)」であったという。貞治二年(一三六三)正月二十六日に九十一歳で死去したことがわかっている。西大寺長老としての在任期間はわずかに七十五日間で、伊勢（三重県）の安濃津円明寺が活動の主な拠点であった。

つぎのような、覚乗の伊勢における活動を伝える興味深い史料がある。

（前略）覚乗、尊神（中略）不労数里之旅装、従円明寺始一百之日参、黙而心語曰、仰冀欲令相見大神宮本地真躰、俯乞垂昭鑑、故雖風魔雨難、一日不懈怠、到結願之日、過斎宮県、有旅人死亡者、向覚乗乞引導、不辞者道之常也、即令導師、而後到宮川畔、一老翁出来向覚乗曰、即令葬儀、汚染不無如何、覚乗云、清浄戒無汚染、然相応末世、一旦帰向寺乎、問答未了、白衣童子不知来処、忽然而出、告覚乗、詠云、マテシハシ忘テンケリ久堅ノ□□ノ塵ニ交リテノチ、又偈云（中略）自今以後従円明寺来者無汚、告畢如影滅矣(52)（後略）

これによると、彼は、叡尊の弟子（孫弟子か）の一人で、叡尊が伊勢興正寺で受けた伊勢神宮の神のお告げによって円明寺に住むことになったという（以上は〈前略〉の部分に書いてある）。ある日、彼は、神を尊ぶあまり、御神体を見たくて、円明寺から伊勢神宮へ百日間参拝する誓いをたてた。だが、結願の日になって、斎宮の料地を通り過ぎた時に旅の途中で亡くなった人に出くわした。そして、覚乗は、その死者の関係者から引導をたのまれ、葬送の導師をつとめた。その後、宮川の畔に到着したところ、一老翁が出てきて、「あなたは今、葬送を行なったではないですか。死穢に汚染されているのに、神宮に参拝しようとするのは、どういうことですか」と言った。それに対して、覚乗はつぎのように答えたという。「清浄の戒は汚染しないのです。それなのに、末世に相応して、いったん円明寺に帰れというのですか」。そうした問答が終わらないうちに、白衣の童子が、どこからともなく現われて歌を詠み、「これからは円明寺から来るものは穢れないものとする」と言って影のように消えた。

先述したように、官僧の場合には、葬送に関与したものは、神事に携わるためには三十日間謹慎する必要があった。ところが、律僧の場合は、「清浄の戒は汚染なし」という論理により、死穢を恐れず、厳しい禁忌を求められる伊勢神宮にすら参詣したのである。「清浄の戒は汚染なし」、言い換えれば、「我らは日々厳しく戒律を護持しており、それがバリアーとなってさまざまの穢れから守られているのだ」という主張こそは、死穢を乗り越える論理であったといえよう。

この一老翁と覚乗との問答は、厳しい戒律を守り続けていた律僧たちが、戒律護持と社会的な救済活動の一つである葬送従事とのはざまで、戒律を守ることをどのように考えていたかを端的に示していよう。つまり、彼らは、律僧として厳格な戒律を守った生活を行なっていたが、戒律を守ることは、社会的な救済活動を阻害するどころか、戒律が穢れから守ってくれているんだと考えていたことがわかる。そして、先に挙げた史料では、そうした主張を伊勢神宮の神も認めたことになっている。

もっとも、『発心集』(53)、『沙石集』(54)といった説話集には、神社に参詣しようとした僧侶が、参詣の途中で若い女に母親の葬送をたのまれ、葬送をひきうけた後で参詣しようとし、御神体が現われて賞賛される、という類型の説話がある。それゆえ、覚乗の話も、その一つのバリエーションともいえるが、決定的に重要な点は、覚乗個人の穢れが無とされただけではなく、「円明寺から来るもの」といった具合に、いわば叡尊教団の僧侶集団全体が穢れていないとされている点である。すなわち、叡尊教団の律僧たち全体が、「清浄の戒は汚染なし」という論理によって、穢れのタブーから自由であったことを示している点である。さらに、説話などに、そうした類型がみられることこそ、神仏習合の時代において、僧侶が葬送に従事しながら、死穢の謹慎期間を守らずに神社に参詣することがタブーであったことを逆に示すものといえよう。

この「清浄の戒は汚染なし」という論理こそは、叡尊教団が葬送に従事するなど穢れに関わる活動を行なうことを可能とするものであったと考えられる。いわば、律僧たちは、官僧たちが囚われていた死穢というタブーを乗り越え、それを操作可能なものとする画期的な論理を打ち立てていたのである。また、これは、死穢以外にも、非人救済などの穢れに関わる恐れがあると考えられた活動に、律僧たちが教団として従事してゆくための論理でもあったのである。

さらに、叡尊教団の律僧たちは、斎戒衆《さいかいしゅう》という組織をつくり、彼らに葬送、非人救済といった穢れに関わる行事の実務を専門に扱わせた。この斎戒衆というのは、俗人でありながらも、先に述べた斎戒を護持する人々であり[55]、俗人と律僧との境界的な存在で、律僧たちが、直接関与しにくい活動（たとえば、戒律で禁止されているお金に関することなど）に従事したのである。こうした組織を作ったことにも、官僧が穢れに触れるとして忌避した活動に、組織として取り組もうとした律僧たちの決意が現われている。

以上のように、中世都市奈良の境界に建つ律寺は、葬送などの穢れに従事し、都市奈良の穢れを清める機能を担っていたことがわかった。そうした律僧たちであるがゆえに、官僧たちが従事するのを憚った非人救済にも組織として取り組んだのである。

ところで、従来は、律僧の特質を、戒律復興を標榜し、「ものを本来の用途に使用する」点に見る細川涼一説がある[56]。こうした細川氏の指摘は、律僧たちが、諸寺社・橋・道路の造営・維持などの勧進に携わりえた背景を説明することはできるが、彼ら律僧はそのような活動以外にも葬送・女人救済・非人救済など多様な活動を行なったのであり、細川説では、そうした諸活動を説明できない。

それでは、律僧たちの特質は何であったのかといえば、官僧から遁世することによって、穢れ忌避などの制約から「自由」となり、さらに、厳しい戒律を護持することによって、先述のような穢れを「操作」できる論理をもったことにあると私は考える。

註

(1) 都市奈良については、永島福太郎『奈良』(吉川弘文館、一九六三)、同「東大寺七郷」(『南都仏教』四、一九五八)、稲葉伸道「中世都市奈良の成立と検断」(五味文彦編『中世を考える　都市の中世』吉川弘文館、一九九二)、安田次郎「興福寺「衆中」について——その呪術的側面」(『名古屋学院大学論集』二〇—二、一九八四)、同「奈良の南市について」(『中世をひろげる』吉川弘文館、一九九一)、同「にぎわう都市寺院——奈良の新浄土寺」(前掲『都市の中世』)、同「祭礼をめぐる負担と贈与」(『歴史学研究』六五二、一九九三)などを参照されたい。最近、興福寺に関して、泉谷康夫『興福寺』(吉川弘文館、一九九七)が出た。

(2) 『神道大系　神社編　春日』(神道大系編纂会、一九八五)二九八・二九九ページ。

(3) 『大乗院寺社雑事記』(臨川書店、一九七八)延徳四年(一四九二)六月条。『大乗院寺社雑事記』は以後『雑事記』と略記する。
(4)『雑事記』文明二年四月二十九日条。
(5)『雑事記』長禄三年八月五日条。
(6)『雑事記』文明十年六月十七日条。
(7) 奈良の叡尊教団とその配下の寺院に関しては、上田さち子「叡尊と大和の西大寺末寺」(『中世社会の成立と展開』〈吉川弘文館、一九七六〉)、細川涼一『中世の律宗寺院と民衆』(吉川弘文館、一九八七)、追塩千尋『中世の南都仏教』(吉川弘文館、一九九五)、拙著『救済の思想』(角川書店、一九九六)など参照。中世の西大寺末寺帳については、拙著『勧進と破戒の中世史』(吉川弘文館、一九九五)で翻刻しなおした。
(8) 拙著『中世都市鎌倉の風景』(吉川弘文館、一九九三)を参照。
(9) 白毫寺の歴史に関しては、『大和古寺大観　巻四　新薬師寺　白毫寺　円成寺』(岩波書店、一九七七)、上田さち子前掲論文(前註7)などが参考になる。しかし、中世都市奈良との関係では論じられていない。
(10)『雑事記』明応八年三月九日条。
(11)『雑事記』長禄三年九月二十六日条。
(12)『大和古寺大観　巻四』(前註9)一一一ページ。
(13) 同前。
(14)『円照上人行状』(東大寺図書館、一九七七)八—九ページ。

(15)『奈良県史　6　寺院』（名著出版、一九九一）などでは、良遍が白毫寺で『菩薩戒通別二受抄』の奥書を書いたのは寛元二年とする。ここでは、東大寺図書館所蔵『菩薩戒通別二受抄』一一四函二五九号第一冊により寛元元年とした。

(16) 良遍の生涯については、北畠典生「良遍の生涯」（『龍谷大学紀要』三―二、一九八二）参照。

(17)「宝治二年招来律三大部配分状」（奈良国立文化財研究所監修『西大寺叡尊伝記集成』〈法藏館、一九七七〉）三三九ページ。

(18) 拙著『鎌倉新仏教の成立』（吉川弘文館、一九八八）一九一ページなど参照。

(19)『大和古寺大観　巻四』（前註9）一一一ページ。

(20) 同、六九―七二ページ。

(21)『奈良県史　6　寺院』（前註15）の「白毫寺」の項。

(22)『奈良市史　社寺編』（吉川弘文館、一九八五）の「眉間寺」の項。

(23)『歴史地名大系　奈良県の地名』（平凡社、一九八一）五八九ページ。

(24)『雑事記』文明十二年十一月六日条など。

(25)『奈良市史　社寺編』（前註22）の「小塔院」の項。

(26) 同前書「大安寺」の項参照。

(27) 大安寺の歴史については、『奈良県史　6　寺院』（前註15）や『奈良市史　社寺編』（前註22）、『大和古寺大観　巻三　元興寺極楽坊　元興寺　大安寺　般若寺　十輪院』（岩波書店、一九七七）、上田さち子「叡尊と大和の西大寺末寺」（前註7）、『大安寺史・史料』（名著出版、一九八四）などを参照した。いずれも、古代官寺としての大安寺に関しては詳しいが、中世の大安寺に関してはさほど明らかにされていない。

(28)「嘉禄三年六月十六日付官宣旨」（『鎌倉遺文』三六二〇）。

(29)「文暦二年二月廿五日付大安寺請文」（『鎌倉遺文』四七三二）。

(30)『西大勅諡興正菩薩行実年譜　巻上』所収「建長元年四月二十六日付官宣旨」。

(31)「安貞二年五月三日付売巻」（『鎌倉遺文』三七四三）。

(32)『大和古寺大観　巻三』（前註27）六〇ページ。

(33)『雑事記』文明十四年八月十一日条。

(34) 官僧が白衣を、遁世僧が黒衣を、ひとまずユニフォームとしていたことは、拙著『鎌倉新仏教の成立』（前註18）七五ページなど参照。

(35) 西大寺については、田中稔「西大寺における「律家」と「寺僧」」（『仏教芸術』六二、一九六六）、拙著『救済の思想』（前註7）など参照。

(36) 上田さち子「叡尊と大和の西大寺末寺」（前註7）の大安寺の項。

(37) この「授菩薩戒交名」は、『西大寺叡尊伝記集成』（前註17）に翻刻されているが、間違いが多いので、翻刻しなおし、解説を付けた拙稿「西大寺叡尊像に納入された「授菩薩戒弟子交名」と「近住男女交名」」（『南都仏教』七三、一九九六、後に拙著『日本中世の禅と律』〈吉川弘文館、二〇〇三〉に採録）を参照されたい。

(38)『雑事記』文明十三年三月二十三日条。
(39)『雑事記』明応三年四月二十七日条。
(40)『雑事記』明応七年四月三日条。
(41)『雑事記』明応三年三月二十三日条。
(42)『雑事記』康正三年四月二十九日条。孝覚については、「興福寺別当次第」(『大日本仏教全書　一二四　興福寺叢書第二』〈仏書刊行会、一九一七〉)四三ページ参照。
(43)般若寺の歴史と地理などについては、『奈良県史　6　寺院』(前註15)、『奈良市史　社寺編』(前註22)、『大和古寺大観　巻三』(前註27)所収の工藤圭章「般若寺の歴史」、上田さち子「叡尊と大和の西大寺末寺」(前註7)、『古寺巡礼奈良　般若寺』(淡交社、一九七九)、細川涼一「中世大和における律宗寺院の復興」(『日本史研究』二二九、一九八一、のち『中世の律宗寺院と民衆』〈前註7〉所収)など参照。
(44)「文永六年三月二十五日付叡尊願文」(『鎌倉遺文』一〇四〇四)。
(45)寛円については、『雑事記』明応七年十月二十三日条など参照。
(46)律令貴族の穢れ禁忌などに関しては、山本幸司『穢と大祓』(平凡社、一九九二)が詳しい。
(47)唐院・新坊に関しては、前掲泉谷康夫『興福寺』(前註1)一三五ページなど参照。
(48)たとえば、叡尊は弘安四年七月晦日に石清水八幡宮で元寇退散の祈禱を行なった(「異国襲来祈禱注録」『西大寺叡尊伝記集成』〈前註37〉四〇三ページ)。

(49)「西大寺末寺帳」による。中世の「西大寺末寺帳」は、拙著『勧進と破戒の中世史』（前註7）第一部第五章で翻刻しなおし、解説を加えた。
(50)「西大寺代々長老名」（『西大寺関係史料（一）――諸縁起・衆首交名・末寺帳』〈奈良国立文化財研究所、一九六八〉）の覚乗の項。
(51)「三宝院旧記　十四」（『大日本史料』六―二四）八六八ページ。
(52)同前。
(53)『発心集』（梁瀬一雄編、古典文庫本、一九七二）三八「日吉ノ社へ詣ル僧死人取リ棄ル事」。
(54)『沙石集』巻一「神明慈悲ヲ貴給事」では、大三輪寺（中世において西大寺末寺）の常観房が、話題の主であるが、彼も律僧であることに注目したい。
(55)斎戒衆については、蓑輪顕量「叡尊教団における構成員の階層」（『宗教研究』七〇―二、一九九六）など参照。
(56)細川涼一『中世の律宗寺院と民衆』（前註7）六三ページなど参照。

第二章　中世の非人とは何か

犬神人《つるめそ》・宿《しゅく》の者・坂《さか》の者など、中世にも非人と総称される人々（以下、非人と略す）がいたことはよく知られている。最近の中世非人研究(1)は多くの研究者の注目をあつめ、身分制論や「社会史」等を論ずる手がかりとして重要視されてきている。主なものとしては、渡辺広氏(2)・横井清氏(3)・網野善彦氏(4)・黒田俊雄氏(5)・大山喬平氏(6)・脇田晴子氏(7)らの研究が挙げられる。そうした研究に導かれながら、ここでは、まず大和の非人の代表たる三党者《さんとうのもの》、すなわち、宿者《しゅくのもの》とも呼ばれた北山非人と五カ所《ごかしょ》・十座《じゅうざ》の声聞師《しょうもんじ》とを素材として論を進めてみたい。

三党者に関して、中世前・後期を通した研究は少なく、とくに彼らの統属については大山喬平氏(8)や山田洋子氏(9)のすぐれた研究があるものの、中世を通してさらに動態的に捉え直す必要があると考える。というのも、鎌倉期の声聞師（猿楽、鉢タ、キほかの雑芸に従事した人々）と興福寺との関係は必ずしも明確でないのに、中世後期の三党者の存在形態から推測して、彼らがあたかも中世を通して興福寺に統轄されたとする考えが根強いからである。

彼らの職能（職掌）に関しては、乞食《こじき》がその基本であったとする黒田俊雄説[10]と、後述する宿非人の分析から清目が基本であったとする大山氏[11]・網野氏[12]らの説とが対立している。

ところで、黒田日出男氏[13]は宿非人について考察され、宿に何らかの意味で属する非人（以後、広義の宿非人と表現する）内部に、（a）宿の長吏とその統轄下の集団（彼らがいわば非人の座の構成員である。以後、狭義の宿非人とも表現する）、（b）乞食非人、不具者、（c）癩者、という階層性の存在を明らかにされた。氏の研究によって、ここで対象とする北山非人が（a）層にあたり、（b）（c）層にあたる乞食・癩者の統轄者であったことが明らかになった。

この広義の宿非人集団内部の階層性を考える時、その三階層で階層ごとに職能が違っていたかもしれないのに、従来は、そのことを考慮に入れず、（a）層の職能が中心に論じられてきたといえる。そこで、ここでは三党者、なかでも五カ所・十座の共通性と相違点、とくに共通性に注目しながら、彼らの内部の階層性を考慮に入れつつ非人の職能を論じてみる。

そのさい注意したいのは、三党者の職能には領主からの保護・特権等の代償として果たすことを義務づけられたいわば公事として付与された職能と、領主からの要請等とは関係なく行なっていた職能の二つがあったことである。以後、とくに後者の意味で使う時には「職能」と、かぎ括弧つきで表現する。

もっとも、両者は密接に関連し区別しがたい場合もある。葬送を例にあげて述べるならば、通常葬送に従事する一方、広域的な葬送管理権等を保障・承認される代わりに公事的なものとして領主側の葬送にも従事するといった場合があったと考えられるからである。ここでは、こういう場合には、葬送は基本的には「職能」であると考える。

従来は、彼らの職能を論ずるにあたって、その差違については無視されるきらいがあったが、この差違は一応注意しておかねばならない。というのは、非人が百姓よりもより行刑役に関係していたことを否定できないけれども、百姓が交替で一種の公事として看守などに従事したからといって看守などの行刑役は彼らの「職能」であるとはいわないのに、一方、非人が通常は従事しないが、公事として行刑に従事する場合にはその行刑役は非人の「職能」であるといった議論が展開されてきたからである。[14]

さらに、近世被差別部落の形成にあたって、権力側が一向一揆等で闘って敗れた人々に行刑役等を付与したことの意義を強調する石尾芳久氏[15]の研究があるが、中世の被差別民を考えるにあたって、権力側が付与した公事的職能（後には「職能」となる場合もありうる）

と彼らの「職能」とを区別することは、権力側が付与した職能の歴史的変遷と差別との関係等について考察する前提として重要だと考える。

1　中世前期の非人（宿非人）の「職能」

中世前期の大和の声聞師については、次節で触れる統属に関する史料があるくらいで、内部構成や「職能」等を今のところ知りえない。それに対して、広義の宿非人の（a）層たる北山非人については残存史料も相対的に多く、存在形態もかなりわかってきている。[16] 彼らが興福寺（とくに一乗院）を本所とする、いわば非人座を形成し、その座衆内に長吏《ちょうり》・長吏下《ちょうりげ》座《ざ》と普通の座衆という階層があり、京都清水坂非人と十三世紀の前半に末宿統轄等をめぐって争ったこと等が明らかになっている。

また、先に述べたように、広義の宿非人内に（a）（b）（c）という三階層の存在も明らかになっている。そこで、ここでは、まず残存史料の比較的多い北山非人をとりあげ、存在形態のうちいまだ定説をみているとはいいがたい宿非人の「職能」について考察してみよう。

最近の研究では、北山非人を含めて非人一般の「職能」として清目が注目されている。

たしかに「彼者末寺清水寺一伽藍之清目歟、是者本寺最初社家々之清目（中略）本寺重役清目之非人」[17]という文言のように、北山非人や清水坂非人がそれぞれ興福寺・春日社、清水寺の清目（穢れを浄化すること）を担当していたことは間違いない。

しかし、先述したように、広義の宿非人には、重層的な階層があったのであり、階層の違いによって各々の「職能」に違いがあったかもしれない。それゆえ、その清目に関しても、（a）が担っていたことは間違いないにしても、（b）（c）層は担っていなかったかもしれないのである。このことについて直接に語ってくれる史料はないのであるが、後述するように、北山非人と共通性があり、三党者として中世後期には北山非人とともに一括される五カ所の場合は、墓穴掘りや検断（刑事的事件についての取り締まりと犯人に対する断罪）等を（a）層（とくに普通の座衆）のみが領主に対する一種の公事として勤めていることから判断して、宿非人の場合も、領主に対する清目は公事として、（a）層（とくに普通の座衆）のみが勤むべきものであったと考える。[18]

領主以外に対する清目の勤仕（たとえば葬送[19]）をも（a）層のみが行なっていたか否かはわからないが、（a）層の責任においてなすべきものであったであろうと考える。それゆえ、先述の理由から清目は（a）層の「職能」であると基本的にはいえる。

それはともかくとして、北山宿など、広義の宿非人に対して施行（施しを与えること）

されたのは、食料とひがさ、莚（むしろ）といった、まさに乞食非人として生活するのに必要な道具類であって、清目に必要な道具ではなかったことは、広義の宿非人の基本的な「職能」は清目ではなく乞食であったことを推測させる。とすれば、「本寺重役清目之非人」という文言からただちに清目を広義の宿非人の基本的「職能」とすることはできない。

ようするに、清目は（a）層の「職能」（少なくともその責任において担うべきもの）であり、乞食は（b）（c）層の基本的な「職能」であったと考える。もっとも、（a）層は（b）（c）層の統轄（それにともなって乞庭や宿の管理も行なった）を行なっており、それこそが（a）層の日常的な役割であり清目よりも基本的な「職能」であったと考えられる。それこのように広義の宿非人には階層ごとに「職能」が違っていたと考えられ、数量的には乞食を「職能」とする（b）（c）層が多く、また、（a）層の基本的な「職能」として乞食の統轄があったのであり、乞食こそが彼らの基本的な「職能」であったといえよう。

2　中世後期の非人の構成と職能

つぎに史料の多い五カ所・十座、とくに五カ所の声聞師について述べてみたい。最初に主に先行研究[21]によって明らかにされてきたことを概観してみよう。奈良中の声聞師は北里《きたさと》

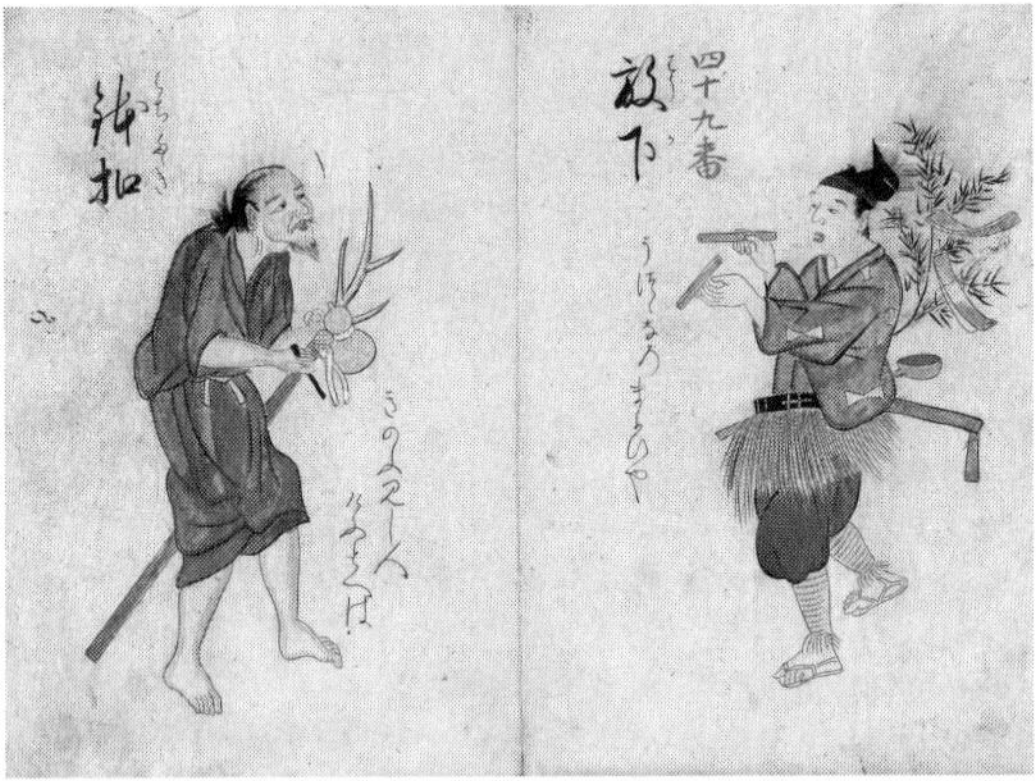

放下（右）**と鉢扣**（左）

（『職人尽歌合』［2］、写、国立国会図書館デジタルコレクション）

（三条大路より以北）の十座と南里《みなみさと》（同以南）の五カ所とに分かれて、ともに大乗院門跡に（十座は寺門にも）所属していた。彼らはともに声聞道にたずさわり、「横行両座五カ所十座共以召出了」[22]というように、横行《おうこう》とも呼ばれ座を形成していた。五カ所は南里の七道者《しちどうのもの》（猿楽、アルキ白拍子、アルキ御子、金タヽキ、鉢タヽキ、アルキ横行、猿飼）を、十座は北里と国中のそれを分割統轄し、また、十座は奈良のみではなく、大和国内数十カ所の声聞師の座頭でもあった。

五カ所の声聞師はもともと木辻子、西坂、京終、貝塚、鳩垣内を本拠地としていたが、文明頃から高御門、瓦堂、鉾大明神へ移住し、公事に従わない者もでてきていた。他方、十座は、芝辻子と河上の二カ所が本拠地であり、中ツ道より東の声聞師を河上の声聞師が、それより西を芝辻子の声聞師が統轄していた。また、五カ所は、七道者の他に南里の乞食をも統轄していた。ここではとくに、五カ所、十座が大和の声聞師の代表者であるのみならず、七道者、乞食の統轄者であることに注目しておきたい。つぎに彼らの内部組織について考えてみよう。

森末義彰氏は、[23]（1）彼らの内部組織として、興福寺の門跡に対する公事を免除されたヲトナ（六人）・シキジ（一人）と公事を負担する普通の座衆（人数不明）が存在したこと、（2）シキジは身分的には普通の座衆と同じらしいこと、（3）ヲトナの一人は大工《だいく》として「座衆の出所進退を統制していた」らしいこと、（4）ヲトナの一人は沙汰者《さたのもの》ともよばれ「統制下にある者に領主の命を伝へ、或は人夫役の催進等の事に当って居た」らしいことなどを指摘されている。以上のことから、氏は、声聞師座は大工・ヲトナ・シキジ・普通の座衆から構成されていたとされる。

（1）と（2）については氏の説を支持したいが、これらより、五カ所、十座にはヲトナと普通の座衆という基本的な二階層があったことがわかる。

（3）と（4）については、大工と沙汰者との関係が不明確だという疑問がおこるのであるが、大工とは座内の身分階層を示すものではなく、工事（行事）ごとに編成された労働組織の責任者を意味している[24]のであり、森末氏が重視されていない（4）の沙汰者こそが座内の身分階層の一つとして注目さるべきであり、沙汰者が工事等にさいして大工となる場合があったと考えるべきであろう。沙汰者の役割についてはつぎの史料が参考となる。

一、昨日五ケ所法師原人夫事、下知を加えるの処、進めざるの間、今日、使を付け了、而、ヲトナ法師共、参申し、色々歎申の間、只今の沙汰者においては、早く追失すべし、家内においては、放火せしむべし、向後の人夫の事、ヲトナ法師共に仰を懸くる旨、下知を加え了(25)(後略)

これによると、五カ所の人夫役不沙汰(人夫役を果たさないこと)に対して、大乗院門跡経覚は詫言を申しに来たヲトナに、「只今の沙汰者」(現在の沙汰者)の追放、彼の家屋の放火、これからの人夫役の催促はヲトナ共に命じることを下知している。人夫役の催促がヲトナ共に任されることになったのは、「只今の沙汰者」が追放されていなくなるからであって、このことから逆に沙汰者が門跡の命をうけて人夫役の催促にあたっていたことがわかる。この沙汰者は「十座法師人別十文沙汰者十文(26)」という史料のごとく、十座にもいたことは間違いない。以上によって、五カ所・十座の内部に沙汰者・ヲトナ・シキジ・普通の座衆という階層があることが明らかとなった。

ところで、北山非人には長吏・長吏下座・普通の座衆（普通の座衆内の細かな区分は未詳）という階層があったことが知られ、とくに長吏下座は長吏とともに支配層であった。このことと、五カ所・十座の沙汰者やヲトナが支配層で、また、シキジがヲトナ層というより普通の座衆の特殊的な存在と考えられていたらしいことを考え合わせるならば、五カ所・十座もほぼ北山非人と同じような構成をしていたと考えられる。

とすれば、沙汰者から普通の座衆までの階層は、先に触れた広義の宿非人の場合の（a）層にあたると考えられる。では、（b）（c）層にあたる人々はいたのかというと、広義の宿非人の（c）層たる癩者は別として、彼らの支配下にあった七道者や乞食がまず（b）層にあたると考えられよう。そこで七道者や乞食について少し触れてみよう。

七道者とは、猿楽・アルキ白拍子・アルキ御子・金タヽキ・鉢タヽキ・アルキ横行・猿飼であった。まず注目されるのはアルキ横行である。先述したように、五カ所・十座は「横行両座」といわれていたのであるから、彼らとアルキ横行との違いは、アルキとわざわざ形容されていることから判断してその遍歴性にあったと考える。とすれば、アルキ横行とは五カ所・十座の座衆でない遍歴の声聞師をさしていると考える。アルキ白拍子も、「唱聞之沙汰」せる久世舞が白拍子から派生[27]したことを考えれば、座衆でない遍歴の声聞師をさすと考えられる。アルキ御子も、巫子が占い等を事とし、それは「唱聞之沙汰」す

猿曳

（伴信友『職人歌合画本』［４］、写、国立国会図書館デジタルコレクション）

る陰陽師と同様のものと考えられるので、座衆ではない遍歴の声聞師と考えられる。金タヽキや鉢タヽキも「唱聞之沙汰」する金口[28]と同様のものであったと考えられ、これらも座衆でない遍歴の声聞師であったと考えられる。とすれば、少なくとも七道者の大部分は五カ所・十座の座衆でない遍歴の声聞師であったといえよう。

ところで、従来、声聞師と癩者との関係についてさほどスポットがあてられていないが、その関係を知る上で注目すべきものとして、説経節「しんとく丸」において、癩者となったしんとく丸を、その許嫁の乙姫がアルキ巫子[29]となって背負って乞食をする話がある。

この話は、当時、アルキ巫子という七道者が癩者を背負って乞場へ連れてゆき、乞食をするといった光景がよく見られ、それゆえに説経節の中に取り入れられたものと私は考える。とすれば、遍歴の声聞師は、こうした意味で癩者とも密接な関係にあり、また、乞食的な存在として考えられていたといえよう。(30) それゆえ、七道者の統轄者たる五カ所配下の南里の乞食の中に癩者がいたことは大いに考えられ、乞食（(b)層）はもちろん癩者（(c)層）という階層の存在も考えられる。

以上、五カ所・十座に何らかの意味で属する（座衆であったり、座衆ではないがその支配下にあるといった）人々の中に、北山非人と同様の（a）（b）（c）という階層が存在していた（ただし（c）層については推測）こと、五カ所・十座が乞食的存在（七道者）や乞食・癩者の支配者であったと考えられること等を述べた。すなわち、五カ所・十座の構造は北山非人ときわめて共通していると考えられるので、本所との関係、たとえば公事の勤仕のあり方等については五カ所・十座の分析から北山非人について類推することができよう。つぎに、五カ所・十座の「職能」について考えてみよう。

従来の研究、たとえば山田洋子氏の研究によれば、三党者の社会的機能として興福寺の検断権行使のさいに手先として使われたこと（刑吏であったこと）が強調されている。(31) しかし、このことは、興福寺側が彼らに付与した公事的なものであったことに注意しなければならない。つぎの史料をみてみよう。

（前略）予の返事に云く、五个所の事は、衆中さらにもて召仕べからざる在所なり、その子細、以前の事は略し了、然れば、公人また地下に入れるべからず、入れざるうへは、また公事は何事によりて有べけんや、（中略）十座の法師原は、寺門と門跡と召仕ふ、よつて仕丁方へ公事を沙汰すと云々、五个所においては、さらにもつて寺門向に召仕べきこと事なし、（中略）先年筒井検断の時分、五个所事あるいは検断せしめ或人夫を召仕ふの間、沙汰衆の水坊住宅を破却せられ了、去年又五人の検断より人夫の事申し懸くる間、叶ふべからざるの由、院家として仰す(32)（後略）

これは、康正三年（一四五七）七月、五カ所に対して七月七日から十五日まで公事（興福寺の下級の職員といえる仕丁《じちょう》の方に勤める）が懸けられんとしたさいの大乗院門跡尋尊の考えを伝えている。これによれば、五カ所が検断に動員されるのは、それが公事や人夫役の一種であったからであったことが明らかであろう。さらにつぎの史料をみてみよう。

鹿守幷召人守事、本七郷者役也、今日為講衆下知、両門跡御童子、力者、遁世者如地

下人可沙汰旨云々、此事去明応三年為講衆下知申付之間、自昔代無先例旨堅披露之間
聞開了、仍得其意旨下﨟分書状返事在之間出之処、御披露雖勿論、為新儀沙汰可落旨
申、以外事也、可然様令披露者可目出之旨、仰遣明舜律師方了、今市方ニ仰付之、下
﨟分書状承仕持来[33]

これによれば、講衆が、本来は七郷者（百姓・凡下身分）の勤めであり、両門跡の御童子・力者・遁世者は免除されていた「鹿守幷召人守」の役を門跡の御童子以下にかけようとし、尋尊がそれに反対していることがわかる。結局、講衆のこの企ては失敗するのであるが[34]、このことから、召人守《めしうどもり》（＝看守）については七郷者が勤めるべき役であったことがわかる。さらに、山田氏は『雑事記』文明十八年（一四八六）四月二十五日条の記事から、「金堂堂童子である友清仕丁と七郷番者は籠守であった[35]」ことを明らかにされているが、その「七郷番者」とは郷民が輪番で看守役にあたっていたことを示していよう。

とすれば、看守役についていえば、郷民が輪番で勤めるべきものであったことは明らかであり、少なくとも十五世紀の三党者と刑吏とをあまりに結びつけて考えることは彼らの実態をゆがめてとらえることになるのである。それゆえ、「召人守」役が郷民の役から非人の役になる過程の追求が重要であろうが、ここでは触れない。

また、五カ所、十座の声聞師は検断の手先以外にもさまざまな人夫役に公事的なものとして従事しているのであり、その中に「寺門四面之大掃除」[36]や墓穴掘り等があったのは注目されるが、それらが五カ所、十座の「職能」[37]ではなく、興福寺側が付与した公事的なものであったことは注意すべきである。[38]

それでは、五カ所、十座の「職能」は何かというと、先述したように、彼らは声聞道に従事していたのであり、それは「一切唱聞之沙汰条々、陰陽師、金口、暦星宮、久世舞、盆、彼岸経、毘沙門経等芸能、七道物自専事」[39]である。要するに、陰陽師以下の雑芸能と七道者の支配とを行なっていたのである。そして、五カ所については南里の乞食支配をそれに付け加えることができる。彼らはこうした「職能」に対して、興福寺から保護・特権を受けたがゆえに、先に述べたような公事を勤めたのであろう。

さて、その公事勤仕のあり方に関して注意しておかねばならないことがある。次の史料をみてみよう。

今度城構土公事ニ三党者共自衆中召仕之、古市沙汰也、其後至近日古市へ陣夫ニ召仕之間、五个所唱門事ハ各別儀也、不可然、殊更近日ハ八人分奉公仕者也、此分可閣之由問答了、名字ヲ可被注下、幷ヲトナ共可被召下之由申入之間、一紙遣古市代官北野山方ニ遣之了、則徳丸ニ申付云々。

五个所人夫事

中尾分

五郎　兵衛太郎　兵衛次郎　三郎四郎

以下四人公事足

六郎次郎　彦二郎

以上二人ハヲトナ、公事セス

木辻西坂分

徳善　次郎五郎　福善　次郎　孫六

以上五人、此内一人ハシキシ、公事足四人

心覚　小次郎　八郎次郎

以上三人ヲトナ、公事セス

合公事足八人(40)

この後半部分は、五カ所が、つい最近古市の陣夫に召し使われたばかりなのに、またこの度の「城構土公事」に使われようとしたため、近日に陣夫を勤めたことを理由に免除を求め、そのさい古市側に提出された免除されるべき五カ所の名簿の覚え書である。

これによれば、先述したように、五カ所内の内部構成がわかるのであるが、さらに、公事は五カ所の（a）層（とくに普通座衆）にあたる者がその責任において勤めていることがわかる。このことは、五カ所の五人が文正二年（一四六七）二月頃、京上人夫にさいして「相楽辺より引き返」すという事件をおこし、その後、丼舜の上洛にさいしてはその五人の「次座之躰」（＝次座の座衆）が公事を勤仕していることなどからも傍証されよう。[41]このことは、北山非人と五カ所（十座）の類似性を考えるとき、先述の北山非人と清目との関係を理解する上で大きな示唆を与えるものであろう。

さらに、もう一つ注意しておきたいのは、五カ所、十座も公事として「寺門四面之大掃除」といった清目にも従事していたとはいえ、斃死した鹿等の死体処理は北山非人の方が担当し、北山非人の方が穢れにより深く関与していたのではないかと推測されることである。というのも、中世後期において、声聞師が斃死した鹿等の死体処理に関与した事例を知らないが、一方、北山非人は後述のように、中世前期と同じく従事しているからである。

中世後期の北山非人に関しては残存史料が少なくほとんどわからないが、つぎに彼らの内部構成や「職能」等について述べてみよう。[42]

中世前期の彼らには国名等を名乗る長吏・長吏下座と、普通の座衆という階層が存在したが、中世後期においても、公事不沙汰をして追われた十座のヰツカキ太郎なる者が北山宿の越前という者の所に寄宿していることから判断して、中世前期と同じような構成をとっていたらしい。(43)

中世前期の彼らの「職能」として乞食・癩者の支配があったが、中世後期においてもそうである。もっとも、南里の乞食支配権は失ってはいたにしてもである。また、清目に関しては、応永二十四年(一四一七)五月十六日においても北山非人が鹿の死体処理にあたっていたことが明らかにされている。(44)それ以後においてもつぎのような史料がある。

講衆発起云々、鹿ノ沙汰ナリ云々、於高山テ皮ヲ宿者ハキテ、鳥居ノ前ニホスト云々(45)

これによれば、講衆が神聖な鳥居の前に鹿皮をほした北山非人を逮捕していることがわかるが、彼が逮捕されたのは鹿を殺したからではなくて神聖な鳥居に不浄の物であるとされていた鹿皮をほしたからであろう。とすれば、この史料は、北山非人が皮革業に従事していたことを想定させるが、その前提として中世前期以来の斃死した鹿等の処理権の存在があげられよう。彼らは中世後期においても斃牛馬(鹿)処理等に携わっていたのである。

彼らの公事的役割としては、五カ所・十座と同じく検断の手先として使われたり、城人夫に動員されたりすることがあげられる(46)。

以上、中世後期の三党者について内部構成や「職能」について明らかにした。以上の分析を通して、三党者は内部構成上大変よく似ており、乞食・癩者の統轄者であることなどが明らかとなった。

さらに、清目にともに従事しているが、五カ所、十座は公事として従事させられているのに対し（北山非人も本所に対しては公事としてであるが）、北山非人は斃牛馬処理等には「職能」として従事していたらしい。このように、穢れとの関わりに関して、五カ所と十座は、北山非人よりも相対的に離れた存在であったといえよう。

註

（1）藤野豊編『歴史の中の「癩者」』（ゆるみ出版、一九九六）で最近の研究が一覧できる。
（2）渡辺広『未解放部落の史的研究』（吉川弘文館、一九六三）。
（3）横井清『中世民衆の生活文化』（東京大学出版会、一九七五）。
（4）網野善彦「非人に関する一史料」（『年報中世史研究』創刊号〈中世史研究会編、一九七六〉、のち網野『中世の非人と遊女』〈明石書店、一九九四〉所収）。
（5）黒田俊雄「中世の身分制と卑賤観念」（『日本中世の国家と宗教』〈岩波書店、一九七五〉）。

（6）大山喬平「中世の身分制と国家」（岩波講座『日本歴史8　中世4』、一九七六、のち大山『日本中世農村史の研究』〈岩波書店、一九七八〉に所収）、同「奈良坂・清水坂両宿非人抗争雑考」（『日本史研究』一六九、一九七六、のち大山『日本中世農村史の研究』所収）。

（7）脇田晴子「散所論」（『部落史の研究』〈部落問題研究所、一九七八〉）、丹生谷哲一『検非違使——中世のけがれと権力』（平凡社、一九八六）、同『日本中世の身分と社会』（塙書房、一九九三）など。

（8）大山喬平前掲論文「中世の身分制と国家」（前註6）。

（9）山田洋子「中世大和の非人についての考察」（『年報中世史研究』四、一九七九）。

（10）黒田俊雄「中世の身分制と卑賤観念」（前註5）。

（11）大山喬平前掲論文（前註6）他。

（12）網野善彦「中世身分の一考察——中世前期の非人を中心に」（『歴史と地理』二八九、一九七九、のち網野『中世の非人と遊女』〈前註4〉所収）他。

（13）黒田日出男「史料としての絵巻物と中世身分制」（『歴史評論』三八二、一九八二、のち黒田『境界の中世・象徴の中世』〈東京大学出版会、一九八六〉に所収）。

（14）このことについては「2　中世後期の非人の構成と職能」を参照。

（15）石尾芳久『被差別部落起源論増補版』（木鐸社、一九七八）、同『民衆運動からみた中世の非人』（三一書房、一九八一）。

（16）網野善彦「非人に関する一史料」（前註4）、大山喬平「奈良坂・清水坂両宿非人抗争雑考」（前註6）、拙稿「中世非人に関する一考察」（『史学雑誌』八九―二、一九八〇）、同「天皇支配権と中世非人支配」（『日本歴史』三九四、一九八一）他参照。

(17) 神宮文庫所蔵「奈良坂非人陳状案」『部落史に関する綜合的研究史料編』四（部落問題研究所編、一九六五、以後、『綜合的研究』四と略す）九四ページ。

(18) 「中臣祐賢記」（『綜合的研究』四、一四七ページ）文永二年十月廿五日条等にでてくる死体処理に従事した非人は、本所に対する清目の勤仕であるから、（a）層であろうと推測する。

(19) 清水坂非人の場合であるが、宿非人が「諸人葬送」に従事していたことは大山喬平前掲論文「奈良坂・清水坂両宿非人抗争雑考」（前註6）四〇ページ等参照。

(20) 黒田日出男「史料としての絵巻物と中世身分制」（黒田前掲書〈前註13〉）一五六ページ。

(21) 声聞師について、今まで触れえなかった主な研究として、喜田貞吉「声聞師考」「大和における唱門師の研究」（『喜田貞吉著作集10　部落問題と社会史』、一九八二）、森末義彰「中世寺院内に於ける声聞師の研究」（『中世の社寺と芸術』〈目黒書店、一九五〇〉）、盛田嘉徳『中世賤民と雑芸能の研究』（雄山閣、一九七三）、難波田徹「中世後期声聞師の一形態」（『風俗』六―四、一九六七）他がある。

(22) 『経覚私要鈔』二（続群書類従完成会、一九七七）二三一ページ、宝徳三年二月十三日条。

(23) 森末義彰前掲論文（前註21）。

(24) 大河直躬『番匠』（法政大学出版局、一九七一）一一五ページ等参照。

(25)『経覚私要鈔』四（前註22）一八六ページ、長禄四年正月二十二日条。
(26)『三箇院家抄』一（続群書類従完成会、一九八一）五三ページ。
(27)『日本国語大辞典』（小学館、一九八〇）の「久世舞」の項を参照。
(28)金口については盛田嘉徳前掲書（前註21）に詳しい。
(29)岩崎武夫『さんせう太夫考』（平凡社、一九七三）第二章参照。
(30)『ロドリゲス・日本大文典』によれば、七乞食のうちに七道者の猿楽や鉢叩きがあげられている（黒田俊雄前掲書〈前註5〉四〇二ページ）。
(31)山田洋子前掲論文（前註9）四九ページ等参照。
(32)『雑事記』康正三年七月十三日条。
(33)『雑事記』明応七年五月十三日条。
(34)『雑事記』明応七年五月二十五日条等参照。
(35)山田洋子前掲論文（前註9）五五ページ。
(36)『雑事記』文明八年五月二十二日条等参照。
(37)『雑事記』文明十年六月五日条。
(38)『雑事記』文明三年八月晦日条。
(39)『雑事記』文明九年五月十三日条。
(40)『雑事記』文明十一年十月十一日条。
(41)『雑事記』文正二年二月六日条。

(42) 大山喬平前掲論文「奈良坂・清水坂両宿非人抗争雑考」(前註6)参照。彼らの名乗る国名は単なる出身地を示すと考えるよりも、本所から与えられる何らかの地位とそれにともなう権限を示しているのではないかと考えるが、今のところ確たることは述べ難い。
(43)『雑事記』寛正四年十二月二十八日条。
(44) 山田洋子前掲論文(前註9)五二ページ。
(45)『雑事記』康正三年九月十二日条。
(46) 山田洋子前掲論文(前註9)四九ページ。

第三章　非人統轄——非人はどのように管理されたか

1　非人の統轄

従来、大和の非人たちは、北山非人の統轄下にあって、それが鎌倉後期以来、北山非人の統轄から離脱し自立を遂げようとしていったとされる。しかし、後述するように、北山非人の大和の宿非人統轄すら、すべての非人宿を統轄するといった貫徹的なものではなかったし、鎌倉期の声聞師等と北山非人との関係もほとんど明確でない。それゆえ、北山非人と声聞師、廟聖《はかひじり》、河原者等との関係について、私なりの見通しを述べてみたい。まず先に紹介した北山非人が大和のすべての非人を統轄していたとする説の論拠である二つの史料を検討してみよう。

（一）年預所下　黒田庄沙汰人百姓等所

可早任下知旨、令存知諸国諸庄宿々非人等不入立庄内永〇《可停止》乞場子細事

右子細者、去月之比河上之横行与北山非人闘乱事、兼日有其沙汰、両方可属静謐之由、重々被加炳誡之上、彼河上横行之住所者、為東南院家御領之間、縦雖及合戦闘乱不可構城槨可引退家内之由、依被仰下横行等任御下知旨、令退出住宅之処、北山非人等不拘寺門之制法、匪啻招故戦之咎、乱入横行退散之□（次）、数宇之住宅悉焼払之条、狼藉之至、先代未聞之珍事也[1]（後略）

〔東大寺年預所から黒田荘の沙汰人と百姓らの所へ命令を下す

早く、命令の旨に従って諸国諸荘に存知せしめるべき、宿々非人らを荘内に立ち入らせず永く乞場を止めるべきこと

右の子細は、去月のころ、河上の横行と北山非人の闘争の事に関して、日頃命令が出され、両方ともに争いを止めるように度々誡める命令が出された。彼の河上の横行の住所は東南院家の御領であるので、たとえ合戦乱闘に及んだとしても、城槨を構え家内に引き退いてはならないという命令が出された。横行たちは、命令に任せて住宅を退出したところ、北山非人たちは寺の規定に違反して、合戦を仕掛けるのみならず、横行が退出しようとする時に乱入して、数宇の住宅を焼き払った。それは狼藉の至り

であり、前代未聞の珍事である〕

(二) 官符衆徒沙汰衆判

寺辺国中之廟聖等、去比為宿懸催臨時之課役之間、無先規上、今度始而如此及沙汰之条、不便之由、官符衆徒歎申入之間、於臨時非分之課役者、云宿自何方雖有申子細、曾以不可令承引、万一背下知之旨及違乱者、為衆中可及厳密之沙汰之由、既被成御下知者也、而爰所為宿訴申子細者、廟聖臨時非分之課役之事者、已為衆中御免除之上者、不及力次第候、有限野辺之清浄等者、為廟聖沙汰条、先規無紛事候上者、任先規可為宿進退之由再三歎申、尤以宿者訴申処有其謂上者、有限於清浄事者、宿者可為進退之上、廟聖等雖有掠申子細、不可有承引、若万一廟聖有申子細者、可申入沙汰衆辺、其時可被及厳密之御成敗之、官符衆徒御評定如斯、仍執達如件

応永五年寅戊六月八日　権専当宗禅

松本宿長吏

追而下知

官符衆徒沙汰衆(判脱カ)

寺辺国中声聞者幷河原之者、廟聖以下非人令宿者随順、厳自他争論之儀不可有之、

時々致強剛之闘争事、為国内忩々之基条、被加厳制所也、末代此旨不可令勿緒、仍御下知所也

判(2)

〔寺辺国中の廟聖らが、先だって宿の者から臨時の課役をかけられたので、先例がないうえ、この度初めてこうした行為に及ばれるのは都合が悪いと官符衆徒に歎き申してきた。そこで、臨時無理の課役は、宿の者であれ何者から文句を言ってこようと、決して承引してはならない。万一、この命令に背くものがあれば衆中として厳正な処置を行なうという命令がすでに出された。しかるに、宿の者が訴え申すことは、廟聖らに対する臨時無理の課役は、すでに衆中から免除されたので仕方がないが、重要な野辺の清浄に関しては、廟聖らが行なうべきことは先例として紛れもないことであり、それゆえ(野辺の清浄は)先例に従って宿の者の命令の下にあると、再々歎き申してきた。宿の者の申すことは、もっともなことであり、重要な野辺の清浄に関しては、宿の者の支配下にあるので、廟聖らが非法なことを言ってきても承知してはいけない。

(追而書《おって がき》の部分の大意)

寺辺・国中の声聞師、河原者、廟聖以下の非人たちは、宿者に従い、厳密に自他の争いをしてはならない。時々激しい争いをするのは、国内の争いの基であり、厳格に禁

止するところである」

このうち、(一)は、元亨四年(一三二四)八月某日付東大寺年預所下知状案の一部である。これから、東大寺に属する河上横行《かわかみのおうこう》と北山非人とが争っていることがわかる。従来、この事件については「七道者(芸能者)として、一般の非人から分化をとげつつあった河上横行が、東大寺に依存しつつ、本宿たる北山非人の統轄から離脱し、自立をとげようとしたために惹起された紛争であった」[3]と推定されている。しかし、この事件は、東大寺に所属して、北山非人とは別個に存在していた河上の横行(後に興福寺と結んで十座という声聞師座の一主体となる)に対して北山非人がそれを統轄下に入れんとしたためにおこった事件ともとれる。(二)は、応永五年(一三九八)六月八日付で興福寺の官符衆徒沙汰衆が発給した文書である。[4]この追而書《おってがき》から、従来、もとは北山非人統轄下にあった非人集団内部に社会的分業の発展にともなって、南北朝期前後から声聞師、河原者、廟聖《はかひじり》等が分化自立し、北山非人の統轄から離脱せんとしていたとされる。はたしてそうであろうか。

たしかに、この史料によれば、大和国の「声聞者幷河原之者、廟聖以下非人」が応永五年六月においては北山非人の統轄下にあったことがわかり、しかも、独立しようとして「時々致強剛之闘争」(時々激しい争い)をしていたことがわかる。しかしながら、この史料の内容は、先述の横行と北山非人との争いにみられるように、鎌倉末期になって、北山非人の攻勢によって声聞師等、多くの非人集団が北山非人の統轄下にいったんは入った[5]ものの、それらが南北朝期の動乱の中で、興福寺の寺内勢力の分裂等を利用しながら、北山非人から独立しようとしていったともとれるのである。とすれば、従来の説は必ずしも正しいとはいえず別の解釈もなりたつ。

私はつぎのように考える。中世前期の大和の非人の存在形態は、鎌倉中・後期までは北山非人が大和のすべての非人を統轄していたのではなく、声聞師等は北山非人とは独自に東大寺等と結んで集団を形成しつつあった。しかし、鎌倉末期になると北山非人の攻勢によってそれ以前には統轄下に入っていなかった多くの非人、とくに声聞師もいったんは統轄下に入った。けれども、南北朝動乱の過程の間で、声聞師たちは、大乗院と結んで北山非人から独立して[6]、五カ所・十座という座を形成し北山非人とあわせて三党者とよばれるようになった。

さて、ここで注目すべきことに、鎌倉後・末期における叡尊教団による非人の組織化がある。というのも、前出の史料（一）の事件のように、鎌倉末期になって何故に河上横行までをも北山非人が統轄下におこうとしたのかという理由がよくわかるからである。後述するように叡尊教団は日本全国の非人の「救済」をめざしていた[7]。そして、叡尊教団が、声聞師・廟聖・河原者・宿の者といった種々の呼ばれ方をされ各々別個に集団を形成しつつあった人々を、非人という範疇で一括し、非人「救済」の対象としたために[8]、そうした人々の間での統轄、統合がいっそう促進されたと考える。それゆえにこそ、鎌倉末期において、非人集団内の一方の雄たらんとしていた河上横行と北山非人との熾烈な争いがおこったのである。このように、叡尊教団による非人の統轄と組織化は、大和（おそらくは京都や鎌倉においても）における非人集団内部の統合と組織化をすすめる触媒の役割をはたした。叡尊教団の非人救済については後で触れる。

2　中世非人統轄の特質

中世非人研究（ことに非人統轄に関する研究）の動向を考えてみると、そこに一つの大きな流れが見出される。すなわち、網野善彦氏[9]をはじめとする非人と天皇支配権との関係を強調せんとする動きであり、いまや通説的位置を占めつつある。網野氏は非人を非農業民の一つとして位置づけ、非農業民に対する天皇支配権と農業民に対する天皇支配権とは異質なもので前者は後者よりも強かったとする。

しかし、日本中世のように古代天皇制律令国家を歴史的前提とする場合には、農業民・

非農業民とともに、本来天皇支配権に属しており、かつ非農業民と農業民とに対する天皇支配権は本来同質であり、その違いは課役の内容や徴収のあり方の相違であって、ことさら非人を含めた非農業民のみに対する天皇支配権の独自性と強さとを強調するのは一面的な議論の感を免れない。

にもかかわらず、非農業民の一つである非人に関して、天皇支配権が強調されるのは、一つには従来日本における賤民の基本的形態としてされてきた散所《さんじょ》（後述）が、森末義彰氏の研究以来、検非違使《けびいし》庁の支配下にあったと考えられてきたからであり(10)、いま一つには、最近中世賤民の基本とされるようになった非人、とくに宿の者が、大和においてはすべて守護である興福寺の統轄下にあると考えられてきたからである(11)。私はこうした通説に理論的にも実証的にも疑問をいだいている。ゆえに、まず検非違使による散所統轄、つぎに興福寺による宿の者統轄について考察し、先の課題解決にアプローチしてみたい。

検非違使と散所法師

散所とは、略して散所と呼ばれた散所法師《さんじょほっし》・散所非人のことで、金鼓打ち、占いなどの雑芸能に従事した声聞師を中心に、乞食・癩者を底辺に包む集団が集住したものである。散所については林屋辰三郎氏(12)をはじめとする多くの論考があるが、ここでは散所統轄を論

ずることに主眼を置くこととし、散所統轄に関する論考のみをとりあげる。(13)

さて、散所統轄については、森末氏、脇田晴子氏、網野氏等のすぐれた研究がある。(14)森末氏は、散所は権門寺社によって個別的に統轄されていたと考えておられ、東寺散所の例から検非違使庁とその機能を吸収したとされる侍所による散所統轄を実証された。すなわち氏は、(a)文保二年(一三一八)に院散所《いんさんじょ》(院所属の散所)が東寺に条件つきで寄進されたこと、(b)その条件とは、散所の使役については東寺に任せるが、その身柄については検非違使の管轄下におくということであったこと、(c)彼らは散所長者《さんじょちょうじゃ》(散所の長)に統率されていたこと、(d)室町期になると侍所が検非違使の機能を吸収して散所を使ったこと、等を明らかにされた。

脇田氏は、森末説を大筋として認めつつも文保二年に東寺に寄進されたのは院散所ではなく、もともと検非違使管轄下のものであったとされる。網野氏は、この脇田説を京都の散所一般に適用され、散所は権門寺社に属しつつも検非違使の配下にあるという両属関係を考えておられる。

このように、従来の研究は、散所が検非違使と東寺とに両属していること(網野氏はそれを一般化しておられる)については共通し、森末氏、脇田氏は東寺の散所統轄と検非違使の散所統轄との質的相違については必ずしも明確に論じておられず、網野氏は両者を私のいう座的統轄(15)としてとらえ、質的に同じものとして考えておられる。

さて、森末氏らが、散所が検非違使の統轄下にあったとされる論拠は史料（一）（二）である。

（一）「章房　散所法師事」

散所法師不相従長者輩等事、重綸旨副交名注文如此、子細見状候歟、来十日以前不相従者、悉可有誡沙汰之由、可有御下知之旨、可被申東寺長者僧正御房候歟、以此旨可令披露給、章房誠恐謹言

五月四日　　左衛門大尉章房

進上　源蔵人殿(16)

〔散所法師のうち、散所長者の命令に従わない輩のこと。重ねて綸旨《りんじ》（名簿も副える）はこの通りである。子細は状に見える。来る十日以前に従わなければ、悉く誡の沙汰がなされる旨を、東寺の方から命令されるように、東寺長者に申さるべきである。この旨を御披露ください〕

（二）「大理　散所間事」

散所法師事、官人章房状副綸旨案具書如此、以此旨悉可有御下知候歟、仍執達如件

五月六日　右衛門督光経

民部卿法印御房[17]

史料（一）（二）は、それらだけでは意味がよくわからないが、散所法師のうち、散所長者の命令に従わない輩が訴えられていることがわかる。史料（一）（二）の中原章房・九条光経は各々検非違使の尉・別当であり、（一）（二）はたしかに散所の使役に関して命令を下している。このことなどから、検非違使によって散所が統轄されたと論ぜられてきたのである。

従来、ともすれば検非違使の警察機関としての側面が強調されがちであったが、検非違使が畿内周辺における事案（刑事のみならず民事事件も）を扱う裁判機関でもあったことはいうまでもないことである。[18]しかしながら、検非違使の裁判にさいして発給された文書等の研究は必ずしも十分とはいえない。[19]そこで、検非違使の裁判にさいして発給された文書を調べてみると（三）～（七）のような史料が見出される。

（三）「明成」

興福寺衆徒申、東寺住侶幷平五郎男以下輩刃傷狼藉事、来十二日可有其沙汰、件日可召進彼輩於庁庭之由、可被触仰寺家候哉、以此旨可令披露給、明成恐惶謹言

五月七日　左衛門大尉明成

進上　前石見守殿(20)

（四）「別当宣」

興福寺衆徒申刃傷人等事、官人明成状如此、子細見状候歟、悉可令下知寺家給候歟、仍執達如件

五月七日　右衛門督資明

謹上　東寺長者僧正御房(21)

（五）「東寺々官等春日神人刃傷事」

暦応四年五月十二日沙汰

興福寺雑掌頼英申平五郎男以下輩刃傷狼藉事

件刃傷事、興福寺為訴人送両年無音之条不可然歟、但頼英既参訴之上、糺弾之法、

雖有日来遁避之儀、難塞今度糺決之道哉、然者被召出彼輩等可被尋究矣

明成

(他に六人の官人の連署あれど略す[22])

(六)「明成頼英申平五郎男以下輩刃傷狼藉事」

興福寺雑掌頼英申平五郎男以下輩刃傷狼藉事、諸官沙汰文如此候、子細見状候歟、以此旨可令披露給、明成恐惶謹言

五月十二日　左衛門大尉明成

進上　石見前司殿[23]

(七)興福寺申平五郎男以下輩刃傷狼藉事、官人明成状副諸官沙汰文如此、子細見状候歟、以此趣可有御下知候歟、仍執達如件

五月十五日　右衛門督資明

謹上　東寺長者僧正御房[24]

これらが、暦応四年（一三四一）の東寺と興福寺との「春日神人刃傷」をめぐる裁判にさいして発給された一連の文書であることは間違いない。すなわち、興福寺は、東寺住人である平五郎男以下が春日神人に対して刃傷狼藉を加えたことを検非違使に訴えている。

さて、注目すべきことに、（一）（二）と（六）（七）とは、それぞれ文書形式が大変よく似ているのである。[25] もっとも、（六）（七）の方では「諸官沙汰文」が命令の根拠となっており、（一）（二）においては「綸旨《りんじ》」（天皇の命令）が命令の根拠となっているという違いはあるにしても、（一）（二）が後醍醐天皇の親政期に出され、しかも院散所に関する事柄であるので、[26]「諸官沙汰《しょかんざた》」（評定）にかわって後醍醐天皇の親裁《しんさい》（天皇が自ら政治を行なうこと）がなされたと考えれば、その違いも説明がつくであろう。すなわち、検非違使の裁判に諸官沙汰によって裁決がなされるものと、親裁がなされるものの二つがあった[27]と考えれば、（一）（二）は各々（六）（七）と同じ機能を果たした文書であったことがわかる。とすれば、（一）（二）は検非違使の裁許にさいして出された検非違使発給文書といえる。そして、（一）（二）から言えることは、検非違使が東寺と散所長者との訴訟を裁許し散所長者の言い分を認めたということである。

ところで、祇園社に属する綿新座《わたしんざ》・本座《ほんざ》の訴訟が検非違使庁で扱われたことは周知のことであるが、[28] 通常この綿新座・本座が検非違使の配下にあったとはだれもいわない。また、先述の（三）～（七）よりわかるように、検非違使は東寺と興福寺との訴訟を裁許しているのであるが、このことをもって通常、検非違使が東寺と興福寺とを統轄していたとはいわないであろう。というのも、検非違使が裁許するというのは統治権に基づくもので、個別領主の主従制的統轄や座的統轄とは質的に違うからである。とすれば、（一）（二）などをもって、検非違使が散所を主従制的に、あるいは座的に統轄していたとはいえないであろう。

以上によって、通説のいう検非違使による散所統轄とは検非違使の裁許であり、これを支配とみるとすれば検非違使による東寺・興福寺・貴族・百姓等、検非違使の裁許をうけたものすべてに対する支配をも論じなければならず、こうした支配は通常、支配としてとりたてて問題とされないものであることは明らかであろう。

検非違使が散所を支配していたとする通説の論拠としてはこのほか、検非違使の機能を吸収した侍所が、室町期になると散所を掃除以下築地等に使役していることがあげられる[29]。しかしながら、つぎの史料のように、侍所による散所使役は幕府の公的統治権に基づくものである。

応永十三年（一四〇六）丙戌三月十一日

一寺中掃治事
此一両年、散所法師原公方役、為寺家不被申免間、寺中掃治難致其沙汰之由雖申、
連々□（責）伏、此間召仕畢[30]（後略）

この史料は、侍所が東寺散所に対し、掃除以下築地等の公方役をかけるため、本業である東寺寺中の掃除にさしさわりがあるほどであったことを示している。つまり、侍所は、幕府の公的統治権に基づく公方役として東寺散所に掃除以下築地等の役を課したのである。さらに、森末氏自身、「文明十四年の足利義政の東山山荘造営の場合の如きは、境内の散所三十六人、柳原散所二十二人が、他の寺領諸庄の人夫と共に駆使され[31]」（傍点筆者、以下同じ）と述べておられるように、侍所の人夫役は散所のみから動員されたのではなく、百姓にも及んだのであり、侍所が幕府の公的統治権に基づいて人夫役を徴収していたのである。

以上によって、検非違使、侍所による散所の支配とは公的な統治権的支配であって、座的支配ではなく、散所のみにかぎらず一般百姓にも及んでおり、これをもってことさら非人のみに対する天皇支配権を強調するのが一面的であることは明らかであろう。つぎに畿内の宿の者支配について考えてみよう。

3　叡尊教団による非人統轄

前にも触れたように、従来の研究では、鎌倉期を通じて大和におけるすべての非人宿を興福寺が統轄してきたとする。しかし、私見では、鎌倉後期には畿内において叡尊教団による非人宿統轄が成立していた。従来の研究と私見との相違は何故に生じたのであろうか。そのおもな理由はつぎの三つである。

従来の研究では、（一）金沢称名寺（中世において叡尊教団の寺院）に残る「御施行人数《ごせぎょうにんずう》注文《ちゅうもん》」(32)（以後、「人数注文」と略す）を十分に考察することなく、それに見える非人宿を興福寺配下の非人宿と考えている。（二）叡尊・忍性等の非人「救済」は宗教史的・思想史的に考察される場合が多く、社会・経済史的には十分な考察がなされていない(33)。（三）当時の西大寺の力を低く評価し、興福寺の実質的な末寺と考えている。

以上の理由により、鎌倉後期において叡尊教団による非人宿統轄が成立していたことが無視されてきたのである。そこでまず、「人数注文」の分析をしてみよう。

「人数注文」の分析

（1）金発揮抄紙背文書《こんほつきしようしはいもんじよ》（以後、「金発紙背」と略す）の分析（二一四—二一七頁の**表**を参照のこと）

「人数注文」は「金発揮抄」という真言宗の経典の紙背文書の一つである。[34]「金発揮抄」は三帖より構成されている。まず初めに、「人数注文」はいつ頃の文書であって、金沢称名寺にどのようにして残ったのか等を、「人数注文」以外の「金発紙背」の分析を通して明らかにしよう。

「人数注文」には後述するように、年月日が書かれていないため、それがいつ頃の文書であるかは明らかでない。[35]ただ、「金発揮抄」は第三代称名寺長老湛睿《たんえい》（一二三九—四六年在任）が伝領したものであることから、「人数注文」も一三四六年以前の文書であることは確実である。すなわち、「人数注文」作成年代の下限は貞和二年（一三四六）である。つぎにその上限を考えてみよう。

「人数注文」以外の「金発紙背」[36]のうち、年月日のはっきりしたものは表の《47》の文永十年（一二七三）正月二十七日奉書のみである。このほか、年代を推定できるものにつぎにあげる某書状がある。

此辺相尋候事、大方不叶候之間、如此令言上候事、真実恐憚不少恐給候、昨日以慶堯令愚状進上候き、抑自西大寺慈道房之、明後日御所西大寺へ入御候か、源守参会之由、被仰出候、可来臨之由被申遣候、仍企参入候はんと相存候之処、乗馬大切事候、当時雑駄聊他行仕候之間、乍恐令申候、(37)

大切なところが欠字のため意味がとりにくいが、一応つぎのような内容と解せられる。「西大寺長老慈道房の許から、明後日御所様が西大寺へお入りになるので源守（喜光寺の僧）も参会せよという命令が出、私も来いとのことであるが、乗って行く馬がないので行けない」。

慈道房信空が、忍性の命をうけて西大寺三代長老として般若寺から西大寺へ入るのは正応四年（一二九一）、亡くなるのは正和五年（一三一六）である。(38) ゆえに、この書状は正応四年から正和五年までのものと考えられる。

また、宛名のはっきりしている書状十五通(39)のうち五通(40)は称名寺僧に宛てて出されている。宛名のはっきりしていない書状のうちにも内容等から称名寺僧に宛てて出されたと考えられる書状がある。(41) ところで、称名寺は、文永四年（一二六七）より律宗寺院として発足した寺院であり、(42) 称名寺僧に宛てて出された書状は、文永四年以後のものといえる。

No.	B	内　容
(1)	4291	祈りをしてくださるとの事ですが、大変嬉しいです。
(2)	1240	一走御方役につき、明日午時許に来るのが尤もよろしい。
(3)	5749	本文を参照
(4)	1241	六道（絵カ）を借用したい。
(5)	1328	依頼のあった流鏑馬の水干二具につき、何とかさがしだした分の一具を進上します。本日午時に参る予定であった伊勢国庄官は明日四日に参る事になったのでそのつもりでいて欲しい。
(6)	1080	先日申（依頼）した京上のための伝馬二疋の事について、明日まで一疋欲しい。もう一疋はそちらに参ってたのみます。
(7)	2592	度々の籠居は残念です。目の方は次第によくなっているので、そちらへ参上したいと思っています。今日おひまでしたら申合せたい事があるのでこちらへ来て下さいませんか。来る七日の経供養は大事なきようとり計らって下さい。
(8)	4292	きんてうひとはを進上します。
(9)	2593	御斎会が六日に行われれば参加できないが、延引するならば御斎会に参加できる。
(10)	4293	同じ気持ちでいらっしゃるのと言付け嬉しく思います。
(11)	4294	本当にあなたの事を恋しく思っていました。
(12)	776	御不審をはらすために仲縁人の手紙を進上します。
(13)	4296	□近をとりに遣わしたが手ぶらで帰ってきました。
(14)	2033	病気は平癒したがいつもの調子ではない。下向の次に立寄って欲しい。
(15)	4295	天王寺へ明日参るべき事があります。祈始の間滞在します。
(16)	5748	不明。
(17)	4297	いのくま辺にあいた所があれば借りてかして欲しい。
(18)	2467	御意はそれ程でないと思います。
(19)	4298	先日お会いできて嬉しい。今度はゆっくりお会いしたい。来月一日に上洛を予定していましたが延引することにしました。上洛するさいには必ず申します。
(20)	2448	法花経幷具経等を二局からかりました。重宝なので秘蔵しています。
(21)	701	京上の時はいつでもこちらによって欲しいと思っていたが、明春の御京上の際に寄ってくださるとの事で嬉しい。
(22)	4299	法橋御房の召しつかっていた力寿丸がやめさせられたとの事ですがどうしたのでしょうか。
(23)	1720	昨日手紙を出しましたのに、あなたの返事がないのは残念です。鳥の事を依頼したのにお忘れになったのでしょうか。不審に思っています。
(24)	4300	返報の文が興味深かった。
(25)	4301	衣の色をもう少し濃い梅染めにしたい。いつでもよいからひまな時に梅染めにして欲しい。
(26)	1560	新免百姓等の折紙・新藤三の陳状を取継ぎ進上します。
(27)	1047	一昨日は良好であったが、昨夕より大変体の具合がわるいとの事で不動院では祈りを始められたようです。
(28)	2591	大和国八条庄地頭代左衛門尉忠綱が提訴した籌井に関する訴状を一見して返しました。吉河庄は近衛殿の領地で、一乗院が知行している所です。故に私の一存では是非を明らかにすることはできません。

金発揮抄紙背文書

No.	A	文書名	年月日	作成者又は差出者	宛名
(1)	1—①	某書状	4 25	不明	不明
(2)	1—②	源守書状	11 1	源守	円了
(3)	1—③	御施行人数注文	不明	不明	不明
(4)	1—④	源守書状	12 10	源守	円了
(5)	1-⑤⑥	厳□書状	11 3	厳□	文殊
(6)	1—⑦	行円書状	6 1	行円	治部卿法橋
(7)	1—⑧	思□書状	4 □	思□	不明
(8)	1—⑨	ちゃうすん書状	4 23	ちゃうすん	わかこりれう
(9)	1—⑩	某書状	11 カ	不明	不明
(10)	1—⑪	某書状	□ 29	不明	不明
(11)	2—①	某書状	不明	不明	不明
(12)	2—②	広政書状	11 1	広政	文殊
(13)	2—③	某書状	不明	不明	不明
(14)	2—④	仁宝書状頼瑜勘返状	9 1	頼瑜	(仁宝カ)
(15)	2—⑤	某書状	3 9	不明	不明
(16)	2—⑥	仏事日記	不明	不明	不明
(17)	2—⑦	某書状	不明	不明	不明
(18)	2—⑧	思□書状	7 26	恐□	治部卿法橋
(19)	2—⑨	某書状	不明	不明	法橋御房
(20)	2—⑩	印教書状	8 13	印教	不明
(21)	2—⑪⑫	経行書状	12 14	経行	不明
(22)	2—⑬	某書状	不明	不明	不明
(23)	2—⑭⑮	政水書状	9 21	政水	不明
(24)	2—⑯	某書状	不明	不明	不明
(25)	2—⑰	某書状	不明	不明	不明
(26)	2—⑱	長州御庄執行俊證書状	4 6	俊證	春禅
(27)	2—⑲	思□書状	7 16	丘□	不明
(28)	2—⑳	法橋政所書状	7 9	法橋某	不明

No.	B	内　容
(29)	4302	一昨日に手紙をさしあげましたが返事がきませんでした。何とかして指示を承りたく思っています。
(30)	4303	筒木二切、桜六十を進上します。五香煎を求めましたが、尋出すことができませんでした。どうか都合をつけて欲しい。
(31)	2594	親しい者が病気のため一昨日上洛し、昨夜帰ってきました。鎧の事返してくださり悦び入っています。
(32)	1712	大事な事なので詳しく承りたい。いつかこちらへ上ってきて下さい。
(33)	4304	詳細不明（返報のお礼と差出人のみた夢の内容が書かれている）。
(34)	2040	はっきり処置せよとの指示をうけたまわったのであなたも用意して欲しい。
(35)	4305	先日内々申した供御一具を明後日に進上したいので、長櫃を四つ貸して欲しい。
(36)	4306	詳細不明（返報のお礼と差出人のみた夢の内容が書かれている）。
(37)	4307	おこもり中のため、それを中断させるのは悪いので、わざとあなたの方へ参りません。
(38)	4308	堀河殿の死去の事を、年来奉公なさっていたあなたはきっとお歎きの事と思います。来月二日に人夫二十人を日帰に東山に遣わさねばなりません。
(39)	4309	大田庄（信濃国・称名寺領）の事に関して預所はどのように申しておられるのでしょうか。いずれにせよ急いで成敗をこうむるべきではないでしょうか。
(40)	2188	お会いした後で何かあったのでしょうか。今年世間は（不作）であって、餓死するものが多く私も無力である。今度今一度助けてくだされば大変感謝します。
(41)	4310	依頼のあった流鏑馬のはで装束の事について、今度は近親者に流鏑馬をする者がいないので、縁をたずねて借りて（後欠のため意味不明）。
(42)	1210	当寺の大訴は今度きまりました。別当の非法に関する十六か条や満寺一同の起請文等度々天皇に奏聞しましたが、ついでがなくあなたには見せることができませんでした。それらの案文等を（あなたに）書進めるつもりです。
(43)	4311	西大寺長老慈道房の許から、明後日御所様が西大寺へお入りになるので源守も参会せよという命令が出、私も来いとのことであるが、乗ってゆく馬がないのでゆけない。
(44)	544	見苦しくてもないよりはましだと思って、人から鞍をかりて進上しました。ですから、たとえどんな理由があっても、その鞍を返してもらって本主にかえさねばなりません。
(45)	4312	髪剃箱二つを貸して欲しい。
(46)	1018	両薩埵の折紙を喜んでいただきました。上円房はいつもはいないのに、そこにいてこのような事をしたのは目出たい事です。
(47)	5209	頓宮左衛門尉代縁寛の一若女に関する訴状はこのようなものです。その内容に相違なければ返して欲しいし、もし子細があれば弁解するように下知して欲しい。
(48)	1701	貸借依頼のあった鎧に関して、まず求められた黒糸鎧は先約があったので、方々に他のを求めましたがみつけだす事ができず残念です。
(49)	4313	天王寺薬師院長老が六道絵を図写せんとして、片岡の絵を所望している。そのため弁公（顕弁）の許へ書状をだした。

注

1 （7）の差出者は『金沢文庫古文書』では丘□となっているが，原史料を調べた結果恐□とした。

2 （26）の差出者を『金沢文庫古文書』では僧證□とするが，原史料を調べた結果俊證とした。

No.	A	文書名	年月日	作成者又は差出者	宛名
(29)	2―㉑	某書状	不明	不明	不明
(30)	2―㉒	某書状	不明	不明	不明
(31)	2―㉓	某書状	8 15	不明	不明
(32)	2―㉔	進□書状	6 9	進□	ちうきょうの法橋(治部卿)
(33)	2―㉕	懸紙	不明	不明	治部卿
(34)	2―㉖	弁忠書状	不明	弁忠	治部卿
(35)	2―㉗	某書状	不明	不明	不明
(36)	2―㉘	某書状	不明	不明	不明
(37)	3―①	某書状	不明	不明	不明
(38)	3―②	某書状	不明	不明	不明
(39)	3―③	某書状	不明	不明	不明
(40)	3―④⑤	祐円書状	8 15	祐円	申壽
(41)	3―⑥	某書状	不明	不明	不明
(42)	3―⑦	堅寂書状	壬5 16	堅寂	上総公
(43)	3―⑧	源守書状	(正応4～正和5)年	不明	不明
(44)	3―⑨	平示□書状	壬5 1	平示□	不明
(45)	3―⑩	某書状	不明	不明	不明
(46)	3―⑪⑫	覚明書状	不明	覚明	法印
(47)	3―⑬	左近将監某書状	文永10 1 27	左近将監某	大和田長河預所
(48)	3―⑭	沙弥信□書状	8 13	沙弥信□	春禅
(49)	3―⑮	某書状	不明	不明	不明

凡例

1　Aは当該文書の属する金発揮抄の帖番号と当該文書がその帖において何番目にあるかを示している。たとえば1―①とは、一帖目の一番目であることを示す。

2　Bは『金沢文庫古文書』（関靖氏編、1956年刊）の文書番号である。

以上によって、「金発紙背」作成年代の上限は文永四年頃と推測される。とすれば、「人数注文」も鎌倉末（文永四年頃）から室町初期（貞和二年）までの間に作成されたと考えられる。

「人数注文」は誰が誰に出した注文であろうか。十三世紀に大和や伊賀の非人宿を統轄したとされる興福寺(43)（とくに一乗院）関係者の間でやりとりされたものであろうか。「金発紙背」には興福寺一乗院の名も一度でてくる。

大和国八条庄地頭代左衛門尉忠綱申篝井之間事、訴状謹加一見令返上候、吉河庄近衛殿御領、一乗院御知行之所候、私難明是非候、恐々謹言

七月九日　法橋(44)

この書状の内容は、「八条庄の地頭が出した篝井についての訴状を謹んで拝見し、返上しました。吉河庄は、近衛殿の御領であり直接に知行しているのは一乗院ですから、私の方の一存では明確な判断をくだせません」というものである。もし、この書状の差し出し人が興福寺一乗院の僧だとしたら、「私難明是非候」などとは書かないであろう。また、「金発紙背」の名前がわかる差し出し人・受け取り人のうち、叡尊教団の人と確定できな

い人の名は、『興福寺寺務次第』[45]『興福寺三綱補任』[46]等にはみえない。これらのことは、「人数注文」が興福寺関係者の間でやりとりされたものでないことを傍証していよう。

ところで、「人数注文」が、「金発揮抄」の第一帖を構成する紙背文書の一つであることはすでに述べた。第一帖は十一通の文書で構成されている。そのうち三つの書状は差し出し人と宛名がわかる。いずれも差し出し人は叡尊教団の僧と考えられ[47]、宛名は、人名が不明確でどの寺の僧であるか確定できない治部卿法橋《じぶのきょうほっきょう》以外は称名寺（当時、極楽寺末寺で、叡尊教団の寺）僧である。また、先述したように、宛名のはっきりしている書状十三通のうち五通は称名寺僧宛のものである。

とすれば、「人数注文」は叡尊教団僧の間でやりとりされたものと考えられる。このことは、「人数注文」以外の「金発紙背」に西大寺・四天王寺（叡尊は弘安七年〈一二八四〉、忍性は永仁二年〈一二九四〉に四天王寺の別当となる）といった西大寺関係の寺院の名がみられること[48]によっても補強されよう。

以上によって、「人数注文」は、文永四年（一二六七）頃から貞和二年（一三四六）頃までの間に叡尊教団僧の間でやりとりされたものであると考えられる。とすれば、この「人数注文」は、叡尊教団の行なった非人施行の記録と考えられる。このことは、「人数注文」にみえる非人宿と西大寺末寺との関係を調べることによっても証明されるのである。つぎにそれについて考えてみよう。

（2）「人数注文」にみえる非人宿と西大寺末寺との関係

御施行人数

北山宿三百九十四人	脇森宿四十三人
和爾宿百四十三人	ヤマサキ宿十九人
カモサカ十八人	竹鼻宿十八人
エヒノ宿十二人	今宿十人
コマノ宿二十九人	井出宿八人
額田部宿百七十三人	ワツカ宿十五人
西京宿三十五人	已上山城国 已上宿々非人九百十七人
	浪人八十六人 各々三文配
	都合一千三人

人数注文には右のように北山宿以下十三の非人宿が記載されている。下段の末尾に「已上山城国」とあるので、文字通りとると十三の非人宿は山城国の宿と考えられる。しかし、

それらの宿の中には額田部宿のように大和国の宿であることの確実な宿もあるので、私も渡辺氏・大山氏(49)に従って、これらの宿は大和と山城の非人宿であると考える。以下、十三宿についてそれぞれの地理的位置や西大寺末寺との関係を述べてみる。

①額田部宿

この宿は、「人数注文」には山城国の宿だけではなく大和国の宿も記載されていることを示す決定的な証拠である。したがって、最初にとりあげることにする。

従来の研究によって、非人宿は坂下《さかのした》、渡河点《とかてん》、街道の交差点といった交通の要衝に発達したことが明らかにされている(50)。

ところで、山城の地誌類(51)を調べてみると、額田部という地名で非人宿のあったと思える場所は見出せない。一方、大和には、現在の大和郡山市に額田部という大字がある(52)。そこは、大和川と初瀬・佐保川等との合流点であり、古代より難波から大和へ入る舟運の要衝であった(53)。また、そこは鎌倉坂という坂の下にあり、字中に額安寺《かくあんじ》という西大寺末寺がある。叡尊の自叙伝ともいうべき『金剛仏子叡尊感身学正記《こんごうぶっしえいぞんかんじんがくしょうき》』(54)(以後、『学正記』と略す)には、つぎのような記事がある。

仁治元年庚子四十歳

正月、忍性亦来曰、去年秋所申、幼少時立願、此春奉図絵文殊尊像一埔《ママ》、安置額安寺之西辺之宿、令彼宿輩受持一昼夜斎戒、致開眼供養之軌則、擬遂報恩謝徳之素願、其後可遂出家、普通昌導旁有憚、下向如形作法授八斎戒乎云々、三月六日、致其作法、是人非人持斎及四百人云々〈仁治元年条〉

寛元元年癸卯四十三歳

二月、依去年之約束、於額安寺学春善春房持仏堂、講梵網経下巻古迹、此間重遂当寺西宿文殊供養〈寛元元年条〉

延応二年（一二四〇）正月、忍性は叡尊に謁し、「かねて立願の文殊像の一鋪ができたから、これを額安寺西辺の非人宿に安置して供養を行ない、それで宿願を果たしたものとして出家をとげたいと述べ」、「三月六日、叡尊は忍性の望みに従い、額安寺西辺の宿におもむいて文殊像の開眼供養を行ない[55]」、人と非人あわせて四百人に持斎をさせている。寛元元年（一二四三）には叡尊が額安寺西宿（＝額田部宿）で、文殊供養をしている。

以上のように、仁治・寛元の頃、叡尊・忍性等は額田部宿の人々を教化していたのである。額田部宿の人々は、額安寺の寺域内の清目（死体処理等）に従事していたと考えられる。そこでつぎに、上田さち子氏の研究[56]に依拠しつつ、額安寺について考えてみる。

額安寺は奈良時代に大安寺僧道慈が聖徳太子建立の熊凝精舎《くまごおりしょうじゃ》の跡地に寺を興し、求聞持本尊の虚空蔵菩薩像を安置したのに始まるといわれる。道慈は額田氏の出身である。額安寺は、額田氏の氏寺として、また興福寺の末寺として栄えた。その後、額安寺は衰え、叡尊・忍性等が活動しはじめる頃には荒廃していた。叡尊等は、本尊の虚空蔵菩薩を修補し、開眼供養を行なった。延慶三年（一三一〇）大乗院慈信寄進状によれば、彼らが額安寺を事実上再興したことがわかる。すなわち、嘉元元年（一三〇三）には、叡尊派の律僧が別当職を相伝し、寺院の管理権を手中に収め、額安寺は西大寺の末寺となるのである。

このように、額安寺は、かつては興福寺の末寺であったのだが、叡尊・忍性等の活躍によって西大寺の末寺となった。そこを拠点として、額田部宿に対する西大寺の布教も強化され、ついには額田部宿も西大寺の統轄下に入っていったのではなかろうか。

ところで、鎌倉坂には五輪塔八基がたっている。その一つに、高さ一・八メートルのりっぱな五輪塔があり、それにはつぎのような注目すべき銘がある。

永仁五年七月八日従五位上丹波守平朝臣盛房六十才(57)

盛房は、六波羅探題南方を正応元年（一二八八）から永仁五年（一二九七）にかけて務めた人である。[58]すなわち、その銘文から、北条盛房の墓所が額安寺の近辺にあったことがわかる。額田部宿の人々は、盛房の墓所の管理にも従事していたと考えられる。後述する北条氏―叡尊教団―非人とよばれた人々、といった関係が額田部宿においてもいえることをここで強調しておきたい。

②北山宿（＝奈良坂宿）

「人数注文」によれば、施行をうけたものが三百九十四人と、この北山宿が十三宿中一番大きかったようである。北山宿は、渡辺氏が指摘されるように、[59]寛元の頃、清水寺に属している清水坂宿と相論（訴訟のこと）をした奈良坂宿である。「奈良坂非人陳状」（以後、「非人陳状」と略す）[60]によれば、この宿は大和国の七宿を統轄する本宿の地位にあった。また、この宿が般若寺の北、奈良坂にあり、般若寺のそばにあったことはいうまでもない。奈良坂は、木津川の渡をへて山城から大和へ入る入口にあたり、交通の要衝であった。[61]つぎに北山宿と叡尊教団との関係をみてみよう。

史料（一）

二月廿三日、為営施行事、移住般若寺、三月五日、点当寺西南野五三昧北端、為施場、課北山非人、令正地形之高下、又兼仰長吏召諸宿非人交名[62]

史料（二）

同廿五日、般若寺ニテ文殊供養次第

非人二千人ヲ集テ、其西ノ野ニテ南北ニナラフ、十座ニ居タリ、午剋ニ面々ニ米一斗フクロニ入テ、又ヒカサ一・莚一枚六尺・ウチワ一・アサナヘ一・ハリ・イト・ヒキレ二・モチヰ一枚・白一ノワリコ一合（中略）此等於面々キタノハシヨリ供之（中略）非人皆以持斎、面々前々ニミアカシ進之、此等ヲ供之時奏音楽、其後、聖人タチ大行道ヲスル也、此上副供養不知数、紫円房・観良房与結構也、希代勝事歟、(63)

右の史料（一）によると叡尊は、文永六年（一二六九）二月二十五日に施行を営むため般若寺に移り住み、三月五日北山非人を使って般若寺西南野を施場として整地させた。そのさい北山宿の長吏に命じて諸宿の非人交名を召している。史料（二）は、その時の施行の模様を伝えている。それによれば、非人が二千人も集まり、南北に十列に並び、彼らには米一斗、日笠一つ、莚一枚、うちわ一本、浅鍋一つ、針、糸、引入《ひきいれ》（大小二個の、小さい方を大きい方に組み入れられる皿）二つ、餅一枚、白い破子（弁当箱）一つ、頭を包むための布一枚、汁二杯、柑子（みかんの類）、水を施行されたこと、紫円房（叡尊のこと）、観良房（良恵）が企画したことなどがわかる。

叡尊らが、北山非人を動員し施場（施行を行なう場所）整地に使った上に非人交名（非人名簿）をとっていることが注目される。これは、叡尊等が非人統轄に乗り出したことを物語っているのではなかろうか。

なお、史料（二）のように、春日社司中臣祐賢は、この施行について「希代勝事」と書き記している。「希代勝事」とは、「前代未聞のとんでもない事」という意味である(64)。この文言は、叡尊らの非人施行に対する中臣祐賢の驚愕と非難の気持ちを表わしている。

叡尊は、建長七年（一二五五）以来、大仏師善慶に文殊菩薩像を造らせ、般若寺の仮の本堂に安置し、弘長元年（一二六一）には、それを半ば完成した本堂に渡すなど、荒廃していた般若寺の再興に努めた。文永元年（一二六四）には、従来興福寺の末寺であった般若寺を西大寺末寺とし、弟子慈道房信空を住まわせた(65)。

文永元年以降、叡尊の率いる教団が般若寺のそばにある北山宿の人々を教化し、彼らに対する影響力を強めていったのは極めて自然であろう。叡尊らは純粋に宗教的な動機から非人施行を行なったが、結果的に施行にさいして諸宿の非人交名（名簿のこと）を取るなど非人把握を行なったのである。

③コマノ宿

管見の限りでは、大和国でコマノという地名で中世非人宿があったと考えられる場所はない[66]。一方、山城国には相楽郡に上狛という所がありそこに狛野荘という荘園があった[68]。この地は伊賀街道と奈良街道が交差する所であり、南部に木津川の渡があった。また「同庄の天正の検地帳には（中略）宿（夙）の者が登録されている」[69]。以上のことから、上狛の南部の木津川の渡に「人数注文」に記載されたコマノ宿があったと考えられる。

そこには行基の創建した泉橋寺という寺院があった。この寺院には木津地蔵といわれる丈六の地蔵石仏が安置されていたが、これは現在も残っている。この地蔵石仏についてはすでに前田元重氏の研究がある[70]。氏は、真円という僧が中心となって徳治三年（一三〇八）頃までに、この石地蔵を造ったとされる。氏によると、真円は、「西大寺叡尊の高弟（中略）で、称名寺第三代長老湛睿の師にあたる人である。西大寺流戒律における中心的人物の一人であったといわれ、正応六年（一二九三）般若寺において真円は湛睿に対し戒律の秘伝を授けている」[71]。

前田氏の研究によって、鎌倉時代末期、泉橋寺も西大寺と密接な関係にあったことがわかる。泉橋寺は明徳二年（一三九一）の末寺帳にはみえないが、十三世紀末から十四世紀初めには西大寺の末寺になっていたのではなかろうか[72]。叡尊教団は、さらに、この泉橋寺を拠点としてコマノ宿の人々に布教し、彼らを統轄下に入れていったと考えられる。

④カモサカ

私の調べたところでは、山城にカモサカなる地名はない。一方、大和には、添上郡《そえかみ》辰市村東九条にカモサカという字がある。(73) ここは中ツ道の延長線沿いの地である。(74) 辰市は、清少納言が本邦最古の市としてあげるほどの場所で、物詣で賑わった所である。このように、カモサカは交通の要衝にあたり、中世非人宿があってもおかしくない所である。

①②③の宿は、西大寺末寺のそばにあったのだが、このカモサカのそばにも（五〇〇メートル位の所）西大寺末寺の大安寺がある。(75)

ところで、先述のように、大安寺は葬送の寺であり、カモサカ宿の非人たちは、大安寺での葬送に関与していたのであろう。

⑤和爾宿

山城国に和爾という地名はない。一方、大和国には宇陀郡と添上郡に和爾という字名がある。(76) 宇陀郡の和爾の方は交通の要衝とはいえず、(77) 非人宿があったとは考えがたい。他方、添上郡櫟本《いちのもと》にある和爾は、上ツ道の近傍にあり古代からの交通の要衝であった。『学正記』のつぎのような記事によって、叡尊の母の墓が和爾宿のそばにあったことがわかる。

（前略）即十一月十八日、（中略）奉図絵一鋪文殊、於悲母墓所辺和爾宿安置、供養誓

心決定[78]（後略）

非人と呼ばれた人々が葬送や墓守りにも従事していたことは、先学の研究[79]によって明らかにされている。叡尊教団は、叡尊の母の墓のそばにいて、その墓守りにも従事していたと考えられる和爾宿の人々を教化し、彼らを自己の統轄下に入れていったと考えられる。

⑥竹鼻宿

大和には竹鼻という地名は見出せない。一方、山城国には宇治郡に竹鼻という字がある。ゆえに、竹鼻宿は、そこにあったと推測される。この地は三条口から四宮辻へ向かう東国路（＝大津街道）と大津路の交差する地であり[80]、交通の要衝といえる。ところで、『山州名跡志』につぎのような記載がある。

竹鼻所名　云安祥寺門前巽、街道南[81]

この史料から竹鼻の北西に安祥寺という寺院があったことがわかる。この安祥寺は、文徳天皇勅願の寺院で、往時は山科陵以東の山野を寺領とするほど栄えた古刹である。安祥寺に関しては、『金沢文庫古文書』に多数の文書が残り[82]、それらから安祥寺は中世において真言密教の寺院であったことがわかる。称名寺第三代長老釼阿《けんな》は、安祥寺宗章律師の流れを汲む人であった(83)。このように、安祥寺と叡尊教団は密接な関係にあった。安祥寺も十三世紀から十四世紀初めにかけて、叡尊教団の寺院であったと考えてよかろう。

⑦ヤマサキ宿

この宿は、「非人陳状」に「山崎吉野法師(84)」とみえるところの山城国乙訓郡大山崎村の山崎宿であろう。しかし、山崎宿の位置の確定は困難であり、西大寺末寺との関係も論ぜられない。

⑧ワツカ宿

大和にはワツカなる地名は見出せない。一方、山城国相楽郡に和束があり、渡辺説(85)のように、そこに和束宿があったと考える。この和束は大きな領域を含み、宿の位置の確定はできない(86)。

⑨井出宿

管見によれば、大和に井出という地名はない。一方、山城国には愛宕郡に井出村がある(87)。ゆえに、山城国愛宕郡に井出宿が存在したと考える。

⑩西京宿

「人数注文」は折紙に書かれており、上段には大和国の宿と考えられるものが(88)、下段には山城国のそれと考えられるものが書かれている。その上、原史料をみてみると、西京宿の左側が切り取られており、その切り取られた部分に「已上大和国」と書かれていたと推測される。(89)

ところで、西京は山城にも大和にもあるが、「人数注文」の上段に書かれていることから、大和国に西京宿はあったと考える。大和の西京のそばには喜光寺という西大寺の末寺がある。

⑪エビノ宿、脇森宿、今宿

これらについては今のところ不明である。

以上の考察からつぎのことがわかる。「人数注文」にみえる十三の非人宿のうち、七宿(90)については、おおよそその地理的位置を比定できる。そのうち三つ（額田部・北山・和爾）は叡尊教団と関係が深かったことが確実である。また、七つの宿のうち和爾宿を除くすべてが叡尊教団所属寺院のそばにある。しかも、それらの寺院のほとんどはかつては興福寺の末寺であったが、十三世紀末から十四世紀初めにかけて西大寺末寺となった寺院である。

以上「人数注文」の分析によって、それが鎌倉末から室町初期までの間に叡尊教団によってなされた非人施行の記録であることは明らかであろう。しかも、「人数注文」に書かれた非人宿が興福寺よりも叡尊教団との関係が深いことも明らかとなった。だとしたら、

「人数注文」にみえる非人宿は「興福寺に属する奈良坂配下の大和・南山城の宿々[91]」ではなくて、叡尊教団配下の非人宿と考えられないであろうか。もっとも、叡尊らの非人救済活動がたんなる慈善救済事業にとどまっていれば、この私見は成りたたない。ゆえに、叡尊らの非人救済活動の内容を考えてみる必要がある。

ところで、叡尊らは、「人数注文」に載っていない非人宿の人々をも救済したといわれる。叡尊らの非人救済活動の内容を考える前に、「人数注文」に載っていない非人宿と叡尊教団との関係を考えてみよう。

（3）「人数注文」に載っていない非人宿と叡尊教団

⑫真土宿

「非人陳状」には、

彼坂当長吏法師、任貪欲之心、召集宿之非人等、下遣於当国中真土宿、欲押領彼宿之刻[92]

といった記載があり、清水坂と奈良坂はこの宿の領有をめぐって争っている。先の史料の傍点部より、この宿が大和国にあったことがわかる。この宿は大和と紀伊の国境にあった。[93]五条市畑田にマツチ峠があることから、[94]私はこの峠の下（＝坂下）にマツチ宿があったと考える。この峠をおりかけた所には、西福寺という寺院がある。[95]この寺院は、明徳二年（一三九一）の「西大寺末寺帳」に紀州西福寺と記載されており、[96]西大寺末寺であったことがわかる。末寺帳では、この寺の所在地は紀州となっているが、この地一帯はその帰属が不分明なところで、紀州に属した時も大和に属した時もあった。ゆえに、真土宿も西福寺という西大寺末寺の近くにあったといえる。

⑬三輪宿

三輪宿は、上ツ道と長谷街道の交差点に近く、「古来伊勢参宮、大和巡遊の要路」[97]沿いにあった。『学正記』仁治二年（一二四一）条に、

> 自八月一日、梵網経古迹記被読之、（中略）或時忍性来下曰、馬司住人乗詮舜蓮房語忍性曰、毎非人宿、安置文殊之願、不可思議、奉図絵一鋪可安置何宿云々、又長岳寺継実理観房奉安置三輪宿、送如形供養物云々、可致開眼讃歎云々、即十一月十八日、於三輪宿、奉開眼讃歎（以下略）

という記載があり、叡尊が三輪宿で文殊像開眼讃歎を行なったことがわかる。また『学正記』寛元元年（一二四三）二月二十九日条には、

廿九日、重遂三輪宿文殊供養

とある。その後、三輪宿と叡尊教団との関係を示す史料は、弘安六年（一二八三）までみられない。この間の三輪宿と叡尊教団との関係は、「疎遠となっていたというよりも、むしろ、いっそう日常化していたと考える方が正しいだろう(98)」。『学正記』弘安六年の条に、

二日、（中略）入夜戌時、於三輪非人宿堂四百五十八人授菩薩戒一百卌八人断酒、宿内不可入酒之由、札懸之畢、

とあり、叡尊が、三輪非人宿堂で四百五十八人に菩薩戒を授け、宿内禁酒の札を懸けさせている。このように、三輪宿も叡尊に率いられた叡尊教団による教化を受けていたのである。

三輪は三輪神社で有名であるが、その神宮寺として大御輪寺《おおみわ》がある。『学正記』弘安八

年（一二八五）の条には、

廿九日、参三輪大御輪寺、十一月二日、於御塔、修供養法略曼荼羅供、三日、顕供養、中法会（以下略）

とある。また、聖林寺蔵の「大御輪寺縁起(99)」には、

（前略）弘安八年乙酉、南京西大寺興正菩薩之徳行、託于一覡乞授斎戒、為謝恩、故以此寺施興正菩薩結界安居、盛行毘尼之法（以下略）

と記し、かつては興福寺の末寺であったこの寺を、弘安八年に叡尊が管理するようになったとしている。

以上によって、三輪宿についても、「人数注文」にみえる非人宿の分析から得られた結論と種々の点で合致することがわかる。

⑭取石宿《とろす》

『学正記』弘安五年（一二八二）五月条に、

廿二日、自久米田寺、向大鳥長承寺、道有非人宿号取石、捧起請文、(中略)以前三ケ条、為申請西大寺長老行時之入御、捧此請状(以下略)

とあって、久米田寺から大鳥長承寺へ向かう途中に、取石宿という非人宿があったこと、取石宿の非人たちは、叡尊に来ていただくために三カ条に亘る内容の起請文(誓状、内容については後でふれる)を捧げたことなどがわかる。

長承寺は、現在廃寺であるが大阪府堺市鳳南町にあった。[100]その南西五〇〇メートル位の一帯が現在も取石という地名であり、このあたりに取石宿があったと思われる。大鳥長承寺は明徳二年(一三九一)の西大寺末寺帳に載っており、西大寺末寺である。

⑮清水坂

清水坂が京都のあの清水坂であることはいうまでもない。従来の研究によって、建治元年(一二七五)八月に清水坂非人が叡尊に対して起請文を捧げたことや、彼らに対して叡尊教団が非人施行等を行なったこと等が明らかにされている。[101]すなわち、清水坂も叡尊教団と関係が深い場所である。

とくに清水坂非人の起請文にはつぎのような文言がある。

（前略）所々非人皆以預御化度候、当坂一所相漏其内事、併可為舎衛三億衆候之間、為被垂平等之御慈悲、当坂非人一等請文如件（後略）(102)

〔所々の非人たちが皆、叡尊様の教化に与っているのに、当坂のみが、それから漏れています。それはあたかも、釈迦が舎衛城に二十五年滞在していたにもかかわらず釈迦を見聞しなかったといわれる三億の衆のようなものでありますので、平等の慈悲を垂れられて教化されることを願って、当坂非人は一致して起請文を提出します〕

この文言から叡尊教団が「所々の非人」とよばれる人々を教化していたことがわかる。ようするに、叡尊教団と非人宿の人々との関わりが、宗教を媒介とするものであったことを、ここで改めておさえておきたい。そして、この起請文を受けて、叡尊らは清水坂において供養と四日間にわたる非人施行（三千三百三十五人に対して人別三十文）などを行なった。

さらに、注目されるのは、史料の後略部分によれば、それを機に叡尊らは非人連屋《ひにんれんおく》の建設を行ない、仏日房の努力によって完成したという。非人連屋とは、奈良の北山十八間戸のような、長屋状の癩者収容施設と考えられるが、叡尊らの活動は一時的な施し活動に留まるものでなかったことにも注目しておこう。(103)

以上⑫～⑮で、「人数注文」にはみられない非人宿について考察してみた。⑮以外はいずれも西大寺末寺のそばにあり、⑮以外は明らかに叡尊教団との密接な関わりをもっている。すなわち、「人数注文」に載っている非人宿の分析から得られた結論と少なくとも⑫～⑭の分析から得られた結論はほぼ一致しているといえる。

叡尊教団による非人救済

以上の考察によって、叡尊教団は、非人たちを教化し、非人施行や非人救済施設の建設などの非人救済活動に従事していたことが明らかとなった。

それでは、叡尊教団による非人救済活動は、たんなる一時的な慈善救済活動に留まっていたのであろうか。答えは否である。彼らの非人救済活動は結果的には非人統轄を生み出していたのである。というのも、彼らの活動は、非人交名を取り、さらに起請文を取っているからである。

まず、非人交名を取ったことから見てみよう。叡尊は、先述したように、文永六年（一二六九）三月二十五日に文殊供養と非人施行を行ない、それに先だって三月五日北山非人を使って般若寺西南野を施場として整地させた。そのさい北山宿の長吏に命じて諸宿の非人交名を召している。

この交名を取ることに関しては、中田薫氏の古典的な研究(104)が参考になる。すなわち、中田氏によれば、平安末期においては、従者が自己の名前を書いた名簿を主人に捧げることが主従関係締結の象徴的な儀礼であったという。もっとも、中田説では鎌倉時代に入ると、そうした名簿捧呈は、厳格な主従関係締結の象徴的儀礼というよりも初参のさいの挨拶程度の意味に変化したと考えられている。

それゆえ、鎌倉時代中期に叡尊が非人たちから名簿を取ったことは必ずしも主従関係を締結していたことを意味するものではない。しかし、単なる施行のためであるならば、人数の把握だけですむはずなのに、名簿をとったことは、やはりより正確に非人集団を把握しようとしていたと考えられる。

とくに、起請文を取ったことは、名簿の把握とともに叡尊教団による非人統轄を意味すると考えられる。先述したように、叡尊は、建治元年(一二七五)八月に清水坂非人の長吏たちから、弘安五年(一二八二)五月には、取石宿の非人たちからも、ほぼ同様の内容の起請文を取っている(いずれも『学正記』による)。そこで、清水坂非人が提出した起請文の内容の訳文を掲げてみよう。

一、人々(原史料には「諸人」とある)の葬送にさいして、死者を山野に運んで行き、死者が身に付けているものを取りながら、不足と称して葬家に赴き、不足を訴えることを禁止する。
二、堂塔供養・追善供養の仏事の時、施物を過分に取ろうとすることを禁止する。
三、癩患者がいると聞き及んだ時は、穏便の使者を送って、非人宿に入るか否かを問うべきこと。自身と親類の相談のうえ、重病のために、家に居住ができない者はともかく、長吏にお金をはらって家に居住を望む者に対しては、無理に非人宿に入れようとしてはならない。この儀に背いて、過分の金銭を要求し、多くの非人を遣わして責め、恥辱を与えることを禁止する。
四、重病の非人たちが、京都の習いとして、他の手段がないので、上下の町中を乞食して廻る時に、人々（原史料には「諸人」とある）から悪口や罵声を浴びせられることを停止すること。

これらから、中世の非人たちの生活の一端を垣間見ることができる。第一条からは、清水坂の非人たちが、京都の人々の死体を山野に運んで、土葬あるいは火葬にし、そのさい、死者が身に付けている物を取る権利を認められていたことがわかる。おそらく、洛中の死体の処理に関して、そうした葬送の権利を握っていたと考えられている。第二条からは、堂塔供養・追善供養の仏事にさいして、施し物に与ることになっていたことがわかる。第三条からは、癩患者がいると聞き及ぶと、長吏たちは、ともすれば非人宿（非人集団の集落）に入れようと、患者のところに行き、無理強いすることが多かったこと、また、軽度の患者は、長吏にお金を払って、自宅で生活する場合もあったことがわかる。第四条からは、重病の非人たちが、京都の上京・下京を乞食をして廻ることを生業としていたことがわかる。

さらに注目されるのは、乞食をする非人たちに対して悪口や罵声を浴びせる人々の存在である。その人々とは、従来、清水坂非人と考えられてきた。それは、史料の第一条と第四条の「人々」（原史料には「諸人」とある）を各々、別のものと考えたことによる。

しかし、すなおに解釈しようとすれば、同一史料に見える両条の「人々」は同一の者を念頭においていると考えるべきであろう。とすれば、従来は、第一条の「人々」は京都の住人と考えられているので、第四条も京都の住人、とくに非人ではない町衆（京都の住人といっても、貴族や武士を清水坂非人が制止できるとは考えがたい）と考えておく。すなわち、症状が進み、重度の癩患者となって、痛みにさいなまれながら、町中を乞食する癩者に対して、心ない人々は悪口や罵声を浴びせかけていたのである。

ところで、弘安五年（一二八二）五月に取石宿の非人たちからとった起請文[105]には、「もし、この誓状に違反した場合には、これこれの罰を蒙ってもしかたがない」という罪科文言と呼ばれるものが記されている。すなわち、「もし違乱したならば、当国中の取石宿非人が廻る所々は、地頭・守護に触れられ乞庭を停止されてもかまいません」と。なお、乞庭とは乞食をする縄張りのことであろう。ようするに、和泉国の場合には地頭（荘園ごとに置かれた）・守護（国ごとに置かれた）という武力を持った鎌倉幕府の地方管理者が、叡尊の命令を執行させる強制力となっていたのである。もっとも、清水坂非人の起請文には、こうした罪科文言が見えないが、おそらくは、叡尊が『学正記』に書くさいに略したと推測される。

このように、和泉国の場合には鎌倉幕府の地方管理者が叡尊の命令を執行させる強制力となっていたが、叡尊らが取った起請文は、そうした強制力を伴うものであり、こうした点にも、叡尊の救済活動は単なる慈善事業に留まるものではなく、結果的に彼らによる非人統轄を生み出していたと考えられる。

西大寺の立場

前項までの考察を通して、叡尊・忍性に率いられた叡尊教団による非人宿統轄の存在が明らかとなった。ところで、叡尊・忍性が活躍した頃の西大寺は、従来の研究が指摘するように、興福寺の実質的な末寺だったのだろうか[106]。

西大寺内部における叡尊の立場に関しては、田中稔氏のすぐれた研究がある[107]。氏は、建治二年（一二七六）十月、別当乗範から小別当職が叡尊派へ寄進されたことに気づかれず[108]に、同年十一月の叡尊置文にみえる「若不宜別当不信寺僧等出来、於持戒之止住、致障碍之時者、止住衆僧同心和合移有縁之勝地[109]」〔もしも良くない別当や不信の寺僧が現われ、我々が戒律を護持しながら西大寺に住むのに邪魔をするならば、皆で同心和合して、縁ある優れた場所に移住しよう〕という文言を、叡尊の立場の弱さを示すものと理解されている。氏の研究がすぐれたものであるだけに、この氏の見解によって、これまで西大寺は興福寺の実質的な末寺であったと考えられてきた。

しかし、同年十月に小別当職が寄進されていること、この当時すでに叡尊ら律僧たちが経済的には優位に立っていたことなどから、この文言は叡尊の自信のあらわれ（＝おどし文句）ともとれるのである。したがって、この文言のみから、叡尊の立場の弱さを導きだすことは無理である[110]。

さて、寺院相互の本寺・末寺関係をうんぬんする場合、その重要なメルクマールは、本寺が末寺の寺僧の補任権を掌握しているか否かであろう。ところで、田中氏の研究によって明らかにされたように、弘安元年（一二七八）には検断権（裁判権と警察権の未分化なもの）その他を握る執行職が叡尊派に別当より寄進されている。(111) そして、「抑当時白衣寺僧等所職事、先師菩薩以来者、為律家宛行之候(112)」といった具合に、叡尊は寺僧の補任権を完全に握っていたのである。すなわち叡尊・忍性が活躍した頃、西大寺は興福寺の実質的な末寺ではなかったのである。とすれば、西大寺は、興福寺の末寺としてではなく、独自に非人とよばれる人々を統轄していたのである。

鎌倉幕府による非人統轄

叡尊教団が鎌倉後期以後、非人宿を統轄しえたのは、鎌倉幕府や院と結びついたことにもよる。本項では、叡尊教団の非人統轄ともっとも関係の深かった鎌倉幕府との関連を考察してみる。つぎの史料をみてみよう。

性《忍性》此詣四天王寺、聞豊聡太子四院施薬療病悲田敬田事、志慕焉、自此処処構療病悲田之院、其桑谷療病所、二十歳間、痊者四万六千八百人、死者一万四百五十人、已而活者踰五之四也、是役也、平副師時宗発之、性輔成之、故以土州大忍荘充其費(113)（以下略）

この史料で注目したいのは傍点部である。これから、吉田文夫氏が言われるように(114)、忍性が療病・悲田院を建てて救療事業を行なったのは、得宗《とくそう》(北条氏嫡流の家督)たる北条時宗の意向を代行したものであったことがわかる。

それでは、療病院や悲田院等で治療をうけた人々はどういう人であったのだろうか。療病院については史料がないが、悲田院についてはつぎのような史料がある。

此度本院沙汰之施行・放生・温室等事

(中略)

東悲田院　一貫五百文一貫文　非人施行百五十人分　温室料(115)(以下略)

これは、嘉元二年(一三〇四)後深草院崩御にさいし、その追善のために行なわれた非人施行等の記録の一部である。東悲田院の非人とよばれる人々に対し、一人につき十文ずつ合計一貫五百文が施行されている。それゆえ、悲田院では非人とよばれる人々が治療をうけていたといえよう。

以上のことから、幕府の実質上の最高責任者である北条時宗が、忍性に救療事業を代行させていたこと、悲田院での救療の対象は非人とよばれる人々であったことがわかった。

とすれば、鎌倉後期に、幕府と叡尊教団（忍性は鎌倉における叡尊教団の最高責任者であり、叡尊死後は叡尊教団の最高責任者となる）[116]とが、非人とよばれる人々を対象とした救療事業（＝一種の「慈善事業」）において密接に結びついていたことになる。悲田院は、建物等の恒常的な施設であって、一時的なものではない。また、叡尊教団と鎌倉幕府との関係をみると、忍性の死後、両者の関係が急激に悪化したという史料はない。だとすれば、非人とよばれる人々を対象とする幕府の救療事業を叡尊教団が代行するという幕府と教団との関係は、鎌倉幕府滅亡まで続いたと考えられる。つぎの史料をみてみよう。

（前略）

御布施

（中略）

銭百貫文　非人施行料　送極楽寺

銭三十貫文　放生料　同（以下略）[117]

これは、元亨三年（一三二三）十月に円覚寺で行なわれた北条貞時十三回忌の「供養記」の一部である。傍点部より、極楽寺が非人施行を担当したことがわかる。円覚寺で十三回忌の供養をやったのだから、円覚寺が非人施行をやってもよいはずなのに、幕府はわざわざ極楽寺（叡尊教団の鎌倉における拠点）に非人施行をさせていたのである。すなわち、鎌倉末期においても、叡尊教団は非人とよばれる人々を対象とする幕府の「慈善事業」を一手に代行していたのである。

ところで、先述したように、非人とよばれる人々に対する叡尊教団の「慈善事業」とは非人統轄を内実とするものである。とすれば、今まで述べてきたことから、鎌倉幕府は叡尊教団を媒介として非人統轄を行なっていたという極めて重大な結論が導き出される。

もっとも、さきの救療事業の場合は忍性が北条時宗個人の意向を代行したものとも考えられ、北条氏の叡尊教団を媒介とした非人統轄というほうが正確かもしれない。事実、つぎのような史料がある。

> 廿二日、自久米田寺、向大鳥長承寺、道有非人宿号取石、捧起請文、彼状意曰、可停止堂塔供養時狼籍（藉）、又住居家癩病人・路頭往還癩病人、雖見目聞耳、一切不可申触、子細一切可任彼意取意、以前三ケ条、為申請西大寺長老行時之入御、捧此請状、向後、若令違乱、於当国中取石宿非人経廻之分所々者、被相触地頭・守護御方々、可被止乞庭也、仍恐々言上如件[118]（以下略）

これは先述した取石宿非人が叡尊に捧げた起請文の内容を伝えるものである。この起請文の罪科文言から、守護・地頭（当時の守護・地頭の関係を考えれば守護が中心）の力が、叡尊の命令に非人と呼ばれる人々を従わせる強制力であったことなどは、すでに述べた。この場合において、守護権力が叡尊の命令に宿の人々を従わせる強制力たりえたのは、守護が叡尊と関係の深い北条氏だったからである。というのも、先述した元亨四年（一三二四）八月の河上横行と北山非人との争いの場合には、東大寺が乞庭《こいば》（乞食を許可された縄張りのこと）の停止をする権利をもっており、乞庭を停止する権力をもっていたのは、守護・地頭に限らないからである。

このことと先述のことを考え合わせると、鎌倉後期に叡尊教団を媒介とした北条氏の非人統轄が存在していたと考えられる。また、鎌倉後期以降の北条氏の幕府政策決定上における役割が他氏を圧倒していたことや、鎌倉後期以降の幕府政治が得宗専制政治であったこと等を考えると、北条氏の叡尊教団を媒介とした非人統轄は、鎌倉幕府の叡尊教団を媒介とした非人統轄と評価されよう。(補註1)

だとすれば、鎌倉幕府の非人統轄をまったく無視している現在の中世非人研究は考え直されなければならない。叡尊教団の行なった非人施行にさいし、「仰長吏、召諸宿非人交名」(119)というように、叡尊教団が徴した非人交名は北条氏の手元にも送られたと考えられ、北条氏を中心とする幕府は、それによって非人と呼ばれる人々を把握していたと考えられる。とすると、興福寺による非人統轄と叡尊教団による非人統轄とが併存していたことになる。両者はいかなる関係にあったのであろうか。そのことを理解するために、非人宿の成立について、考えてみよう。

非人宿の成立

渡辺広氏は、「非人陳状」の「山城国菱田宿者、立宿之後、年序幾土知哉[120]」という一節にみえる「立宿」という語のみから、「宿が社寺権力によって作られた[121]」とされる。私も、畿内の宿は社寺権力によって作られたものが多かったと考える。それはつぎのような三つの理由からである。

(一) 網野氏が明らかにされたように、宿の長吏は寺僧であり、長吏は形式上本寺の補任によって任命される[122]。
(二) 先述したように畿内の場合、非人宿の多くは在地寺院の近くにある。
(三) 非人とよばれた人々の職能の一つに清目(寺社域の清浄を守ること)がある[123]等、寺社と非人とよばれた人々とは密接な関係下にあった。

つぎの史料は、山門や祇園社を本寺社とした犬神人《つるめそ》の成立事情を伝えている。

感神院所司等申
（中略）
後三条院御宇延久二年、被成下　官符宣之以来、社家管領無相違、就中四条以南五条以北河原田畠者〇為社恩宛賜非人之間、号犬神人、所相従祭礼以下諸神事也[124]（以下略）

すなわち、四条以南五条以北の河原田畠は、延久二年（一〇七〇）以来祇園社領として認められており、祇園社は、そこを非人とよばれた人々（そこに居住していたと思われる）に社恩として与えることによって、彼らを犬神人として把握していたのである。

犬神人の成立事情は以上のようなものであったが、このことから、宿の成立事情もつぎのように推測できよう。まず河原や「宿」[125]のはずれといったところが寺社領に組み入れられる。寺社は、さらにそこに集まった流亡の民や乞食や癩者等の居住を認めるかわりに、彼らを宿の者として把握し、「立宿」する。たとえば、額安寺は寺の西辺に集まっていた人々を額田部宿の者として、泉橋寺は木津川の河原に集まっていた人々をコマノ宿の者として把握したのである。

宿は本来「立宿」した寺社のみに従属していたと思われる。そうした宿と宿との間に、

「非人陳状」にみられるように、本宿―末宿という統属関係ができていった。「非人陳状」にみられる宿は、各々すべてが興福寺末寺の統轄下にあった。それらの宿は興福寺末寺統轄下の宿という共通性のゆえに、興福寺統轄権下において一つにまとまり、その中で本宿―末宿の関係が形成されていった。南山城、大和、伊賀の興福寺配下の宿の中で、本宿となったのは北山宿であり、北山城、近江、丹波、摂津といった国の興福寺配下の宿の内では清水坂であった。以上によって、十三世紀後半まで興福寺が大和の七宿を統轄しえたのは、それらの宿を作った寺院が興福寺の末寺であったからと考えられる。

そして、十三世紀後半から十四世紀初頭にかけて、額安寺、泉橋寺といった寺々は叡尊教団の末寺となっていった。そのように、「立宿」した在地寺院が叡尊教団の末寺化し、叡尊らは、そこを拠点にして在地寺院の「立宿」した非人宿の非人たちを教化することによって、自己の統轄下に入れていったと考えられる。

つぎに、興福寺の非人統轄と比較しつつ叡尊教団非人統轄の特質について、いま少し考察しよう。

叡尊教団の非人統轄と鎌倉前期の興福寺の非人統轄との大きな質的違いは、前者がいわば宗教的統轄であったのに対し、後者は宗教を媒介としない座的統轄であったことにあるといえよう。先述したように、叡尊教団は宗教を媒介として非人とよばれた人々を統轄していった。一方、興福寺は、自己または末寺等の所領内にいる流亡民や癩者等を、居住を認めるかわりに「清目」を主たる職能とする「座」にいわば編入して統轄したのである。

叡尊教団は、文殊信仰[126]に基づく非人施行等を梃子として、非人とよばれた人々を対象とするものである以上、日本全国のすべての非人とよばれた人々を対象としていたのである。すなわち、叡尊教団の非人統轄は、寺社や在地領主による個別的な非人統轄の殻をやぶって、すべての非人統轄をめざすものであったといえよう。一方、興福寺はもともと、たんに自己（あるいは末寺）の所領にいる非人とよばれた人々を統轄しようとするにすぎなかったのである。

叡尊教団の非人統轄は以上のような特質をもっていたのである。それゆえ、叡尊教団による非人統轄が被差別身分制形成に果たした意義としては、それ以前においては、身分制外の存在として、各寺社や各在地領主ごとに個別的かつ多様なとらえ方をされていた多数のある種の職業に従事していた人々を、人間として非人という範疇で一括し、悩める人間として救済の対象とした点にあるといえよう。

叡尊教団は、叡尊・忍性等の活躍によって、彗星のように歴史の前面に現われ、十三世紀末から十四世紀にかけて、非人とよばれた人々をも統轄するに至る。この叡尊教団の非人統轄は室町初期まで続いた[127]と私は考えるが、何ゆえに消滅したのであろうか。それについいてささやかな見通しを述べておこう。

その一つの理由は、叡尊教団の非人統轄が叡尊・忍性の個人的資質に大きく依拠しており、彼らの死が叡尊教団の非人統轄に大打撃を与えたであろうということである。第二に、叡尊教団の非人統轄は宗教を媒介とするものであったが、その宗教の内容が非人とよばれる人々の多くがついていた職業を否定するものであったからではなかろうか。叡尊教団は、主として文殊信仰に基づいて、非人と呼ばれた人々に接近し、彼らに戒律を布教していった。戒律は「殺生禁断」を命ずるが、一方、非人とよばれた人々の多くは殺生と深く関わることを職能としていた。この矛盾ゆえに、叡尊教団の非人統轄は長く続かなかったのではなかろうか。第三の理由は、叡尊教団を強力に援助した北条氏が滅亡したことであろう。以上のような理由から、叡尊教団の非人統轄は室町期になると急速に消滅していったと思われる。

4 絵図に見る非人統轄

中世の非人が、その存在形態等により坂の物（者）・宿の者といったような呼び方をされる場合もあったことは前述の通りである。彼らの日本社会に果たした役割は、量的には小さかったかもしれないが、質的には社会にとって不可欠であったといわなければならない。それゆえ、彼らに対するいわれなき差別の不条理さを明らかにし、現在にも存在する被差別部落の解放に資するためにも、彼らの役割を解明することは意義のあることと考える。

さて、彼らの主として担った役割に寺社の境内等の清浄を維持すること等の「清目」があったことは先学の明らかにされたことである(128)。ところで、三浦圭一氏の研究(129)によって、鎌倉後期に叡尊教団が行なった土木事業に、非人が労働力として大規模に動員されたらしいことが明らかとなった。このことは、先に述べた、叡尊・忍性らの率いる叡尊教団の行なった非人救済活動が非人統轄に結実し、忍性らが行なった土木事業を支えた主たる労働力は叡尊教団統轄下の非人たちであったとする私見を支持するばかりでなく、非人の果した建設的な役割に新しい事例を付け加えるものである。

すなわち、氏は、正和五年（一三一六）六月十七日付で注進された和泉国日根野村絵図《いずみのくにひねのむらえず》にみえる「古作ヲ坂之物池ニツキ畢」という注記等から(130)、西大寺末寺の久米多寺（岸和田市）による非人を使った日根荘開発を初めて論ぜられたのである。氏の研究は非人の役割に新たなスポットをあてたすぐれた研究と評価できる。

しかしながら、氏の所説にも疑問点がないわけではない。たとえば、氏の所説の主たる論拠である「日根野村絵図」の性格について十分な検討がなされていないということがあ

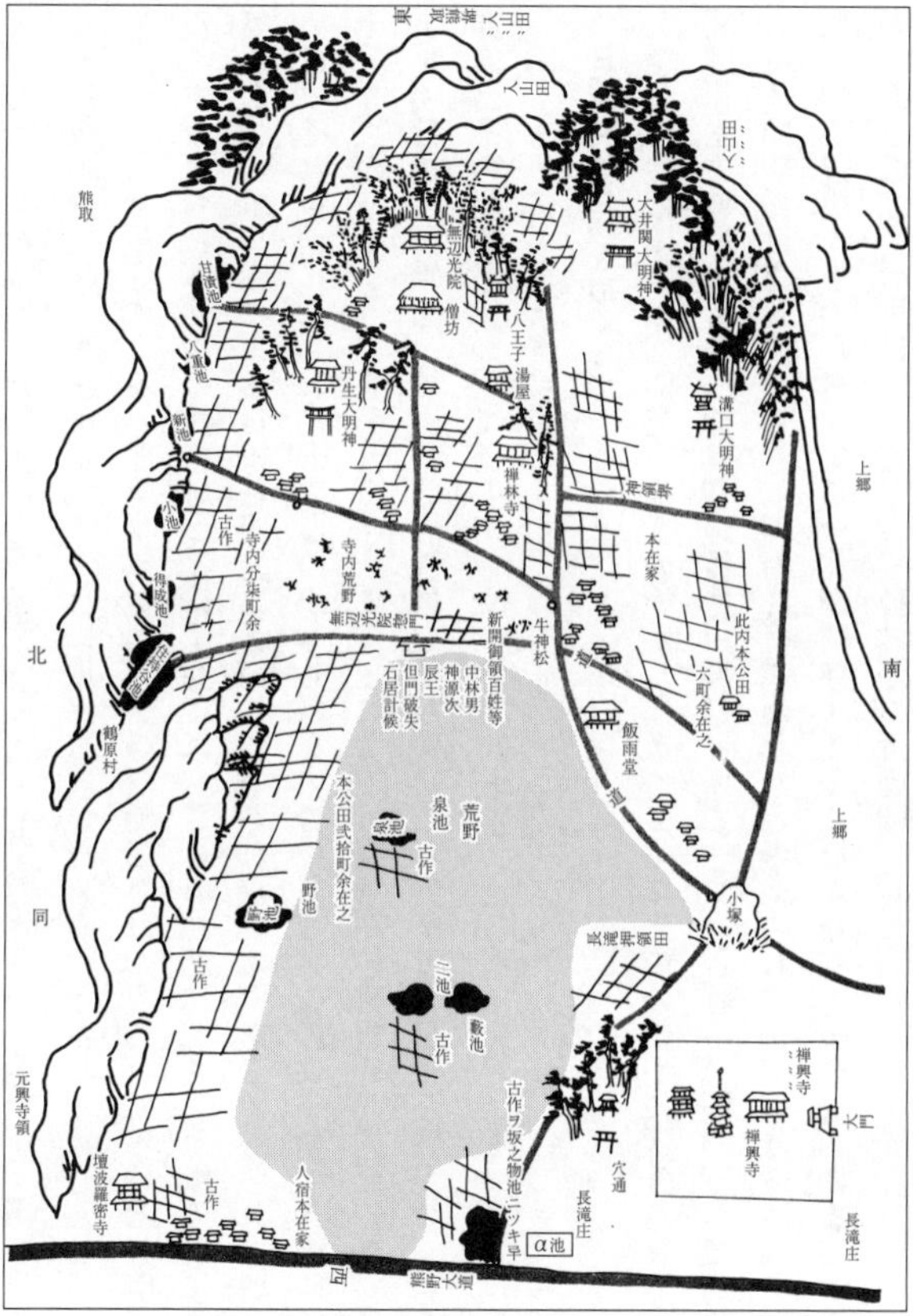

和泉国日根野村絵図

(『絵図にみる荘園の世界』〈東京大学出版会、1987〉より)

る。氏は絵図の検討（史料批判）をなされずに、この絵図は「久米多寺三綱が請文を提出して以後の開発の事実を反映することに重点を置いたもの」[131]とされる。しかし、従来その絵図は、久米多寺による「開発プランニングの資料とされたもの」[132]だろうと推測されている。すなわち、本絵図の性格いかんによっては、さきの注記に記された坂の者による池の築造が、久米多寺による日根荘開発にさいしてなされたものであるかもしれないし、あるいは、それ以前になされたものなのかもしれないのである。このように、氏の研究にも不十分な点があるように思われる。そこで、ここでは鎌倉期の日根荘の開発を素材にしつつ、まず「日根野村絵図」の史料的な性格を明らかにしたうえで、日根荘開発の一翼[133]を担った非人とその組織者について論じてみたい。

日根野村絵図をめぐって

鎌倉時代の開発は、開発主導者のいかんによって主に三つの類型に区分される。一つは荘園領主主導型、もう一つは在地領主主導型、いま一つは百姓主導型の三つである。百姓の主体的開発は鎌倉期を通して不断に行なわれたと考えられ、個別家族や隣人共同による比較的小規模なものから、集落全体が関与するようなかなり大規模なものまでが考えられる。あとの二つの型は、かなり大規模にかつ計画的に行なわれたと考えられる。ここで素材とする開発は、荘園領主主導型の開発の一つであり、絵図をつくるなど計画的かつ相対的にいえば大規模に行なわれた九条家を荘園領主とする日根荘の開発である。

さて、鎌倉期の日根荘開発を述べる場合、さきに触れた正和五年（一三一六）六月十七日付の図「和泉国日根野村絵図」（二五五頁）を語らずにはおられない。というのも、それが日根荘開発と何らかの関係があることは明らかだからである。

ところで、いわゆる「日根野村絵図」[134]には、正和五年（一三一六）六月十七日付で沙汰人等が注進した「日根野村絵図」と作成年月日が不明の「日根野村近隣絵図」の二つがある。しかし、「日根野村近隣絵図」については不明な点が多い[135]ので、以下では正和五年作成の「日根野村絵図」（以下、絵図と表現する場合が多い）についてのみ論じていきたい。

この絵図の作成時期や作成目的について小林吉光氏は次のように述べておられる。「正和五年（一三一六）、久米多寺三綱がふたたび開発を申請して許可された。この日根野村絵図は、この時に沙汰人が村内の既墾地・荒野・池等の現状をつぶさに記して本所に進めたものである。開発プランニング資料とされたものであろうか[136]」。

作成時期や作成主体については、絵図の紙背に、

（裏書1）

日根野村絵図　沙汰人注進之、

正和五年六月十七日、

前備後守（花押）

（裏書2）

（下司代）

以円（花押）

公文代祐心（花押）[137]

とあって、正和五年（一三一六）六月十七日に、下司代以円・公文代祐心の両沙汰人が中心となって作成し、それを前備後守（源兼定）が確認し、九条家へ提出したものと考えられる。

作成目的については、先述した通り三浦氏が新しい指摘をされている。すなわち、久米多寺による開発にさいして作られた開発計画の一資料というよりも、久米多寺が開発を請け負って以後二カ月あまりの間に開発された結果を主として示すものとされる。そして、熊野街道沿いの池[138]（以後α池と仮称する）もこの二カ月あまりの間に実専と連携する久米多寺が坂の者を動員して作ったとされる。

はたして、本絵図は開発計画資料の一つなのであろうか、それとも開発の結果を示すものであろうか。このことを考えるために、開発請け負い者である久米多寺が九条家に提出した請文と絵図との関係等について考察してみよう。

久米多寺は次のように二度請文を提出している。

(一)和泉国日根御庄内曠野事除井原村、当国久米多寺者、為代々御祈願所、備進小御堂壇供、依之今又御寄附彼曠野之上者、弥可抽御祈禱忠者也、早以寺家之計略、開発田地可全寺用、於本家役者、開発三ケ年以後、随出来田数、段別伍升御年貢、不論損否、毎年無懈怠可進済之、曠野四至内現作田相交者、其分自来秋、任有限庄例、可沙汰進本家御年貢、若致乃貢対捍、現不忠不法、将又開発事無其実者、可被召返彼曠野、其時雖聊不可申子細、仍為後日請文之状如件

正和五年丙辰四月八日　知事比丘照恵

維那比丘頼照

住持沙門禅爾(花押)[139]

〔久米多寺は九条家代々の御祈願所であるが、この度、井原村を除く日根荘内の荒野

を寄付されたので、開発を企て寺用に充てることにしたい。ただし、そのさいの条件として開発後三年間を経過すれば、九条家に本家役《ほんけやく》（重要な権限を有する荘園領主）として、不作豊作にかかわらず段別五升の年貢を納めること、荒野のうちに現作田《げんさくでん》（現在すでに耕作されている土地）が交じっておれば、この秋から九条家に納めること、年貢を納めなかったり、開発に失敗したりした場合には、荒野を九条家に返還することなどを定めている〕

〔二〕（前略）早以寺家之計略、修固池堤渭溝等、開発田地、可全寺用、於本家役者、開作三ケ年以後、随出来田数、段別五升御年貢、不論損否、毎年無懈怠可進済之、於池溝渭等用水者、云寺家、云本庄、相互無其煩、為先公平可引用也、又若致年貢対捍、現不忠又奉閣本家及上訴、将開発事無其実者、被召返彼荒野、更不可申子細、仍為後日請文之状如件

正和五年閏十月十五日　維那比丘恵空（花押）

知事比丘林聚（花押）

住持沙門禅爾（花押）(140)

〔史料〔一〕とほぼ同じであるが、池堤・井構の修理は久米多寺の責任で行ない、池

や井の用水は寺と荘園とで公平に使用することが新たに条件として付け加わっている」

すなわち、正和五年（一三一六）四月八日に請文（一）が出され、その二カ月あまり後の同年六月十七日に絵図が注進され、同年閏十月十五日に請文（二）が出されている。八カ月ほどの間に二度も請文が出され、請文（一）と（二）との間の時期に絵図が注進されていることをここでおさえておきたい。

さて、以上のことを踏まえてつぎの史料をみてみよう。

(三)(前欠)而不違背本所、無年貢懈怠者、永代不可有改動、抑当荒野者、去延慶三年僧実専為開墾依申請、雖被宛行、已七ケ年無其実之間、被召返所有御寄附也、早専致彼寺院之紹隆、可奉祈御家門之繁栄之旨、九条禅定殿下御気色所候也、仍執達如件

正和五年後十月十六日　散位在雅奉

円戒上人御房(141)

〔九条家に背かず、年貢を懈怠しなければ永久に改変はないでしょう。そもそも、この荒野は、延慶三年以来実専の開発申請によって、開発が認められたにもかかわらず

七年間にわたって開発がうまくゆかなかったので、実専から召し返して久米多寺へ寄付されたのである。早く久米多寺の中興を専らとし、九条家の繁栄を祈るべきである。以上は九条殿（房実）の命令です」

これは、九条家の家司《けいし》が九条房実の命令を奉じた文書で、宛名の円戒上人とは請文（一）（二）にもみえている久米多寺長老禅爾のことである(142)。とすれば、本文書の日付が請文（二）の一日後であることと考えあわせると、本文書は久米多寺の開発請文に対し、九条家側がその旨を諒承したことを伝えたものであるといえよう。では、何ゆえに二度にわたって八カ月ほどの間に請文が出されたのであろうか。

このなぞを解くために請文（一）と（二）の内容を比較検討してみよう。（一）と（二）と内容上相違する点は、「以寺家之計略、修固池堤渭溝等」という文言にみられるように、（二）には池堤渭溝の修理を久米多寺が自己の「計略」によって行なうことが明記されていることと、その池や渭等から用水を引くさいは久米多寺にとっても日根荘にとっても煩がないように公平に引く、と明記されている点である。そのほかについては、（一）と（二）との間に相違はみられない。

とすれば、請文（一）の段階で、池堤・渭溝等にかかる費用を九条家が負担するか久米多寺が負担するか、その用水の利用をどうするか、といった点で九条家と久米多寺との間で意見の対立があり、（二）によって久米多寺は先述のような妥協案を出し、（三）で九条家がその旨を確認したと考えられる。

そうだとすれば、（一）の段階では久米多寺による開発は行なわれておらず、（三）で（二）の内容が九条家側によって確認されてはじめて開発がはじまったと考えられる。以上述べてきたことからもはや明らかなように、請文（二）とそれを確認する（三）が出されて以後久米多寺による開発がはじまったと考えられるのだから、（一）から二カ月あまり後、（二）の七カ月ほど前に注進された本絵図は、（一）提出後二カ月あまりの開発の結果を示すのを主眼とするものではなく、（三）以後に始まる久米多寺による開発のための計画書類の一つと考えるべきであろう。

この考えが正しいことは、（一）（二）と絵図との対応関係の検討によっても明らかである。（一）（二）によって、久米多寺が開発を請け負ったのが荒野《こうや》（荒廃した既耕地、または開発予定地）であること、また「曠野四至内現作田相交者、其分自来秋、任有限庄例、可沙汰進本家御年貢」とあることから荒野と現作田《げんさくでん》（その年に耕作されていたところ）を確定する必要があったことがわかるが、絵図をみると「荒野」という文字がもっとも大きく書かれており絵図作成の主眼が「荒野」の確定にあることは間違いない。また、「本公田弐拾町余在之也」といった記載があり、「当時の荘園絵図特有の表現である交叉した直線[143]」によって耕地が示されていて、現作田の確定もなされているのである。さらに、絵図には池が十一描かれているのであるが、絵図作成の過程でこれらの池の修理や池の新造の問題等が明らかになったと考えられる。

以上によって、日根野村絵図は請文（一）提出後わずか二カ月あまりにおける「開発の事実を反映することに重点を置いたもの」ではなく、（三）以後にはじまる久米多寺による開発のためのプランニングの資料であったことが明らかになったと考える。

α池をめぐって

α池については、日根野村絵図に「古作ヲ坂之物池ニツキ畢」という注記があることから注目されている。三浦氏は、先述のように、本絵図が主として久米多寺による「開発の事実を反映」していると考えておられるので、この注記から久米多寺が「坂之物」（＝非人）を動員して既墾地をつぶして池を新しく築いたとされる[144]。氏が指摘されるように、非人の一部の人々はたしかに「坂之物」と呼ばれており[145]、この注記の「坂之物」も非人であったことは間違いあるまい。しかしながら、だれが「坂之物」を動員したのかについては、三浦氏の前提が崩れた以上、再考されねばならない。また、「古作……」という注記が何ゆえになされたのか、そしてその内容にはどういう意義があるのか等についても論じてみたい。

前項での検討によって、絵図は正和五年（一三一六）六月頃、久米多寺の開発にさいして開発計画の一資料として久米多寺が開発を請け負った荒野の領域確定等のために沙汰人によって作られたことが明らかになった。とすれば、絵図は久米多寺の開発までにおける日根荘の状況をあらわしており、α池も久米多寺による開発以前に作られたことになる。久米多寺による開発以前に、日根荘の開発を行なった主体としては、天福期における九条家や延慶期における実専が挙げられる。天福期における九条家の開発については、三浦氏がつぎのように述べておられる。「天福二年、九条家が日根荘の立荘を獲得し、当時としては望みうる最善の条件を背景にして開発に乗り出したが、日根荘およびその近隣の在地領主や農民の豊かな開発能力を引き出し結集させ、駆使することすらできなかった[146]」。すなわち、九条家自身による開発はほとんどうまくゆかなかったようである。

延慶期の実専による開発はどうであったろうか。まず、実専とはいかなる人物であるのかについてみてみよう。実専について三浦氏は西大寺の僧であったと考え、久米多寺（西大寺の末寺）の開発にさいして、協力した人物だと考えておられる。

しかし、実専を西大寺僧とする論拠は薄弱で、ただたんに徳治二年（一三〇七）に備中国東城川の難所を開削する土木事業の指揮者であった西大寺僧実専と、この実専とを同一人物と考えておられるにすぎない。そもそも「笠神文字岩」の判読は難しいらしく実専を実□とする人もいるのである。[147]それゆえ、東城川の開削を行なった西大寺僧は実専であるとは必ずしもいえないのである。また東城川の開削を行なった実専と延慶期の日根荘の開発を行なった実専とが同一人物であるとは史料（三）により考えがたいのである。

（三）によれば、久米多寺が日根荘開発を引き受けるにさいして、九条家は実専から日根荘を「被召返所有御寄附也」。すなわち、実専から取り上げて久米多寺に開発をまかせることになったのである。とすれば、三浦氏が想定されているような久米多寺と実専との協力関係は想定しがたく、また、当時久米多寺は西大寺の末寺であった[148]ことを考えれば（三）のような事態はおこりがたいであろう。以上述べたことから、実専は西大寺の僧ではなく、久米多寺は実専と協力して日根荘の開発を行なわなかったことが明らかになった。

つぎに実専の開発の実態についてみよう。（三）によれば、実専は延慶三年（一三一〇）に開発を担当し「無其実」（失敗した）のために更迭されたことがわかる。「無其実」をそのままに受け取ると開発がほとんど行なわれなかったかのようであるがはたしてそうであろうか。その当否はしばらくおき、延慶期における日根荘と九条家との関係をまずみてみよう。つぎの史料をみてみよう。

（四）和泉国日根庄可被遂惣検、雑掌盛治幷庄官等帯文書、可向政所之由、可令下知給之由被仰下也、仍執達如件

三月十二日　　　　（略押）

進上　右馬権頭殿(149)

〔和泉国日根荘の惣検注を遂げられることになったので、雑掌中原盛治や荘官らは必要書類を携帯して、荘の政所に向かうように命令しなさい〕

この史料によれば、延慶期における日根荘の開発は、じつに延慶二年（一三〇九）に始まったことがわかる。すなわち、同年三月頃には日根荘の惣検が行なわれようとされており、雑掌中原盛治や荘官等に帳簿類の注進が命ぜられている。

では何ゆえに延慶二年という時期に日根荘の開発が行なわれなければならなかったのであろうか。延慶二年という年は、九条家にとって一つの転換の年であったのである。すなわち、九条家の当主忠教は同年正月二日に出家し、(150)房実が彼にかわって当主となったのである。(151)新しい九条家の当主となった房実は一代一度の検注（荘園の土地調査で年貢徴収の基礎となる）を行ない、日根荘の復興を図ったのであろう。そして房実は、おそらくは開発のプロである実専に開発を請け負わせたのであろう。

では実専はいかに開発に取り組んでいったのであろうか。彼は延慶三年(一三一〇)二月十三日より日根野荒野の面積の確定をはじめる。(152)しかし、この荒野の確定は困難であったらしく、関口氏や三浦氏が指摘されるように、古作《こさく》(既墾地)と称して荒野に確定されるのを阻む百姓や荘官らの抵抗にあったのである。(153)しかし結局、同年四月一日には一応の確定がなされたらしい。こうして順調に行くかにみえた実専の開発も、正和四年(一三一五)頃には雑掌中原盛治を中心とする激しい抵抗にぶつかるのである。つぎの史料をみてみよう。

(五)(前略)為妨彼開発、焼払新百姓之住宅、殺害其身事、兼定同心于盛治結溝之由、蒙御不審候之条、殊以驚歎存候(154)(後略)

〔実専による開発を妨げようとしたために新百姓の住宅が焼き払われ、その新百姓が殺害された事に関して、私(兼定)も中原盛治の策略に同心していると御不審を蒙っているのは驚き嘆くべきことと存じております〕

この史料は、正和四年六月四日付で在地の有力者である源兼定(155)が九条家に出した起請文の一部である。これにより、中原盛治は実専の開発を妨げようとして、新百姓《しんびゃくしょう》(耕作者として新たに招かれた百姓）の住宅を焼き払ったり、新百姓を殺害したりしたことがわかる。そして、このことは逆に、正和四年六月の頃には、実専が浪人等を招き据えて新百姓として開発を進めていた事実を示すものであろう。すなわち、雑掌盛治を中心とした激しい抵抗によって、実専の開発が頓挫をきたし、久米多寺にバトンタッチせねばならなかったとしても、(三)の「無其実」という文言をそのまま受け取ることは危険であろう。なぜなら実専は荒野を確定し、正和頃までには浪人等を招き据えるなど、現に開発を進めていたのである。

とすれば、非人を動員してα池を作った人物として実専を考えることはもっとも妥当であろう。実専がいかなる人物であるかは不明であり、実専と非人との関係がいかなるものであったかについて、より具体的に論ずることはできない。ただ、一遍と非人、律僧と非人といったように非人を組織しえた人々には、僧位・僧官を持たない聖《ひじり》が多かったことから、彼もいわば勧進聖《かんじんひじり》的存在であったと推測するのみである。(156)

ではつぎに、「古作……」という注記が何ゆえになされたのか、そして、古作をつぶして池を作るのに非人が動員されたことの意味について考えてみたい。私は、「古作……」の注記がなされた理由を考える上で、α池の地理的位置は重要な意味をもっていると考える。というのは、α池が東北院領長滝荘と日根荘との境に位置しているからである。そして、絵図の長滝荘との境の部分には「長瀧押領田」といった記載がみられるように、おそらくはα池の水利権等をめぐって長滝荘と日根荘が争っていたと考えられる。

というのも、絵図では耕地を示す交叉線はα池の北側すなわち日根荘側にしかみられないが、日根荘は北から南にかけて地高が低くなっており、(157)α池の水がかり状況としてはおそらく長滝荘に水が引きやすい状況であったと考えられるからである。

それゆえに、長滝荘と日根荘は当時α池の水利をめぐって争っており、日根荘側が非人を動員してつくったことを強調して示す必要があったのであろう。つぎに古作をつぶして池を作るのに非人が動員されたことの意味を考えてみよう。

絵図では「古作」の注記がとくに目につくのであるが、それがいかなる意味を持つものであるかについては関口恒雄氏の研究がある。氏によれば、絵図に書かれた「古作」とは「九条家と百姓・在村領主との間で係争中の百姓治田・開発地の類」とされ、この表現等から「荒廃した耕地を『荒野』とみなしここに排他的領有権を確立せんとする荘園領主と、自己の労働の成果とみて『古作』と主張する百姓との間に鋭い対立」があったとされる。(158)すなわち、開発にさいしての「古作」とはたんなる既墾地を意味するのではなく農民的土地所有権の表明とされるのである。とすれば、「古作ヲ坂之物池ニツキ畢」という注記もたんに、坂の者が池を築いた事実を明らかにすることに主眼があるのではなく、〝本来百姓（在村領主）の権利地であった土地が池にされたのであって、その池の用水権は本来百姓（在村領主）にあるべきだ〟ということを表明するために書かれたと考えられる。そして、こうした百姓等の権利を否定する行為に坂の者が動員されたことは坂の者と百姓等の間に対立を引き起こしたであろう。このことは、鎌倉前期において、坂の者に対する差別意識を次第に持ちはじめていた百姓等に、差別意識を一層植えつけることになったと考えられる。

以上、「日根野村絵図」の性格を明らかにした上で鎌倉末期における実専による非人編成の存在を論じたのであるが、これと叡尊教団による非人統轄との関係について述べておこう。

私は、先に鎌倉後末期における叡尊教団による非人統轄の存在を論じ、叡尊・忍性等（とくに忍性）が行なった大土木事業に叡尊教団統轄下の非人たちが動員されたであろうと考えた。そして、三浦氏が明らかにされた久米多寺と実専とによるα池築池にさいしての非人動員こそ私見を支持する一例と考えてきた。しかしながら、本項において明らかにしたように、α池を築いたのは久米多寺ではなく、西大寺僧ではない実専であることがわかったので、この事例はただちに私見を実証する一例とはいえない。だが、鎌倉末においで実専という僧が非人を動員して五町近くの広さ（明治において）の池をつくりえたということは、言わば、実専よりもより組織的に非人を把握していた叡尊教団であれば、実専よりも多数の非人を土木事業に動員しえたであろうことを意味するものである。

さて、正和五年（一三一六）閏十月十六日に九条家に開発を承認されて以後、久米多寺は日根野・鶴原の開発に着手する。それ以前の開発がうまくゆかなかったようであり、かつ、久米多寺による開発以後も大規模な開発がなされた様子はなかったが、文暦元年（一二三四）において日根野村の十二町三百四十歩[159]にすぎなかった現作田が、応永二十四年（一四一七）においては総計五十四町余へと増加している[160]。すなわち、久米多寺による開発はある程度の成果をあげたようなのである。久米多寺が日根荘の開発を請け負いそれにある程度成功したことは、日根荘への叡尊教団の進出を可能にしたと推測させる。つぎの史料をみてみよう。

和泉国
　東寺修理奉加人数
　（中略）
　　日根郡
金態寺　　　　十三人　壱貫参佰文

勝軍寺　一人　佰文
檀《サノ》波羅蜜寺西大寺門徒　二人　弐佰文
来迎寺西大□　三人　参佰文
西方寺西大寺　二人　貳佰文
禅興寺　伍佰文
南郡
（後略）[161]

この史料は、文安二年（一四四五）のものではないかと推測されている東寺修理奉加人数帳の和泉国の分の一部である。この史料からわかるように、南北朝期において日根郡の六つの寺のうち、三つの寺院は西大寺の末寺となり、絵図では「人宿本在家」のすぐそばに描かれている檀波羅蜜寺も西大寺末寺化するのである。[162]

檀波羅蜜寺は、平安後期に創建されたようであるが[163]、久米多寺が日根荘の開発を請け負う頃には、絵図からわかるように、たった一つの建物からなる小さな寺へと衰微していたらしい。しかし、後には如来寺・観音堂といった子院をもつ寺として再興されている。おそらくは、久米多寺寺僧の活躍によって西大寺末寺として再興されていったのであろう。

それとともに、すぐそばにある「人宿《にんしゆく》」（非人が存在したと考えられる）に対して強い影響力をもつようになり、その非人集団も叡尊教団による編成を受けていったと考えられよう。

5　非人にとっての中世後期という時代

つぎに、中世後期の十五、十六世紀が被差別身分制にとっていかなる意味をもった時期であったのかを考えてみたい。この時代をどのようにとらえるかということに関しては、基本的に対立する二つの見解がある。一つは、原田伴彦氏(164)を代表とする中世後期を賤民解放が進行する時期とみる見解と、その時期に被差別身分制が拡大強化されてゆくとみる原田氏以後の諸家の見解(165)である。そして、中世後期大和の場合には、熱田公氏他の研究(166)によって、五カ所の声聞師に関しては十五、十六世紀は住所移動による公事不沙汰闘争の結果、解放が進む時期としてとらえられている。とすれば、十五世紀末の大和の非人集団が激しい差別にさらされつつあったのか、解放されつつあったのかを明らかにすることはさきの中世後期の評価に関連して有意義なことと考える。

これを考えるにあたって、さきにも触れた、「三党者」を例として見ていこう。「三党者」が少なくとも尋尊等から「非人」と呼ばれたこと(167)はいうまでもない。しかし、だからといって百姓や郷民から、三党者がたんなる違和感以上に不浄視され、差別されていたとは必ずしもかぎらないのである。そこで、三党者と差別との関係を風呂[168]を通して考えてみたい。というのも、浄・不浄、差別・被差別は風呂においてもっとも端的にあらわれるからである。つぎの史料をみてみよう。

新在家北非人温室事、件咒師庭者旁便宜不可然之上者、於般若寺以北、可撰便宜之地候欤、且本願御時、被出遣寺辺之癩人於件呪師庭之処、其穢気猶依有其憚、遠被遣北山之上者、難背旧儀候欤古老口伝候[169]

〔新在家の北の非人温室の事、くだんの呪師庭は、なにかと便宜が良くないので、般若寺以北に便宜の地を選ぶ（選んで移す）べきか。そのうえ、本願（聖武天皇）の時に、寺辺の癩病患者をくだんの呪師庭に移されたが、その穢気が猶憚りがあり、遠く北山に遣わされた。それゆえ、その旧儀に背き難い。これは古老の口伝である〕

これは、嘉暦三年（一三二八）十月五日付の「東大寺衆議事書」の一部である。これによれば、鎌倉末期に新在家の非人温室《ひにんおんしつ》が般若寺以北に移されようとしていることがわかる。すなわち、穢れの観念から東大寺僧たちは非人温室を都市奈良の周縁に移そうとしていた[170]

のであるが、鎌倉末期に奈良には、この非人温室という非人専用の風呂があったことをここでは注目しておきたい。

さて、三党者のうち北山非人と風呂との関係については史料がないので論じがたいが、声聞師の場合には、つぎのような注目すべき史料がある。

（一）浄土寺銭湯ニ唱門師男女不可入之旨、彼寺申請之間、制札遣之下地、衆中集会ニ先年一決不可入之旨彼寺ニ申送了、然間旁以禁制旨仰之[171]（後略）

（二）吉田法橋申入、今日衆中集会在之、所用之間父子共ニ不罷出候、然而為集会所書状ニテ申給候、浄土寺銭湯ニ唱聞師共歎申入之間、令許可可入之云々、返事、此事不可有、許可条不得其意、一段集儀一決不可叶之由也、為大乗院家御自専地被打制札了、旁不可申同心、不可然旨返事仕之由云々、則浄土寺ニ仰遣之、為集儀雖申之不可入、為門跡可相届也[172]（後略）

（三）浄土寺風呂唱聞師不可入旨、今日自古市方申送集会所了、各得其意云々、堯善、師公相語之[173]（後略）

〔浄土寺風呂に声聞師を入れない旨を、今日、官務衆徒《かんむしゅと》（衆徒の代表）である古市方《ふるいちかた》から衆中集会へ申し送ったところ、了解したという。そのことを堯善と師公が語ってくれた〕

史料（一）によれば、延徳二年（一四九〇）以前に浄土寺の申請によって浄土寺銭湯に声聞師を入れない旨が衆中集会（衆中の会議）によって決められ、大乗院もそれを認めていることがわかる。なお、衆中とは興福寺のいわゆる僧兵、衆徒たちの代表組織である。[174]

史料（二）から、つぎのことが知られる。声聞師側の歎願によって延徳四年（一四九二）二月二十六日の衆中集会で、いったんは浄土寺銭湯に声聞師も入ってよいという許可がおりた。だが、吉田法橋通祐（大乗院方の衆徒[175]）は、一度、衆中集会で入れないと決めたのだし、また、浄土寺は大乗院の自専の地（支配下の場所）として声聞師を入れない旨の制札をたてた以上、衆中集会の決議には従えないと考えていた。

そして、史料（三）によれば、結局、この浄土寺銭湯に声聞師を入れるか入れないかという問題は、入れないということで決着したのである。

この浄土寺の銭湯は、「地下風呂[176]」（＝一般民衆のための風呂）であった。また、史料（二）によれば、声聞師の歎願によっていったんは入ってもよいという許可がおりたことから判断すると、声聞師も「先年、入るべからざるの旨に一決」するまでは入れたと考えられる。このことは、つぎのことからも傍証されよう。つぎの史料をみてみよう。

(四) 浄土寺坊主来、風呂悉以建立、及数百貫云々、一昨日より銭湯初之云々、本来及二百年計銭湯也、浄土寺本願ハ興正菩薩孫弟子大安寺之長老弟子、鎌倉之極楽寺僧也(177)

〔浄土寺の坊主がやってきた。風呂を悉く建立したという。金が数百貫かかったという。一昨日より銭湯の営業を開始したという。(浄土寺の銭湯は)本来は二百年ばかりの歴史のある銭湯である。浄土寺の本願は興正菩薩叡尊の孫弟子で大安寺長老の弟子である、鎌倉極楽寺の僧である〕

この史料によれば、浄土寺は鎌倉の極楽寺僧が建てた寺であり、「二百年ばかりに及ぶ銭湯」だとすれば、浄土寺銭湯は鎌倉時代末以来の銭湯であることがわかる。とすれば、極楽寺の忍性によって「衆生救済」のためにつくられた温室が直ちに思い起こされる(178)。そして、そうした温室がすべての民衆(非人を含め)に開かれていたことを考えると、おそらくは「衆生救済」のための一施設として出発したと考えられる浄土寺の銭湯は、成立当初から、あらゆる民衆にひらかれた風呂であったはずであろう。

だとすれば、浄土寺の銭湯に浄土寺の側から声聞師を入れないとし、それを衆中集会や大乗院も認めた意味は大きい。

史料（四）等でわかるように、浄土寺は延徳元年（一四八九）に風呂を新造したことを機会に声聞師を入れないようにしたのであるが、それは浄土寺側だけの意向であっただろうか。声聞師側に過失があったわけでもないことや、いったんはその処置が撤回されたことからわかるように、声聞師を支持する衆中もいたこと等を考えれば、浄土寺側だけの考えでそれがなされたとは考えがたい。銭湯からの声聞師排除を望む声聞師以外の銭湯利用者の存在をも想定せざるをえない。差別の意識や卑賤観をもった郷民・百姓が、銭湯からの声聞師排除を以前から要求していたからこそ、浄土寺側は新造を契機に声聞師の排除を行なったと考えられよう。

以上によって、十五世紀の末には声聞師が銭湯に入れなくなったことを述べた。この浄土寺の例は特殊例である可能性は残るにしても、興福寺側が声聞師が銭湯に入ることを禁じた意味は大きい。おそらくは、ほかの銭湯においてもこうした声聞師の排除はなされていったと考えられるからである。

では、銭湯からしめだされた声聞師たちはどの風呂に入ったのであろうか。おそらくは、先述のごとき非人温室に入らざるをえなくなったのではなかろうか。このように、十五世紀末において、百姓や郷民たちから彼らまでも不浄視され差別される（差別が表面化する）ようになってゆくのである。[179]

先述のように、彼らは七道者や乞食の統轄者ではあるが、北山非人に比して穢れから距離をおいた存在であった。こうした彼らまでもが、銭湯に入れないということは、配下にあった人々はいうまでもなく入れなかったであろう。

北山非人と風呂との関係については直接語ってくれる史料はない。ただ、彼らは清目に従事し、穢れにより直接的に関わっていたがゆえに、声聞師よりも早くから非人温室（風呂）に入らざるをえなかったであろうと推測するのみである。こうして、大和のすべての非人と呼ばれた人々は、十五世紀末において銭湯から排除されていったのではなかろうか。

さて、先述したように、中世後期の十五、十六世紀が被差別身分制形成においていかなる意味をもった時代であったかの評価について、賤民解放の時代としてとらえる見解と、差別が強化されてゆく時代としてとらえる見解の二つがあった。熱田公氏の五カ所を中心とする研究[180]によれば、住所を移転し移転先の領主をたよるなどして公事を不沙汰し（公的な職務を行なわず）、多くの声聞師たちが解放されていった時代だという。

ところで、声聞師の解放といった場合、それにはつぎの二つのケースが考えられる。一つは、声聞師のうちの個々人が声聞師の身分を脱してゆくケースであり、もう一つは声聞師全体が身分を上昇して脱賤化するケースである。熱田氏の研究は、このうち、前者に着目した研究である。たしかに、中世後期における身分の流動状況を考える時、住所移転・公事不沙汰闘争を通して解放されていった人もいたかもしれない。

しかし、そうした闘争を通して寺家（五カ所の場合は大乗院）の統轄を脱しえたとしても、移転先の領主の下でよりひどい状況下におかれたかもしれず、ただちに解放されたとはいえない。しかも、氏自身も述べておられるごとく、寺家の隷属を断ちきることは困難だったのである。その結果、十五世紀末になっても、五カ所のうち、西坂や中尾（鳩垣内）[181]の声聞師は大乗院の公事を勤めており、西坂については近世初期までも寺家との関係は続いたのである。[182]

その理由の一つは、彼らは声聞師である一方、七道者や乞食の統轄者であったのであり、その権限は興福寺によって承認されてはじめて成り立つものであったからであろう。とすれば、住所移転・公事不沙汰闘争による大乗院からの解放の事実をもって、中世後期を賤民解放が進む時期とみる説には大きな疑問が残るのである。

では、第二のケースについてはどうであったのかというと、本節で述べたように、声聞師たちは十五世紀末になると銭湯からも排除されるようになる。すなわち、彼らは解放されるどころか、厳しい差別にさらされるようになってゆくのである。とすれば、少なくとも、大和の非人にとっては、十五世紀末や十六世紀は差別が強化されてゆく時代であったといえよう。

註

(1) 『大日本古文書東大寺文書』一〇(以後、『東大寺文書』一〇と略す)二一五ページ。
(2) 永島福太郎『中世文芸の源流』(目黒書店、一九五一)一二五ページ。なお、この文書は「大宮文書」の一通であるといわれているが、原史料をみることができなかったので、永島氏が活字にされたのをそのまま引用した。
(3) 大山喬平「奈良坂・清水坂両宿非人抗争雑考」(『日本史研究』一六九、一九七六、のちに大山『日本中世農村史の研究』〈岩波書店、一九七八〉所収)四一―四二ページ。
(4) 本史料は次のような点から偽文書ではないかと考えられる。(一)宛名の松本宿長吏の松本宿が従来知られている大和の宿にはみられないこと、(二)内容から判断して本文書は北山宿長吏にあてられるべきものであるのに松本宿長吏にあてられていること、(三)さらに追而書等が文書形式上不備であること(「官符衆徒沙汰衆」という文言や署判の位置が不自然等)等の理由からである。けれども、当時北山宿を松本宿と呼ぶ場合があったかもしれず、文書形式の不備は本史料が写しであって筆写のさいに誤ったとも考えられるので、今ここでは本史料の内容を一応信頼して内容を検討する。

(5) 中世後期になると、河上声聞師は十座の構成員となるが、一方では「十座・河上・五个所」(『雑事記』文明四年八月十六日条)といった具合に、十座を別記される場合もある。このことは、中世前期においては河上声聞師が東大寺と結びついて独自の集団を形成していたという歴史的事情を考えると理解されやすいであろう。このことも私見を傍証するものであろう。

(6) 五カ所の独立した時期は応永六年三月十一日の金堂供養の時までは確実にさかのぼる(山田洋子「中世大和の非人についての考察」〈『年報中世史研究』四、一九七九〉四八ページ。金堂供養が同年三月十一日であるのは『史料綜覧』七、二八八ページを参照)。

(7) 叡尊教団は鎌倉末から南北朝期にかけて「六十六州中国分寺」の復興を行ない、それも通して諸国の在庁官人(守護)との結びつきを深めていた(拙稿「勧進の体制化と中世律僧」〈『日本史研究』二四〇、一九八二〉、のち拙著『勧進と破戒の中世史』〈吉川弘文館、一九九五〉所収)。このように、当時叡尊教団は全国に拠点を確保していたのであり、諸国の非人に対する「救済」も実際に担っていたのではなかろうか。この点については後考を期したい。

(8) 河上横行と叡尊教団との関係を示す史料は今のところない。たとえ、叡尊教団の配下に入っていなかったとしても、非人施行の対象にはなっていたと考える。叡尊教団の非人「救済」を単なる撫恤・慈善救済と考える説が根強いが、叡尊教団の「救済」の対象となった人々の中には「交名」に載せられ、起請文を徴された人々があったのは確実であり、そういう非人は土木事業等にも動員されたのであろう。そうした非人と叡尊教団との関係を単なる慈善救済とみることには従い難い。細川涼一氏は般若寺復興をとりあげ、それが興福寺側との協力のもとに行なわれたことをもって叡尊教団と興福寺との対立関係を否定された（「中世大和における律宗寺院の復興」〈『日本史研究』二二九〉、のち細川『中世律宗寺院と民衆』〈吉川弘文館、一九八七〉所収）。しかし、後述するように、叡尊教団による非人統轄と興福寺の非人支配とは、質を異にし並存し得るものである。

（9）網野善彦「中世における天皇支配権の一考察——供御人・作手を中心として」（『史学雑誌』八一—八、一九七二、のち網野『日本中世の非農業民と天皇』、〈岩波書店、一九八四〉所収）、同「中世身分制の一考察——中世前期の非人を中心に」（『歴史と地理』二八九、一九七九、のち網野『中世の非人と遊女』〈明石書店、一九九四〉所収）他。

（10）森末義彰「散所」（『中世の社寺と芸術』〈目黒書店、一九五〇〉）。

（11）大山喬平「奈良坂・清水坂両宿非人抗争雑考」（前註3）。

（12）林屋辰三郎「散所——その派生と展開」（『古代国家の解体』〈東京大学出版会、一九五五〉）。

（13）もっとも、中世前期においては散所を冠する人々がすべて賤視されたわけではなく、散所法師のみが非人的扱いをうけたとする立場（脇田晴子「散所論」〈『部落史の研究』部落問題研究所、一九七八〉参照）に私も立っている。なお、最新の散所研究として宇那木隆司「中世後期における東寺散所について」（『世界人権問題研究センター研究紀要』三、一九九八）

がある。

(14)網野善彦「余論「散所法師について」」(『中世東寺と東寺領荘園』〈東京大学出版会、一九七八〉)。

(15)中世の手工業者は権門寺社の寄人となり座に編成されていた。私は、この領主により手工業者が座編成されて支配される方式を座的支配とよぶ。座には、座構成員の特権維持の側面もあるが、商工業者の座は本来、有力寺社が神役等を徴収するために編成したものであり、商工業者支配のための組織としての側面もみのがせないであろう。

(16)東寺百合文書(以後、「東百」と略す)せ之部武家御教書幷達二十九至六十四(東京大学史料編纂所架蔵影写本を利用した)。

(17)「東百」こ之部百十四至百五十五止。

(18)森田悌「検非違使の研究」(『史学雑誌』七八―九)、五味文彦「使庁の構成と幕府」(『歴史学研究』三九二)等参照。

(19)五味文彦前掲論文(前註18)が少し触れているくらいである。なお、橋本初子氏が検非違使発給文書について精力的な研究を行なっておられるが、まだ活字化されておられない。この部分は旧稿「天皇支配権と中世非人支配」(『日本歴史』三九四、一九八一)がもとになっているが、旧稿以後に橋本初子「中世の検非違使庁関係文書について」(『古文書研究』一六、一九八一)がでた。

(20)「東百」里一四一(以下、「東百」は京都府総合資料館〈現、京都府立京都学・歴彩館〉所蔵の「東百」である)。

(21)「東百」こ之部一五。

(22)「東百」ト之部三三二。

(23)「東百」め之部一〇六。

(24)「東百」ヒ之部二四六。

(25)(二)の民部卿法印とは東寺長者顕助であろう。(六)(七)の中原明成、柳原資明は各々検非違使尉、別当である。なお、(六)(七)は「興福寺申――」といった具合に「訴人甲申」という文言ではじまっているのに、(一)(二)はそうでないのであるが、(一)(二)は二度めのものであるためそういう形式をとらなかったと考えられる。そのことは次の資料等からわかる。

散所長者亀菊法師申散所法師等募権門威不相従所勘由事、綸旨如此、万劫法師十念法師已下輩、可相従之旨可被申東寺長者僧正御房候哉、以此旨可令披露給、章房誠恐謹言

(嘉暦二年)三月七日　左衛門大尉(中原)章房

進上　源蔵人殿

〈「東百」ヒ之部自六十六至八十八号〉

本史料は、(一)(二)と同一事件を扱っていると考えられ、(一)にみえる重綸旨とはこの史料にみえる論旨に重ねて出された綸旨であることは確実であろう。そして、本史料は「散所長者亀菊法師申――」といった具合に(六)(七)と同じ形式ではじまっている。なお、本史料は検非違使尉の発給文書でいわば(六)にあたるが、(七)にあたる別当(大理)発

給文書も発給されていた事が次の史料の傍点部からわかる。

散所大蔵法師等間事、大理并官人章房状副具書如此、子細載状候歟、先規無子細者、早可随長者命之由、可令下知給候由、長者僧正御房御気色所候也、恐々謹言

（嘉暦二年）三月十日　法印（花押）

執行入寺御房

〈「東百」ヱ〉

(26) 東寺散所は、後宇多院が院散所を文保二年に東寺に寄進したものであるが、その寄進とは留保条件つきのものであって、院（天皇）に必要な場合等はその使役を散所長者に命じて行なわせえたと考える。

(27) いかなる場合に親裁がなされ、いかなる場合に諸官評定がなされたのかについては後考を期したい。

(28) 脇田晴子『日本中世商業発達史の研究』（御茶の水書房、一九六九）第三章座の性格と本所権力、二六九―二七四ページ参照。

(29) 森末義彰「中世寺院内における声聞師の研究」（『中世の社寺と芸術』〈目黒書店、一九五〇〉）参照。

(30) 『部落史に関する綜合的研究　史料第四』（柳原書店、一九六五、以後、『綜合的研究』四と略す）四四八ページ。

(31) 森末義彰前掲論文（前註29）二八六ページ。なお、貞治二年九月石清水神輿帰座のさいに朱雀河に橋をかけることになり、散所の他に「寺内款冬田在家人」も侍所の命で使われてい

る（『綜合的研究』四、三四三ページ）。

(32) 関靖編『金沢文庫古文書　所務文書編』五七四九号文書、文書番号は『金沢文庫古文書』（一九五六）の文書番号に従った。以後文書番号のみを記すものは『金沢文庫古文書』所収の文書である。

(33) 叡尊・忍性に関する研究としては次のようなものがある。和島芳男『叡尊・忍性』（吉川弘文館、一九五五）、上田さち子「叡尊と大和の西大寺末寺」（『中世社会の成立と展開』吉川弘文館、一九七六）、田中稔「西大寺における「律家」と「寺僧」――文和三年「西大寺白衣寺僧沙汰引付」をめぐって」（『仏教芸術』六二号、一九六六）、吉田文夫「忍性の社会事業について」（笠原一男編『日本における社会と宗教』〈吉川弘文館、一九六九〉）等。

(34) 前田元重氏の御教示による。

(35) 「金発揮抄」第三帖目の表紙に「伝領湛睿」と書いてあることにより、そのことがわかる。

(36) 五二〇九号。

(37) 四三一一号。

(38) 和島芳男前掲書（前註33）。

(39) **表**の《2》、《4》、《5》、《6》、《12》、《14》、《18》、《26》、《32》、《33》、《34》、《40》、《42》、《47》、《48》。なお《　》でくくった番号は**表**の番号である。

(40) 《2》、《4》、《14》、《26》、《48》の五通。円了が称名寺僧である事は五八八八号によりわかる。仁宝は、「授菩薩戒弟子交名」（拙稿「西大寺叡尊像に納入された「授菩薩戒弟子交名」と「近住男女交名」」〈『南都仏教』七三、一九九六〉九三ページ、拙著『日本中世の禅と律』〈吉川弘文館、二〇〇三〉に採録）にみえる仁宝と考える。春禅が称名寺僧であることは次のことからわかる。《26》にみえる新藤三は五三三五号の称名寺領加賀国軽海郷百姓名注文にみえる新藤三であると考えられる。とすれば、《26》は称名寺僧の百姓の陳状を称名寺の荘官がとり継いだもので、その宛名は称名寺僧と考えられる。

(41)《39》は称名寺領大田荘についての訴訟に関して裁許を早くうけた方がよいとすすめたものであり、宛名は称名寺僧であろう。

(42) 和島芳男「中世における極楽・称名二寺の関係」（『金沢文庫研究』八四号、一九六二）。

(43) 大山喬平は「奈良坂・清水坂両宿非人抗争雑考」（前註3）七〇ページにおいて、十三世紀の前半において奈良坂は一乗院と結びつきを強めていたのではないかとされる。

(44) 二五九一号。『金沢文庫古文書』（前註32）は、差し出し人を法橋政所とするが、原史料をみてみると、政所とは読めない。

(45)『続群書類従』巻百一。

(46) 同前、巻百二。

(47) 源守は、前掲「授菩薩戒弟子交名」（前註40）九三ページにでてくる人物と考える。行円は、一〇七九、一〇八一、二九〇三号文書等にみえ、称名寺関係者と考えられる。

(48) **表**の《15》、《43》、《49》参照。

(49) 渡辺広『未解放部落の史的研究』（吉川弘文館、一九六三）一五九ページ等参照。大山喬平「奈良坂・清水坂両宿非人抗争雑考」（前註3）六九ページ。
(50) 渡辺広前掲書（前註49）参照。
(51) 『山城名跡志』（『大日本地誌大系』、雄山閣）、『山城志』（『日本輿地通志』所収）、吉田東伍『増補大日本地名辞書　一〜八』（冨山房、一九六九〜七一）、『山城名勝志』（『史籍集覧』所収）等による。なお、山城の非人宿の地理的位置の確定にはいつもそれらを利用した。
(52) 『大和地名大辞典続編』（日本地名学研究所、一九五九）五三一ページ。
(53) 岸俊男「大和の古道」（『日本古文化論攷』〈吉川弘文館、一九七〇〉）四〇二ページ。
(54) 『西大寺叡尊伝記集成』（奈良国立文化財研究所監修、法藏館、一九七七）所収による。
(55) 和島芳男前掲書（前註33）一〇四ページ。
(56) 上田さち子前掲論文（前註33）参照。
(57) 土井実『奈良縣銘文集成』（一九六五）一三四ページ参照。
(58) 『角川日本史辞典』一〇八四ページ参照。
(59) 渡辺広前掲書（前註49）一五九ページ等参照。
(60) 「非人陳状」には四つあるが、いずれも『部落史史料選集　第1巻　古代・中世篇』（部落問題研究所出版部、一九八八）に解説付きで翻刻されている。
(61) 永島福太郎『奈良』（吉川弘文館、一九六三）一九七ページ等参照。
(62) 『学正記』文永六年条。
(63) 『中臣祐賢記』（水谷川忠麿編『春日社記録』〈一九五七〉所収。以後『祐賢記』と略す）

文永六年三月廿五日条。

（64）『日本国語大辞典』によれば、「勝事」の意味はつぎのようなものである。

①人の耳目をひくような、すばらしいこと。

②異常なできごと。とくに、奇怪なこと、不吉なこと、騒動など、よくないことについていう。

従来は、①の意味と考えられてきたが、それは間違いである。というのも、『祐賢記』において「勝事」は十数カ所に使われている。そして、いずれも②の意味で使われている。その内の二例を掲げてみよう。

a十五日、申時、六波羅ノ北殿ヨリ南殿へ押寄テ打畢、其故者、自関東被立馳馬被相触云々、南殿ハ故西明寺一男也、北殿ハ故長時ノ四男ト云々、関東ニモ大名両三被打ト風聞、未所存難知歟、勝事也

これは、祐賢が二月騒動について記した記事である。多くの在京武士も死傷したこの事件を祐賢は「勝事」と言っているのである。

b今度勝事違乱事

神主泰道・同子息遅参、金堂前燈爐辺ニテ参合テ、御正体ヲ為奪取取付之、其後、末清・同聟末時等、御体ノ御榊ニ取付テ致散々沙汰、至南大門如此、勝事無申限、神主遅参、鳥居ノ黄衣遅取故也（後略）

右の記事が伝える事件の背景には、北郷神人（大中臣方）と南郷神人（中臣方）との対立

があった。右の事件では、北郷神人が南郷神人方の正体（神体か）を奪い取ろうとしたのである。そのことを祐賢は筆舌に尽くしがたい、とんでもないことと記しているのである。

a・bいずれも「勝事」が②の意味で使用されていることは明らかであろう。祐賢は②の意味で「勝事」を使う癖があるのである。ゆえに、彼が叡尊らの非人施行を「希代勝事」と言っているのはそれを彼が「前代未聞のとんでもないこと」と受け取ったことを示すのである。

(65) 和島芳男前掲書（前註33）五六・五七ページ等参照。
(66)『大和地名大辞典続編』（前註52）による。
(67)『山州名跡志』三七八ページ、および二万五千分の一の地図により考察した。
(68)『荘園志料（上）』一二三ページ。
(69) 熱田公「中世大和の声聞師に関する一考察」（『部落問題研究』三号、一九五八）六九ページ。
(70) 前田元重「金沢文庫古文書にみえる木津石地蔵」（『金沢文庫研究』二二巻五号、一九七六）。
(71) 同前参照。
(72)「明徳末寺帳」は、拙著『勧進と破戒の中世史』（吉川弘文館、一九九五）第一部第五章で翻刻しなおし、解説を加えた。「明徳末寺帳」には、西大寺が長老の任命権を有する直末寺だけが書かれており、檀越が任命権をもつ末寺は書かれていない。それゆえ、泉橋寺は、西大寺の直末寺ではないので書かれていないのであろう。
(73)『大和地名大辞典続編』(前註52)一九六ページ。
(74)『平城京朱雀大路発掘調査報告』附図(奈良国立文化財研究所編、一九七四)と岸俊男「大和の古道」(前註53)とによってこう考えた。以後、非人宿と大和の古道との関係決定についで特にことわらない場合は、二万五千分の一の地図と岸論文によって考察した。
(75)前註(74)の付図による。
(76)『大和地名大辞典続編』(前註52)七五四ページ。
(77)『奈良縣宇陀郡史料　全』(一九一七)参照。
(78)『学正記』同日条。
(79)渡辺広・大山喬平等の研究を参照。
(80)『山城名勝志坤』(『京都叢書』所収)三五六ページの宇治郡図による。また、『山城志二』(日本輿地通志)三ページ目に、「東国路三条口ヨリ至四ノ宮辻(中略)所歴曰粟田口曰日ノ岡曰御陵曰竹鼻等(以下略)」とある。
(81)『山州名跡志』三一七ページ。
(82)六二〇七号他。
(83)六六一三号。
(84)『部落史史料選集　第1巻　古代・中世篇』(前註60)一二八ページ。
(85)渡辺広前掲書(前註49)一六〇ページ。

(86) 大山喬平氏は禅定寺文書の次のような文言から、和束宿が興福寺領であったとされる(大山「奈良坂・清水坂両宿非人抗争雑考」〈前註3〉六九ページ)の「和束宿依南都訴訟忽被停止之、又大炊寮供御稲田就寮之訴、同被除之云々、和束者為興福寺之領」(『部落史に関する綜合的研究　史料第四』部落問題研究所編、一六九ページ)。これは、山瀧寺雑掌が地頭の停廃を求めた申状の一部である。大山氏は傍点部から、先述の結論を導きだされている。しかし、東京大学史料編纂所架蔵の影写本をみてみると、最初の傍点は「和束猶」となっている。とすれば、後の方の傍点部の「和束」は和束宿をさしていることにはならない。すなわち、先の文言のみからは、和束宿が興福寺領であったとはいえないのである。

(87) 『山州名跡志』一二四ページ。

(88) 上段に山城国のコマノ宿が描かれている。コマノ宿は山城と大和との国境にあり「人数注文」が作られたときは大和に属していたと考えられる。

(89) 「人数注文」の写真は、『京都の歴史2　中世の明暗』(学芸書林、一九七一)二八一ページ図一一三を参照されたい。それによっても西京宿の左側が切りとられていることがわかる。

(90) 額田部、北山、コマノ、カモサカ、和爾、竹鼻、西京の七宿である。

(91) 大山喬平論文(『日本史研究』一六九、一九七六、所収)六九ページ。

(92) 『部落史史料選集　第1巻　古代・中世篇』(前註60)一一八ページ。

(93) 『大和志料(下)』(奈良県教育会、一九一七)五五八ページ、管見の限りでは大和に真土という地名の所は他にない。

(94) 『五条市史（下）』（五条市史刊行会、一九五八）一二七―一二八ページ参照。
(95) 前註(94)を参照。
(96) 前註(72)の西大寺末寺帳を参照。
(97) 『奈良縣磯城郡誌全』（名著出版、一九七三）二六〇ページ等参照。
(98) 上田さち子「叡尊と大和の西大寺末寺」（『中世社会の成立と展開』吉川弘文館、一九七六）三四九ページ。
(99) 『大神神社史料』第三巻、九六八ページ。
(100) 『西大寺叡尊伝記集成』（前註54）五三ページ。
(101) 大山喬平「中世の身分制と国家」（前註3）二四九、二九五ページ等参照。
(102) 『学正記』四二ページ。
(103) 大石雅章氏は、叡尊らの非人施行は一時的な非人救済と理解しておられる（大石〈「非人救済と聖朝安穏」『大系　仏教と日本人2　国家と天皇』春秋社、一九八七〉）が、そうした理解は間違っており、非人連屋の建設や鎌倉極楽寺の救癩施設の存在に示されるように長期的な非人救済活動の一環であった。なお、仏日房は、円照の弟子で出羽国出身の寂入かもしれない。彼は京都の五条増福寺などに住み、弘安四年六月に死去するまで非人救済につとめたという（『東大寺円照上人行状　中』）。
(104) 中田薫『法制史論集　二』（岩波書店、一九三八）。
(105) 『学正記』五二・五三ページ。もっとも、通常、罪科文言は、神・仏の罰を蒙って、癩病などにかかってもしかたがないといったことが書かれるのが普通である。ところが、取石宿非人の起請文には、そうした罰文がないという異例さに注目した千々和到は、中世の非人は、そうした罰文を書くことができない、「神おろし」ができない触穢の身と考えられていた（千々和「起請文研究ノート（一）」〈『人民の歴史学』七八、一九八四〉）と推測されている。

(106) 田中稔前掲論文（前註33）。

(107) 同前。

(108) 東京大学史料編纂所架蔵『西大寺文書　七』に次のような文章がある。

貴寺小別当職事、定被聞食候歟、其得分離雖非幾事候依存旨候奉寄進于宝塔院候也、於有限米麦者、同等可沙汰進之由、中付小目代円定房了、（中略）

建治二年（一二七六）

十月十七日　小別当源範（花押）

西大寺知事御房

この史料によって、小別当職が建治二年に叡尊派（＝宝塔院）に寄進されたことがわかる。小別当の地位・職掌についてはよくわからない。名称から判断して、小別当は別当の次位に位置し、別当の手足となって働いていたと思え、きわめて重要な職であったと思われる（以上、青木泰雄氏の御教示による）。

(109)『西大寺叡尊伝記集成』（前註54）四一六ページ。

(110) 叡尊の経済基盤について別稿を用意している。

(111) 田中稔前掲論文（前註33）四八ページ。
(112)「正月廿三日付奥永書状」（東京大学史料編纂所架蔵『西大寺文書　七』三八ページ）、また田中稔前掲論文（前註33）五〇ページ上段を参照されたい。
(113)『綜合的研究』四（前註30）二二九ページ。
(114) 吉田文夫前掲論文（前註33）一二四ページ。
(115)「後深草院崩御記」（宮内庁書陵部所蔵写真本による。なお、「伏見宮御記録（利）五六」〈東京大学史料編纂所架蔵謄写本〉とも校合した）。網野善彦氏がこの史料を『中世東寺と東寺領荘園』（前註14）で紹介しておられる。
(116) 和島芳男「叡尊没後の忍性」（『金沢文庫研究』九五）。
(117)「円覚寺文書」（『鎌倉市史　史料編第二』）六九号文書、文書番号は『鎌倉市史　史料編』の文書番号による。
(118)『学正記』同日条。
(119)『学正記』文永六年三月五日条。
(120)『部落史史料選集　第1巻　古代・中世篇』（前註60）一三一ページ。
(121) 渡辺広前掲書（前註49）一五〇ページ。
(122) 網野善彦「非人に関する一史料」（『年報　中世史研究』創刊号〈中世史研究会編、一九七六〉。のち網野『中世の非人と遊女』〈明石書店、一九九四〉所収）。
(123) 大山喬平「中世の身分制と国家」（前註3）等参照。

(124)「康永二年感神院所司等申状案」(『八坂神社文書　下』一三三三号文書〈八坂神社社務所、一九四〇〉)。
(125)「旅泊設備を中心として発達した一群の交通聚落」(新城常三「鎌倉時代に於ける宿の研究」〈『日本史研究』一〇〉)を意味している。
(126)文殊信仰とは「文殊経」に「此文殊師利法王子、作貧窮孤独苦悩衆生、至行者前、当行慈心、々々々者即得見文殊師利」とある経説に基づく信仰である。叡尊・忍性等は非人とよばれる人々を文殊の化身とみなして、一つの行として施行を行なった。詳しくは、吉田文夫前掲論文(前註33)を参照。
(127)叡尊教団の非人統轄は、室町幕府の禅律両宗(寺院・寺僧)を保護し統制する機関である禅律方が南北朝期においても律宗を対象としていることがいえるので、南北朝期頃までは続いたと考える。なお、禅律方については拙稿「室町幕府の禅・律対策——禅律方の考察を中心に」(『勧進と破戒の中世史』〈前註7〉所収)を参照。
(128)大山喬平「中世の身分制と国家」(前註3)他参照。
(129)三浦圭一「鎌倉時代における開発と勧進」(『日本史研究』一九五、一九七八)。
(130)『図書寮叢刊・九条家文書二』六六号文書(以下、「九条家文書」六六と略す)。なお、この注記の読みについては、三浦圭一氏と「九条家文書」とでは相違しているが、三浦説を支持したい。このことについては三浦前掲論文(前註129)一二ページの註(22)を参照されたい。
(131)三浦圭一前掲論文(前註129)。

(132) 小林吉光の日根野村絵図、および日根野村近隣絵図についての解説(『日本荘園絵図集成』下〈東京堂出版、一九七七〉)。

(133) 日根荘については、いくつかのすぐれた研究がある。ここで主に参照するものとして、三浦圭一前掲論文(前註129)の他に、関口恒雄「中世前期の民衆と村落」(『岩波講座日本歴史5　中世I』、一九七五)、水田義一「台地上に位置する庄園村落の歴史地理学的考察——庄園絵図を史料として」(『史林』五五巻一号、一九七二)がある。しかし、いずれも後述する久米多寺の二つの請文と絵図との関係について十分な考察がなされていない。

なお、旧稿以後、日根荘と「日根野村絵図」とに関して、小山靖憲「荘園村落の開発と景観——和泉国日根野村絵図」(小山靖憲・佐藤和彦編『絵図にみる荘園の世界』〈東京大学出版会、一九八七〉)ほかの数多くの研究がなされた。そして、『政基公旅引付　本文編・研究抄録編・索引編』(中世公家日記研究会編、和泉書院、一九九六)の「研究抄録編」によって一九九六年三月時点までの研究動向を一覧することができる。

(134) 両絵図とも「九条家文書」の巻頭に写真版が収められている。

(135) 正和五年六月十七日付で沙汰人等が注進した「日根野村絵図」については言及した研究は多いが、「日根野村近隣絵図」についてはほとんど言及されておらず、あっても「日根野村絵図」と同時期に久米多寺寺僧による開発に関連したものであろうとしか今のところいえない。そして、延慶期の実専の開発にさいしては井原荒野の領域確定もなされており、実専の開発期に作成された可能性が高いとしかいえない。なお、「九条家文書」六四・七〇では、実行上人という名がみられ、日根荘の開発を実専と同時期に実行が請け負っているかにもとれる。実専と実行上人とが別人である可能性は残るにしても、本文で引用した史料のように、実専以外にその時期の日根荘の開発を請け負ったものがいないことは明らかであり、実行上人と実専とは同一人物として話を進めていく。

(136) 前註(132)。

(137) 前註(130)。沙汰人と前備後守については、小山靖憲「荘園村落の開発と景観——和泉国日根野村絵図」(前註133)によった。

(138) 明治十九年の日根野地区の地籍図が泉佐野市役所に残っている。それと絵図とを比較してみると、地理的位置の関係から地籍図にみえる白水池が絵図の白水池に、原池が野池にといったような対応が考えられるが、α池も地籍図での熊野街道沿いの池(二つに仕切られてはいるが)に対応していると考えられる。そして、明治十九年においては五町ほどの大きさである。

(139) 「九条家文書」六五。

(140) 「九条家文書」六八。

(141) 『久米田寺文書』(『岸和田市史』史料編第一輯、一九七三)三三号文書(以後、「久米田寺文書」三三というように略す)。

(142) 「久米田寺文書」三五ほか参照。

(143) 水田義一前掲論文(前註133)一〇七ページ。

(144) 三浦圭一前掲論文（前註129）九ページ。
(145) 大山喬平前掲論文（前註3）参照。
(146) 三浦圭一前掲論文（前註129）四ページ。
(147) 中尾堯「備州における勧進聖の系譜」（『瀬戸内海地域の宗教と文化』〈雄山閣、一九七六〉）五五ページ。
(148) 納富常天「泉州久米多寺について」（『金沢文庫研究紀要』七、一九七〇）。
(149) 『和泉佐野市史』（史料編）四七六ページ。
(150) 『新訂増補国史大系・公卿補任』第二篇四〇四ページ（以後、「公卿補任」二、四〇四ページというように略す）。
(151) 「公卿補任」二、四〇二ページによれば、九条房実は延慶二年正月五日に「被宣下橋是定」ている。ところで「是定」となるのは藤原の長者である（佐藤進一『古文書学入門』〈法政大学出版局、一九七一〉一一五ページ）から、彼が父にかわって同年正月に九条家の当主になったことは間違いない。
(152) 「九条家文書」五六。
(153) 関口恒雄前掲論文（前註133）一二五ページ等参照。
(154) 「九条家文書」六四。
(155) 三浦圭一前掲論文（前註129）四ページ。
(156) この点については拙著『勧進と破戒の中世史』（前註7）など参照。

(157) 水田義一前掲論文（前註133）一一〇ページ。
(158) 前註(153)。
(159) 「九条家文書」五〇。
(160) 田沼睦「都市貴族の下向直務と中世村落――和泉国日根庄」（『荘園の世界』〈東京大学出版会、一九七三〉）一七九ページ。
(161) 『教王護国寺文書』五巻、四四ページ。
(162) 同前参照。
(163) 『大阪府文化財調査概要』（一九七二）一七ページ。
(164) 原田伴彦「中世賤民の一考察――特に河原者と商工業の関係を中心にして」『日本封建都市研究』（東京大学出版会、一九五七）。
(165) たとえば、黒田俊雄『日本中世の国家と宗教』（岩波書店、一九七五）三九五ページ等参照。
(166) 熱田公「中世大和の声聞師に関する一考察」（『部落問題研究』三、一九五八）。川島将生「中世声聞師の一考察」（『日本史研究』一〇二、一九六九）もその時期に解放がすすむと考えておられる。
(167) 『雑事記』寛正三年十月一日条。
(168) 差別、被差別は食事の場をともにできるか否か等にもあらわれるが、それについては黒田日出男前掲論文「史料としての絵巻物と中世身分制」（『歴史評論』三八二、一九七二。のち黒田『境界の中世・象徴の中世』〈東京大学出版会、一九八六〉所収）が参考となる。
(169)『東大寺文書』一一、一四八ページ。
(170)声聞師の根拠地が、都市奈良の西北隅や南の町外れや北の町外れにあったこと（喜田貞吉『喜田貞吉著作集10　部落問題と社会史』〈平凡社、一九八二〉三七二ページ）は、このことと関連して興味深い。都市奈良の構造と穢れとの関係もっと考察される必要があろう。
(171)『雑事記』延徳二年四月二十八日条。
(172)『雑事記』延徳四年二月二十六日条。
(173)『雑事記』延徳四年三月一日条。
(174)安田次郎「興福寺「衆中」について」（『名古屋学院大学論集』二〇―二、一九八四）参照。
(175)吉田通祐が大乗院方の衆徒であるのは、大乗院門跡より北国御用の内より給分をもらっている事等（『雑事記』長禄四年四月二日条）からもわかる。
(176)『雑事記』長禄四年閏九月四日条。
(177)『雑事記』延徳元年九月十二日条。
(178)たとえば、「忍性菩薩略行記」によれば、忍性が「浴室病屋非人所、各々立五所休苦辛」（田中敏子「忍性菩薩略行記（性公大徳譜）について」〈『鎌倉』二一、一九七三〉五二ページ）とある。浄土寺は現在の十念寺の所に所在していた（安田次郎「にぎわう都市寺院――奈良の新浄土寺」〈五味文彦編『中世を考える　都市の中世』吉川弘文館、一九九二〉）。
(179)銭湯に入らせないといった形で、不浄視や差別が表面化するようになったというのが正確かもしれない。

(180) 熱田公前掲論文(前註69)。

(181) 鳩垣内と中尾は同一地域の別称らしい(『雑事記』文明十一年十月十一日、十一月六日条等参照)。

(182) 山田洋子前掲論文(前註6)五八ページ。

補註1

旧稿「中世非人に関する一考察」(『史学雑誌』八九—二、一九八〇)以後、非人統轄に関する研究は大いに進み、興福寺、東大寺ほかの有力寺社による非人統轄(私見では一種の座に編成して統轄する)、公家政権や武家政権による非人統轄(統治権に基づく)、忍性らによる非人統轄(宗教的な「救済」活動による)の存在などが明らかにされている。

とくに、丹生谷哲一氏は、数多くの検非違使による非人施行関係史料を収集したうえで、公家政権による検非違使を通じた非人統轄の存在を明らかにされ、さらに私の研究なども踏まえて鎌倉幕府による非人統轄をも論じられた(丹生谷哲一『検非違使』〈平凡社、一九八六〉)。氏によれば非人施行権は統治権(国家公権)の一部であり、その直接の担当者は検非違使であり、鎌倉幕府も建保元年(一二一三)四月以来、非人施行を実施し、鎌倉中期には忍性らの律僧に担当させたとされる。こうした鎌倉幕府による非人施行は、鎌倉幕府が統治権(国家公権)を公家政権から奪いとる過程の一つであったという。

そうした丹生谷氏の指摘は説得力に富んでいるが、公家政権、鎌倉幕府（武家政権）による非人施行を通じた非人統轄と叡尊・忍性ら律僧による非人統轄の質的な相違などが意識されていない。

叡尊・忍性ら律僧による非人統轄は、たしかに一面においては鎌倉幕府（元寇以後は公家政権のものも含む）の非人統轄を代行するものであった。しかし、彼らの非人統轄は、宗教的な「救済」を核とするもので、単なる一時的な非人施行にはとどまらず、精神的・肉体的な癩病治療までもともなう、個々の非人たちへの救済活動に基づくものであった。そのうえ、日本全国の非人把握をめざすものであった。このことは、非人身分の全国的な規模における成立にとって画期的なことであった。というのも、彼らは全国の個々の非人「救済」をめざし、従来は体制外の存在であった（換言すれば人間として認められなかった）彼らを、体制内の存在（人間でありながらも仏罰により癩病をおった人）として把握しはじめて救済の対象と位置づけたからである。身分制度は人間集団内の一種のランクづけを特徴とするが、叡尊らの活動は、非人集団を体制内に位置づけることに成功し、それゆえ画期的な活動であったといえる。こうした彼らの非人「救済」活動の宗教的な意義については、拙著『救済の思想――叡尊教団と鎌倉新仏教』（角川書店、一九九六）で詳しく論じたので、それを参照されたい。

補注2
中世都市奈良に関する研究として、中世都市研究会編『「宗教都市」奈良を考える』（山川出版社、二〇一七)、安田次郎『中世の奈良　都市民と寺院の支配』(吉川弘文館、一九九八)がある。また、安田次郎・幡鎌一弘『祭礼で読み解く歴史と社会　春日若宮おん祭の九〇〇年』(山川出版社、二〇一六)の研究は、中世以降の奈良における若宮おん祭の重要性に光を当てている。さらに、稲葉伸道『日本中世の国制と社会』(塙書房、二〇二三)第六章は、中世都市奈良における住民である郷民の成立と税負担に注目している。考古学的研究としては、佐藤亜世『中世都市奈良の考古学的研究』(吉川弘文館、二〇二二)、大和を歩く会編『古代中世史の探究』(法藏館、二〇〇七)などがある。

非人研究では、二〇〇四年に亡くなった網野善彦の非人と遊女に関する代表的研究を集めた『中世の非人と遊女』(講談社、二〇〇五)や、瀬田勝哉『増補　洛中洛外の群像』(平凡社、二〇〇九)がある。

また、清水坂非人を手がかりに非人の実態を論じた成果が注目される。島津毅「中世京都における葬送と清水坂非人」『史学雑誌』(一二五―八、二〇一六)や三枝暁子『日本中世の民衆世界』(岩波書店、二〇二二)などである。とりわけ、島津論文は、従来、混同されてきた「キヨメ」(死体などの汚物処理)と葬送の相違などを明らかにし、清水坂非人による京都における葬送管理権の存在を否定するなど大いに刺激的である。

なお、本書の一五一頁で触れた東大寺宗性については、拙著『破戒と男色の仏教史』(平凡社、二〇〇八)を参照されたい。第三章二六九頁などで論じた実専については、拙著『中世叡尊教団の全国的展開』(法藏館、二〇一七)で明らかにした。

終章

本書は、一方では、日本中世都市の代表といえる鎌倉と奈良を取りあげ、他方では中世都市民の典型といえる非人を素材として、都市に見る中世にスポットをあててみた。最近の中世都市研究の進歩にはめざましいものがあるが、都市と非人との関係にスポットを当てた研究は少ないようだ。本書によって、非人研究の閉塞状況に活を入れることができれば幸いである。

以下では、読者の便のためにも、本書の重点を大づかみに述べておこう。

本書の論題のうち主なものの一つに鎌倉と奈良との比較がある。鎌倉は武家の「首都」であったのに対して、奈良は興福寺（春日社）・東大寺といった寺（社）の門前都市であったという大きな相違がある一方で、その二つの都市のいずれにも、その四境（境界）には律宗寺院（鎌倉には禅宗寺院もだが）が建ち、葬送や癩者救済といった都市の穢れを清める役割を担っていたことなどの共通点があることがわかる。律寺（禅寺も）と中世都市とのこうした関係は、京都や博多などにも多かれ少なかれあてはまると考えられる。

いま一つは、叡尊教団による非人救済活動の、中世の非人身分成立における決定的な意義を強調することにあった。従来は、ともすれば天皇と非人との関係が注目されがちであった。王権の所在をシンボリックに示すハレの儀礼の一つとして非人施行（非人への施し）があったのは確かであるが、その非人施行は、やはり一時的なものであった。他方、叡尊らの非人救済活動には、質の面でも、量の面でも他を圧倒するものがあった。彼らは、日本全国の非人救済をめざし、しかも、それは、公家・武家両政権の公認を得て、鎌倉時代中期から南北朝期にまで継続したのである。さらに叡尊らは、観念上は文字通り「非人」として理解され、「棄民」状態にあった癩者を、人間として位置づけ、救済の手を差しのべたのである。たとえ、それが、癩病にかかったのは現世あるいは前世において重い仏罰を犯したからであるという癩＝仏罰観に立脚するものであったとしても、叡尊らによる「非人」から「人間」への位置づけなおしこそは、非人集団の救済と統轄において画期的な意義を有したと考える。そうでなければ、本文で述べたように、各地の非人集団がこぞって叡尊らに帰依した理由を説明できない。

ところで、身分には、人間集団内での社会的分業のランクづけの面があるが、叡尊らの救済活動と統轄によって、それまで身分外の存在であった日本全国の非人集団たちは、身分内の（身分をもった）存在になったのである。それゆえ、叡尊らの救済活動と統轄は、中世の非人身分成立における決定的な意義を有し、それは強調しすぎてもしすぎることはないと考える。

ところで、この本は、いくつかの論文を元にしたものだが、それらの論文は、それぞれ成稿の目的も時期も不統一であったため、それらを並べてそのまま一冊の本にすることは、不適当に思われた。そこで、各論文を分解し、あらかじめ練り上げた目次にしたがい、書き下ろしを折り込みつつ、再編成した。とりわけ、第二部の非人研究は、中世都市奈良に関する部分をはじめとして、新しく書き下ろした部分が多い。その中でも、一九七七年に東京大学文学部へ提出した卒業論文などを元にした部分（第二部第三章第三節）などは、収録にあたって大幅に加除・訂正を行なった。

というのも、卒業論文には、先行研究の誤解に基づく部分が存在したからである。卒業論文の狙いの一つには、興福寺が大和国一国の非人宿を統轄できたのは、興福寺が大和国の守護だったからだとする説を批判することにあった。それを、大山喬平氏が、「奈良坂・清水坂両宿非人抗争雑考」（『日本史研究』一六九、一九七六、のちに大山『日本中世農村史の研究』〈岩波書店、一九七八〉収録）などで展開されていると考え、大山説批判をめざしていた。

しかし、大山氏は、拙稿に対して沈黙を守られ、のちにシンポジウム「中世身分制の研究状況と課題」（『部落問題研究』七八、一九八四）において、そうした私の大山説のまとめは誤解であると主張された（私見への批判の口火を切ったのは細川涼一氏であったが）。それゆえ本書では、大山説の誤解のうえに立論した部分は削除し、現時点における私見を展開している。

さて、一九九七年の夏はO―157のニュースでもちきりであった。大阪堺市では、六千人もの患者が出、ついに、O―157は法定伝染病の扱いをうけるにいたる。それからしばらくして、O―157の感染者を出した家族が、いじめや差別を受けているというニュースが新聞紙面に載った。それは、当然、予想されたことであった。なぜなら、過去の歴史を繙いてみるならば、症状がひどく、多数の死者が出る重い病気の場合には、激烈な差別が行なわれたからである。そのことは、最近であればエイズ患者の場合にもうかがわれるが、過去において、とくにハンセン氏病患者に対して、ひどい差別が行なわれてきたことはよく知られている。

ハンセン氏病の場合には、完全隔離を原則とするなど、患者の人権無視もはなはだしい法律、すなわち「らい予防法」が、一九五三年に制定され、九六年四月になってやっと廃止されたのである[1]。伝染力は結核よりも弱く、完全隔離を行なう必要などないことが、一九六〇年代には医学界の常識となったにもかかわらず、一九五三年制定の法律が四十年以上たってやっと廃止されるにいたった意味は重い。ハンセン氏病にかかり、故郷はもちろん、家族からも捨てられ、隔離された人生を歩み、病気が治ってもなお、社会に復帰できなかった人々の無念さはいかばかりであったろうか。我々は、「らい予防法」の制定と、その結果、新たに起こったともいえる厳しい差別の歴史から得た教訓を、エイズやO―157などの伝染病に関して活かす義務を負っている。そのために、本書が役立つならば望外の喜びである。

先に述べたような理由により、各章ごとに初出を示すことは不可能だが、最後に、まったくの新稿の部分は別にして、元になった論文の初出一覧を示して、読者の便に供したいと思う。

第一部

「武家の「首都」鎌倉の成立」(『都と鄙の中世史』〈吉川弘文館、一九九二〉)
「中世都市・鎌倉」(『中世を考える　都市の中世』〈吉川弘文館、一九九二〉)
「宇都宮辻子御所考」(『山形大学史学論集』一二、一九九二)
「北条時頼と叡尊」(『大法輪』五八―五、一九九一)

第二部

「中世非人に関する一考察——西大寺流による非人支配」（『史学雑誌』八九—二、一九八〇、オリジナルは一九七七年に東京大学文学部へ提出した卒業論文）

「天皇支配権と中世非人支配」（『日本歴史』三九四、一九八一）

「開発と中世非人——日根野村絵図をめぐって」（『山形大学史学論集』二、一九八二）

註

（1）「らい予防法」については、山本俊一著『日本らい史』（東京大学出版会、一九九三）などを参照されたい。

あとがき

本書は私の八冊目の単著ですが、ようやく執筆も終わろうとしています。今年は、本書のほかに、十月には『新版　鎌倉新仏教の成立』（吉川弘文館）も刊行しましたので、夏休みは、ほとんど執筆活動と史料の解読などで終わってしまいました。これから、少し骨休めをしようと思っています。

さて、本書の依頼を受けたのは、三年ほど前のことですが、その間にアメリカ合衆国へ研修に出かけたりしたために、刊行が遅れてしまいました。しかし、その研修は、私にとって大いに刺激になりました。

アメリカ合衆国というと「自由の国」というイメージがあり、黒人差別も過去の話と思っていたのですが、滞在してみると、厳として差別が固定化しているのには驚かされました。

たとえば、「平等」な救済を説いているはずの教会に関しても、ブラック・チャーチ

（黒人教会）とホワイト・チャーチ（白人教会）が一つの町に存在し、一方は黒人の牧師（神父）と黒人の信者により、他方は白人の牧師（神父）と白人の信者により構成されているのには驚かされました。

英語を話すのに慣れてきたある日、家の近くのバプティスト教会に出かけてみました。ところが、牧師も信者も黒人ばかりなので、思い切って牧師さんに、「ここは黒人の信者ばかりの教会なのですか」と聞いてみました。すると、「そうです」という答えが返ってきました。牧師さんによると、アメリカには、ブラック・チャーチとホワイト・チャーチが存在し、それは黒人と白人とでは文化が異なり、いっしょにはやっていけないからだということでした。

その返事には、びっくりさせられましたが、その教会のミサが、あたかもジャズのセッションのようであったのにも驚かされました。それは、私が荘重かつ厳かなミサを期待していたからですが、感極まった信者たちは、牧師の、「静粛に」という言葉も無視して、歌い踊っていたのです。その姿は、「信仰が生きている」ということを体感させてくれるものでした。一遍の踊り念仏の雰囲気も、こんなものだったのではないかと思ったものです。

ブラック・チャーチでのミサ体験の話が長くなりましたが、差別の問題は根深い問題であることを「自由の国」をスローガンとするアメリカに垣間見たことを伝えたかったのです。同時に、本書の非人研究も、ともすれば目をそむけられがちな被差別部落問題などに関心をもっていただくよすがとなれば幸いです。

いま一つ読者に述べたいことがあります。扉の裏にも書きましたように本書には、多くの史料が引用されていますが、基本的に、読み飛ばされても意味が通じるように努めていますので、気にせずに飛ばして読み進んでください。

本書作成にさいしては多くの方々にお世話になりました。とくに、史料を見せていただいた鶴岡八幡宮、西大寺、般若寺、東大寺、興福寺といった寺々には感謝の意を表します。また、編集部の瀧川紀さんの叱咤激励がなかったら本書は完成しなかったでしょう。最後に、父(庄次)は今年で八十歳、母(武子)は七十五歳になりますが、元気な両親の元に本書を送れるのが何よりの喜びです。

平成十年十月二十日

松尾剛次

文庫版あとがき

本書は、一九九八年に法藏館より刊行された『中世の都市と非人』の文庫版である。ほぼ二五年以上前の刊行物とはいえ、そうした拙著が今回、文庫本として刊行していただけることになったのは光栄であり喜びに堪えない。

この二五年間に私の研究も深まったが、一方で関心も変化した。今回の文庫化にあたって、近年の研究にも当たってみたが研究の大きな進展がなされていることに気づかされた。それゆえ、旧著を文庫化した本書を上梓するのには忸怩たるものがある。しかし、本書も都市史や非人研究上の一里塚であり、文庫化によって、より多くの読者の手にわたるとすれば、それなりの意義があると考えて刊行することにしたのである。また、各部の末尾に補注を施し、最近の代表的な研究も載せて読者の便に供した。

また、この三年余り、コロナ禍で世界中が感染症蔓延の対応に追われた。そして、残念なことに、新型コロナ感染症患者に対する偏見や差別があったことも事実である。この夕イミングで、ハンセン氏病患者に関する本書が刊行されることは、社会的にも意義あることかもしれない。

本書の文庫化を担当してくださった法藏館編集部の上山靖子さんには、拙著『中世叡尊教団の全国的展開』、『鎌倉新仏教論と叡尊教団』に続きお世話になった。上山さんの熱心な慫慂が無かったならば、本書は成らなかったはずであり、記して感謝の意を表したい。

また、私も古稀の歳となった。「生涯一研究者」を目指して退職後も頑張ってきたが、最近はさすがに肉体的に疲れる。友人の中には黄泉の国に旅立った者もいる。いつまで、続けられるかわからないが、今後も研究に邁進するつもりである。

最後に、東京で暮らす二人の孫娘たちが、本書を手にとって読んでくれる日がくるのを、願いつつ筆をおこう。

八月吉日　酷暑の山形にて

松尾剛次

索　引

ア

カ

サ

ナ

ハ

マ

ヤ

ラ

ワ

松尾剛次（まつお　けんじ）
1954年長崎県生まれ。日本中世史、宗教社会学専攻。山形大学名誉教授。東京大学文学博士。『忍性』『中世律宗と死の文化』『葬式仏教の誕生』『日本仏教史入門』『増補 破戒と男色の仏教史』『叡尊教団の全国的展開』など、著書・論文多数。

中世《ちゅうせい》の都市《とし》と非人《ひにん》
武家《ぶけ》の都《みやこ》鎌倉《かまくら》・寺社《じしゃ》の都《みやこ》奈良《なら》

二〇二四年　一月一五日　初版第一刷発行

著　者　松尾剛次
発行者　西村明高
発行所　株式会社 法藏館
京都市下京区正面通烏丸東入
郵便番号　六〇〇-八一五三
電話　〇七五-三四三-〇〇三〇（編集）
〇七五-三四三-五六五六（営業）

装幀者　熊谷博人
印刷・製本　中村印刷株式会社

ISBN 978-4-8318-2659-6　C1121

法蔵館文庫既刊より

価格税別

さ-1-1
増補
いざなぎ流　祭文と儀礼
斎藤英喜著
高知県旧物部村に伝わる民間信仰・いざなぎ流。中尾計佐清太夫に密着し、十五年にわたるフィールドワークによってその祭文・神楽・儀礼を解明。
1500円

さ-2-1
アマテラスの変貌
中世神仏交渉史の視座
佐藤弘夫著
童子・男神・女神へと変貌するアマテラスを手掛かりに中世の民衆が直面していたイデオロギー的呪縛の構造を抉りだし、新たな宗教コスモロジー論の構築を促す。
1200円

く-1-1
王法と仏法
中世史の構図
黒田俊雄著
強靱な論理力で中世史の構図を一変させ、「武士中心史観」にもとづく中世理解に鋭く修正を迫った黒田史学。その精髄を示す論考を収めた不朽の名著。解説＝平　雅行
1200円

な-1-1
折口信夫の戦後天皇論
中村生雄著
戦後「神」から「人間」となった天皇に、折口信夫はいかなる可能性を見出そうとしていたのか。折口学の深淵へ分け入り、折口理解の新地平を切り拓いた労作。解説＝三浦佑之
1300円

か-1-1
信長が見た戦国京都
城塞に囲まれた異貌の都
河内将芳著
同時代史料から、「町」が社会集団として成熟していくさまや、戦国京都が辿った激動の軌跡を尋ね、都市民らの視線を通して信長と京都の関係を捉え直した斬新な戦国都市論！
900円

つ-1-1・2

平安人物志 上・下（全二冊） 角田文衞著

考古学と文献史学を駆使した角田の博識と推理が冴え渡る、41篇の人物伝。緻密な分析で、平安朝を生きた人々の数奇な生涯を鮮やかに描き出した、歴史的名著。解説＝山田邦和

各1700円

か-1-2

改訂 祇園祭と戦国京都 河内将芳著

創作物を通じて戦国期の祇園祭に託された「権力に抵抗する民衆の祭」というイメージは実態に合うものなのか。イメージと史実を比較し、中世都市祭礼・祇園祭の実像に迫る。

1000円

ブ-1-1

儀礼と権力 天皇の明治維新 ジョン・ブリーン著

日本の「近代」創出に天皇がはたした身体的役割とは何か。天皇はいかにして「神話の体現者」となったのか。従来とは異なる儀礼論的アプローチから迫ったユニークな試み。

1300円

む-1-1

天平芸術の工房 武者小路穣著

正倉院や東大寺をはじめとする花やかな天平芸術の創造にたずさわった工人たちの盛衰を明らかにしていくなかで、古代国家の文化の形成基盤の全体像を考察。解説＝山岸公基

1200円

た-3-1

改訂 歴史のなかに見る親鸞 平雅行著

数少ない確実な史料を緻密に検証することで、歴史研究者として親鸞の事蹟の真偽を究明する一方、民衆の苦難と自らの思想信条とのはざまで悩み苦しむ親鸞の姿をも描きだす。

1100円

か-5-1

一遍語録を読む 金井清光 梅谷繁樹著

一切を捨てた「捨聖」一遍。その思想的背景と生涯を法語から読み解き、巻末では一遍の和讃「別願和讃」を『節用集』『日葡辞書』などを駆使して詳論する。解説＝長澤昌幸

1200円

な-1-2

祭祀と供犠
日本人の自然観・動物観

中村生雄著

動物を「神への捧げもの」とする西洋の供犠との対比から、日本の供養の文化を論じ、殺生・肉食の禁止と宗教との関わりに新たな光を当てた名著が文庫化。解説＝赤坂憲雄

1500円

は-1-1

明治維新と宗教

羽賀祥二著

近代「神道」の形成と特質を仏教までも含んだ俯瞰的な視野から考察し、「国家神道」に止まらない近代「神道」の姿をダイナミックに描いた、日本近代史の必読文献。

1800円

た-4-1

聖武天皇
「天平の皇帝」とその時代

瀧浪貞子著

高い政治力を発揮し、数々の事業を推進した聖武天皇。「天平の皇帝」たらんとしたその生涯と治世を鮮やかに描写。ひ弱、優柔不断といった旧来の聖武天皇像に見直しを迫る。

1300円

ぎ-1-1

現代語訳
南海寄帰内法伝
七世紀インド仏教僧伽の日常生活

義浄撰
宮林昭彦
加藤栄司訳

唐の僧・義浄がインドでの10年間にわたる留学生活で見た7世紀の僧侶の衣・食・住の実際とは。戒律の実際を知る第一級資料の現代語訳。原書は、鈴木学術財団特別賞受賞。

2500円

こ-1-1

神々の精神史

小松和彦著

カミを語ることは日本人の精神の歴史を語ること。竈神や座敷ワラシ。酒呑童子、ものくさ太郎に、山中の隠れ里伝承など、日本文化の深層に迫った妖怪学第一人者の処女論文集。

1400円

み-1-1

江戸のはやり神

宮田登著

お稲荷さん、七福神、エエジャナイカ――民衆の関心で爆発的に流行し、不要になれば棄てられた神仏。多様な事例から特徴を解明し、背景にある日本人の心理や宗教意識に迫る。

1200円

う-1-1

日蓮の女性観

植木雅俊著

仏教は女性蔑視の宗教なのか？　仏教史における男性観、女性観の変遷、『法華経』における提婆達多と龍女の即身成仏を通して検証し、また男性原理と女性原理について考える。

1300円

お-1-1

寺檀の思想

大桑斉著

近世に生まれた寺檀の関係を近代以降にまで存続せしめたものとは何か？　家を基本構造とする幕藩制下の仏教思想を明らかにし、近世社会の本質をも解明する。解説＝松金直美

1200円

や-3-1

藤原道長

山中裕著

道長の生涯を史料から叙述すると共に、人間関係を詳しく説き起こして人物像を浮かびあがらせる。既存の図式的な権力者のイメージをしりぞけ史実の姿に迫る。解説＝大津透

1200円

ふ-1-1

江戸時代の官僚制

藤井讓治著

一次史料にもとづく堅実な分析と考察から、幕藩官僚＝「職」の創出過程とその実態・特質を解明。幕藩官僚制の内実を、明瞭かつコンパクトに論じた日本近世史の快著。

1100円

た-6-1

宗教民俗学

高取正男著

民俗学の見地から日本宗教史へとアプローチし、日本的信仰の淵源をたずねる。高取正男の真骨頂ともいうべき民間信仰史に関する論考12篇を精選。解説＝柴田實／村上紀夫

1400円

み-2-1

天狗と修験者

山岳信仰とその周辺

宮本袈裟雄著

修験道の通史にはじまり、天狗や怪異伝承、修験者の特性と実態、恐山信仰などを考察。入手困難な記録や多様な事例から修験者の固有信仰を幅広く論じる。解説＝鈴木正崇

1200円

た-7-1

法然とその時代

田村圓澄著

法然はいかにして専修念仏へ帰入するに至ったのか。否定を媒介とする法然の廻心を基軸に、「歴史研究の成果を「人間」理解一般にまで昇華させた意欲的労作。解説＝坪井剛

1200円

み-3-1

風水講義

三浦國雄著

龍穴を探し当て、その上に墓、家、村、都市を営むと都市や村落は繁栄し、墓主の子孫、家の住人に幸運が訪れる――。原典を通して「風水」の思想と原理を解明する案内書。

1200円

さ-6-1

祭儀と注釈

中世における古代神話

桜井好朗著

神話はいかに変容したのか。注釈が中世神話を創出し、王権－国家の起源を新たに形成。中世芸能世界の成立をも読解した、記念碑的一冊。解説＝星優也

1400円

た-6-2

民俗の日本史

高取正男著

文明化による恩恵とともに、それによって生じた土着側の危機をも捉えることで、文化史学の抜本的な見直しを志した野心的論考12本を収録。解説＝谷川健一・林淳

1400円

ま-1-1

中世の都市と非人

武家の都鎌倉・寺社の都奈良

松尾剛次著

非人はなぜ都市に集まったのか。独自の論理で彼らを救済した仏教教団とは。中世都市の代表・鎌倉と奈良、中世都市民の代表・非人を素材に、都市に見る中世を読み解く。

1200円

た-8-1

維新期天皇祭祀の研究

武田秀章著

幕末維新期における天皇親祭祭祀の展開過程を文久山陵修補事業に端を発する山陵・皇霊祭祀の形成と展開に着目しつつ検討、天皇を基軸とした近代日本国家形成の特質をも探る。

1600円